ARENA EN LOS OJOS

Memoria y silencio de la colonización española de Marruecos y el Sáhara Occidental

Laura Casielles

Libros del K.O.

PRIMERA EDICIÓN: junio de 2024
SEGUNDA EDICIÓN: julio de 2024

© Libros del K.O., S. L. L., 2024
Calle San Bernardo 97-99, entresuelo 8
28015 Madrid

ISBN: 978-84-19119-64-3
DEPÓSITO LEGAL: M-12289-2024
CÓDIGO IBIC: 1HBM, 1HBW, 1DSE, HBTQ, HBTR, WTL, DNJ
CUBIERTA: Andrea García Morán
MAQUETACIÓN: María O'Shea
CORRECCIÓN: Zaida Gómez y Melina Grinberg
IMPRESIÓN: Kadmos

El papel utilizado para la impresión de este libro ha sido fabricado a partir de madera procedente de bosques y plantaciones tratados con los más altos estándares de sostenibilidad, lo que garantiza una gestión de los recursos responsable con el medio ambiente y las personas.

IMPRESO EN ESPAÑA - PRINTED IN SPAIN

Las tipografías son League Gothic y Baskerville.

Parte de este libro fue realizada durante una estancia de escritura en la residencia Green Olive Arts de Tetuán gracias al programa de ayudas para el fomento de la movilidad internacional de autores literarios del Ministerio español de Cultura, financiado con cargo al Plan de Recuperación, Resiliencia y Transformación y la Unión Europea – Next Generation EU.

Asimismo, se enmarca en el proyecto «Heterotopías en los imaginarios de las relaciones entre España y Marruecos», con referencia PID2022-139973OB-I00, del Ministerio de Ciencia e Innovación.

ÍNDICE

Tetuán (I) 15

[Un cuadro inacabado] 17

[Plaza Primo] 22

[El *mientras tanto*] 25

[Escucha el mapa] 30

[Guerras de pacificación] 36

[Mi casa con fantasmas] 43

[Superventas] 48

[Caja de costura para un deshilado] 53

[Emoji que se tapa la cara con la mano] 57

[La extrañeza de quien ve llegar] 58

Alhucemas y Axdir 61

[El protectorado contraescribe] 63

[Lo que hay debajo] 67

[¿Protequé?] 73

[Un raro temblor] 78

[Abdelkrim] 80

[Annual: *honor y desastre*] 84

[No como las amapolas] 92

[Después de Annual] 94

Larache 99

[El cementerio cristiano] 101

[Nadie, absolutamente nadie…] 109

[Hay que decir también estos nombres] 113

[De qué hablamos cuando hablamos de africanismo] 114

[A veces fantaseo] 121

[¿Y mientras, la República?] 122

[*El cementerio moro*] 129

TETUÁN (II) 139
[Escuelas y cuarteles] 141
[Aquí no se siente la guerra] 143
[Artes y oficios] 147
[Excursión] 151
[El señor S.] 153
[Franquismo colonial] 157
[La baraka de Franco] 162
[Con R de patriarcado] 169
[La placita de los esclavos] 175
[Lengua madrastra] 176

TÁNGER 185
[Mirar el mar] 187
[Tánger no es Tánger] 189
[Hacer su parte] 195
[Hidalgos de un imperio que ya no existe] 203
[¿Cómo se dice *patera*?] 210

TETUÁN (III) 213
[Los últimos días] 215
[De nacionalismos y percheros] 219
[Y Franco perdió a su hijo] 226
[Malas notas en francés] 231
[La historia sin trascender] 235
[La batalla de Tetuán] 239

SIDI IFNI 241
[Suerte Loca] 243
[Ocho españolistas sobre un tejado] 244
[Mis abuelos bajo el mando de los vuestros] 250
[*Euphorbia capacia*] 256
[Si un ovni llegara a un desierto] 258
[La última guerra de España] 261
[La mejor peluquera de 1992] 267

[Diez años extra] 270
[Hola, guapa] 276
[El sueño] 281
[Resaca] 282

TARFAYA 283

ESMARA 291
[El mar volverá] 293
[Camuflada] 295
[Tres casetas en la bahía] 299
[Gracias por el mapa] 302
[Ver Esmara y seguir] 304
[Turismo de posiciones] 307
[Tigres en el Sáhara] 310

EL AAIÚN 311
[Querida J.] 313
[Lo saben en China] 316
[Igualita que Albacete] 321
[Concurso de casas y jaimas] 325
[Las chicas de la estafeta] 331
[Una nación] 333
[Depende de a dónde mires] 343
[Cuando las barbas de tu vecino veas pelar] 344
[Y bien atado] 345
[Jilgueros] 352
[La marcha ocre] 355
[Un cuaderno en blanco] 358

CAMPAMENTOS DE REFUGIADOS DE TINDUF 361

MADRID 373
[La calle] 375
[El periódico] 381
[La estantería] 393
[Mañana] 403

«Vine a ver el daño causado y los tesoros que perduran».

Adrienne Rich

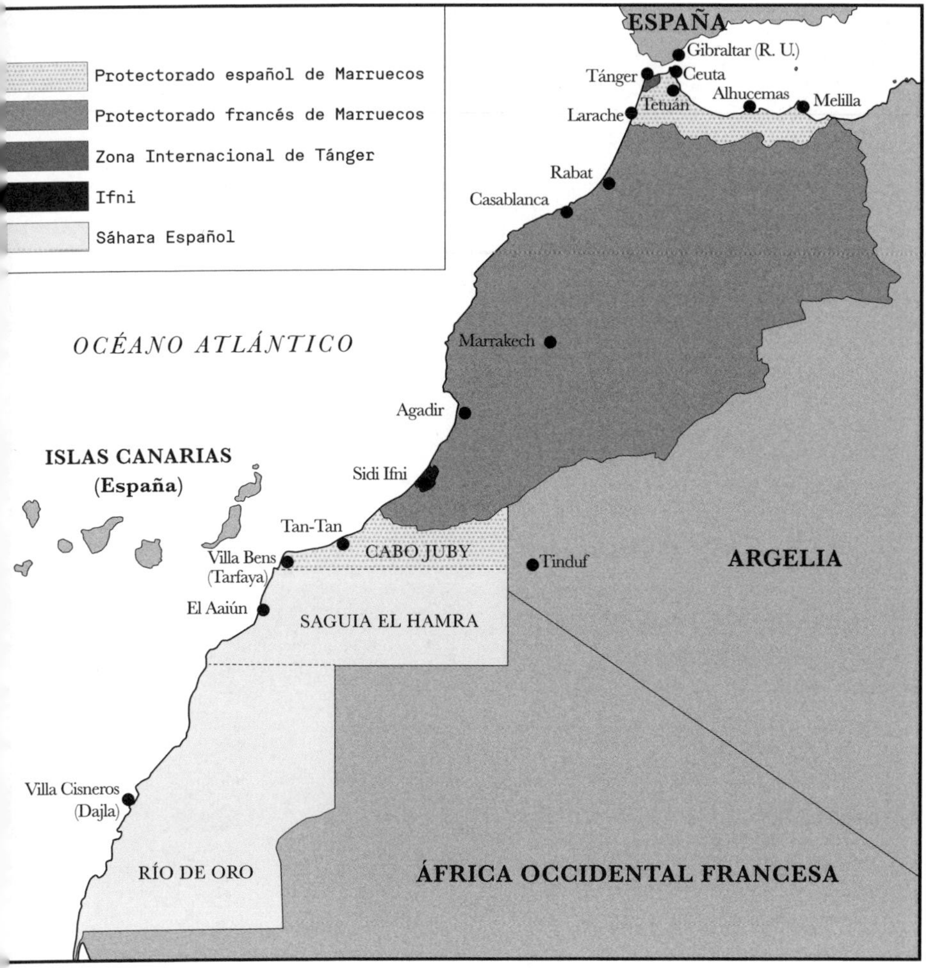
Protectorado español de Marruecos
Protectorado francés de Marruecos
Zona Internacional de Tánger
Ifni
Sáhara Español
ESPAÑA
Gibraltar (R. U.)
Tánger
Ceuta
Tetuán
Alhucemas
Melilla
Larache
Rabat
Casablanca
OCÉANO ATLÁNTICO
Marrakech
Agadir
ISLAS CANARIAS
(España)
Sidi Ifni
Tan-Tan
Villa Bens
(Tarfaya)
CABO JUBY
Tinduf
ARGELIA
El Aaiún
SAGUIA EL HAMRA
Villa Cisneros
(Dajla)
RÍO DE ORO
ÁFRICA OCCIDENTAL FRANCESA

Esa mañana, al despertar, todo tenía un color raro, como si un filtro ocre atenuase la definición de las cosas. Incluso el cielo era naranja, con una luz distinta, más apagada de lo habitual. La mesita y la barandilla y hasta las hojas de las plantas de mi pequeño balcón estaban cubiertas de un polvo rojizo fino pero compacto, difícil de limpiar.

Los periódicos decían que era calima. Arena del desierto.

También decían otras cosas, los periódicos, en esos días. Hablaban de problemas en las fronteras y del presidente de un país sin tierra que estaba pasando la covid en un hospital de Aragón.

Mi amigo F., que trabaja en un ministerio, me escribió para contarme que la arena se colaba por las puertas oficiales, formando dunitas junto a los goznes. «Parece que por alguna razón no nos sorprende tanto que baje el frío del polo como que suba la arena del sur», comentamos. Y también: ¿tal vez la calima había venido volando desde el Sáhara, Magreb arriba atravesando el Estrecho, para llegar a nuestras ventanas a llamar nuestra atención sobre algo que se nos estaba olvidando?

Este libro es un viaje a contrapelo de la arena para tratar de recordar el qué. Un viaje por algunos de los lugares de Marruecos y del Sáhara Occidental que fueron colonias de España hasta entrado el siglo XX para ir levantando por el camino el polvo que se ha ido acumulando sobre muchas ideas y muchas historias durante todo este tiempo. Por si ayudara a explicar algunos de los lodos en los que seguimos resbalando aún.

Y es que cualquiera que intentase limpiar sus balcones tras aquellos días de calima lo sabe: la arena del desierto se mete por todas partes. Parece poca cosa, pero tiñe más de lo que podíamos esperar: hasta el cielo mismo. Nubla la vista.

Viene de allá, de una tierra en la que pasaron muchas cosas que nos incumben. Y, quizá, hace de vez en cuando todo este viaje para decirnos que no olvidemos, que no olvidemos otra vez.

TETUÁN (I)

[aquí empezó todo]

[Un cuadro inacabado]

El 12 de febrero de 1860, un pintor catalán baja de un barco en la costa del norte de Marruecos, no muy lejos de Ceuta. Tiene bigote, barbita de chivo, pelo alocado y ojos inquisidores. Viste pantalón de *tweed* y una casaca negra. Su nombre es Marià Fortuny y es artista pensionado de la Diputación de Barcelona en Roma. Acaba de cumplir veintidós años y le han hecho un encargo: pintar un gran cuadro sobre una batalla sucedida ocho días antes.

Ese cuadro se llama *La batalla de Tetuán* y ciento sesenta años más tarde seguirá inacabado.

En realidad, a lo que se ha comprometido Marià no es exactamente a un cuadro. Se ha comprometido a diez. Por cuarenta mil reales: así lo ha firmado en Reus hace unos días, antes de subirse a un barco rumbo «al teatro de la guerra de África para consignar al lienzo los acontecimientos más memorables de la gigantesca lucha que la Nación sostiene» —según dice ese mismo contrato—.

Así que ahí lo tenemos. Esperando en la playa de Castillejos a que lo reciba el general Prim, mientras sus ojos de pintor se inundan de la luz del sur del Mediterráneo —parecida a la de Roma, pero no igual—. El general, que está de buena racha tras la batalla de la semana anterior, es quien puede dar los salvoconductos para salir más allá de los confines del campamento militar: entrar en la ciudad, moverse por los montes. Prim hace esperar a Fortuny ocho días. En ese tiempo, dibuja. Toma apuntes de la playa, del campamento, de la tropa, de los cielos, de la ropa, de su cuñado Jaume escribiendo cartas desde la tienda de campaña anaranjada en la que pasan las tardes. Así, cuando el general le recibe, ya tiene algo que enseñar.

Lo que enseña gusta y, con su flamante salvoconducto, Fortuny ya puede entrar en la ciudad. Le acogen en una casa en la que ya viven otros artistas y periodistas, enviados como él con la tarea de convertir esa realidad lejana en historias capaces de mover corazones. En aquellos primeros días, también la dibuja muchas veces: un patio al que se asoman barandillas de madera, paredes encaladas, arcos ojivales, grandes puertas, muros azulejados.

Pero lo que él venía a ver era la vida de fuera. Uno de los cronistas con los que compartió casa en aquellas semanas dejó escrito: «Ofrecimos hospitalidad a Fortuny, más a él le eran necesarios los chiribitiles del barrio de los judíos, las extravagantes y ennegrecidas cavernas donde se reunían los vencidos, la impresión de la calle, el espectáculo de la vida oriental». También que salía a pasear con un bloc de apuntes en el que —silencioso, concentrado— «dibujaba infatigablemente, con una habilidad extraordinaria, todo lo que veía».

En el par de meses que pasó en Tetuán, Fortuny hizo centenares de dibujos y acuarelas que más tarde le servirían de apuntes para sus cuadros. Dibujó calles, edificios, puertos, paisajes, muchachas. Dibujó la visita de una duquesa y al único cerdo de la ciudad. Pero, sobre todo, dibujó soldados. Soldados haciendo guardia, comprando, hablando o durmiendo la siesta. Soldados a lápiz y a acuarela, soldados en boceto rápido y soldados detallados. Militares de graduación, voluntarios catalanes, guerreros cabileños, la guardia negra. Uniformes, armas, caballos y dromedarios. Minuciosamente anotadas las coordenadas o tomados al vuelo quién sabe dónde. Soldados posando, soldados heridos, soldados descansando, soldados distraídos. Generales, jinetes o ballesteros. Soldados muertos.

Pero a todos esos soldados había que ponerlos juntos en una escena que, en realidad, no había visto. *La batalla de Tetuán* sería una estampa pintada de oído. Lo que contó la prensa antes de que llegara, lo que fue escuchando en las tertulias del campamento, lo que vio en otras batallas que sí presenció, las notas que apuntó el propio general Prim en los bocetos.

Y una cosita más.

El 23 de abril, Marià Fortuny vuelve a Barcelona cual san Jorge, y les muestra a sus patrocinadores los dibujos y apuntes que ha hecho durante el viaje. Todo les parece muy bien, pero le recuerdan que ha firmado algo distinto: cuatro cuadros grandes y seis pequeños que van a decorar el Salón de Sesiones de la Diputación. Para que se inspire, lo mandan a París. Allí podrá ver el trabajo de los pintores orientalistas, que sientan en esa época cierta moda de cómo se va a representar —ya por bastante tiempo— todo lo que tenga que ver con ese mundo lleno de enigmas que se ha dado en llamar *Oriente*. Se quiere que el pintor catalán entienda cómo está funcionando la propaganda en otras partes: concretamente, en las partes en las que está funcionando bien.

Su principal modelo está en Versalles, y es la *Toma de la Smalah de Abdel-Kader*, de Horace Vernet: una pintura de veintiún metros de largo que muestra una de las batallas fundamentales de la conquista francesa de Argelia. Ante esa enorme representación colonial, Fortuny se fija en la composición, en el dibujo, en el color. Pero, sobre todo, en cómo se expresa la épica, la victoria, un choque entre mundos en el que se quiere mostrar a la vez superioridad y voluntad redentora.

Con todos esos apuntes, ideas y mandatos, Marià trabaja en *La batalla de Tetuán* intensamente durante dos años, 1863 y 1864. Para entonces esta obra se ha convertido en una obsesión.

Ha logrado renegociar sus condiciones para no pintar ya sus diez cuadros previstos, sus cuatro grandes y seis pequeños cuadritos marroquíes —aunque por el camino irán naciendo algunas otras obras de este mismo ciclo, como *La batalla de Wad-Ras*—, sino solo este, obra magna siempre aplazada. La Diputación no estaba especialmente contenta: las guerras políticas hay que darlas rápido, y conforme pasaban los meses, el interés por las batallas africanas iba desapareciendo. Su gran encargo propagandístico llegaba tardísimo.

Pero poco se puede hacer contra el perfeccionismo de un pintor que ya no puede más con su encargo. Cuentan que, cuando se refería a él, Fortuny hablaba con ironía del *gran cuadro*. Que quería pintar otras cosas y este asunto pendiente le pesaba. Que en realidad la pintura histórica nunca le había interesado tanto. Que lo había dejado arrumbado con la esperanza de acabarlo después.

Marià Fortuny murió en 1874, a la edad de treinta y seis años.

Un año antes de su muerte, el pintor había arreglado sus cuentas con la Diputación: asumiendo que no iba a acabar nunca *el gran cuadro*, había devuelto lo cobrado como adelanto.

Un año después de su muerte, su viuda vendió el cuadro por cincuenta mil pesetas a esa misma Diputación. Como siempre habían querido los que hicieron el encargo, *La batalla de Tetuán* colgaría en el Salón de Sesiones durante varias décadas.

Más de siglo y medio más tarde, el cuadro que nunca se acabó —y que pese a ello se considera una de las obras cumbre de su autor— sigue escondiendo misterios.

Cuando a un artista no le gusta un trabajo inacabado, cabe esperar que lo esconda, que lo enrolle, que le dé al menos la vuelta para no enfrentarse a él en cada jornada de trabajo. Pero las imágenes del taller de Fortuny en Roma muestran que, hasta su muerte, su inacabada batalla de Tetuán siempre colgó en una de las paredes principales de la estancia.

Ahí estaba, visible desde casi cualquier punto, esa panorámica del combate en la que distintas escenas se despliegan donde quiera que se mire. Ahí estaban O'Donnell a caballo y el general Prim derribando de un sablazo al enemigo; ahí estaban los húsares arremolinados y Muley Abás, hermano del sultán, encabezando una huida que aprendió a contar observando a Vernet. Ahí estaban las nubes de polvo que levantan los caballos al asustarse; y tantos rostros de soldados con los que se cruzó en las calles de Tetuán.

Soldados heridos, soldados descansando, soldados distraídos.

Voluntarios catalanes, guerreros cabileños, la guardia negra.

Soldados muertos.

Dicen que Marià Fortuny le fue cogiendo manía a su *gran cuadro.* Pero a lo mejor era solo que no era capaz de ponerle fin.

Como suele pasar en estos casos.

[Plaza Primo]

… y la cosa es que ahora mismo le entiendo. A Fortuny, quiero decir.

Porque ahora soy yo la que está aquí, en la ciudad de Tetuán, recién llegada y con un trabajo por hacer. Tengo la edad de Marià cuando murió y el empeño, básicamente, de contar la misma historia.

Aquí, quiero decir: donde empezó todo.

Todo, quiero decir: donde empezó para mí la historia en cuestión.

Se me viene a la mente, algo borroso, el recuerdo del momento en el que llegué por primera vez a esta plaza —grande, redonda, con palmeras a un lado y una iglesia alta y amarilla al otro— que marca uno de los centros de la ciudad de Tetuán.

Me recuerdo mirando a los lados desconcertada:

> ¿A qué vienen estos edificios encalados con barandillas blancas y chaflanes? ¿Por qué tengo la sensación de estar en Málaga si hace diez minutos que salí de un zoco? ¿Por qué leo «Abdeljalek Torres» —escrito así, en alfabeto latino— en esa placa de nombre de calle un poco más allá? ¿Quién era? ¿En qué limbo entre mundos vivía, para llamarse así? ¿Por qué pronunciar su nombre me produce esta sensación que no sé si es fascinación o si es rechazo?

Claro que sé, ya en ese momento, que la respuesta a todas esas preguntas tiene que ver con que el norte de Marruecos fue una colonia española, bla, bla, bla. Pero lo sé como se saben las cosas que se ven de pasada en un libro de texto, lo sé como se saben las cosas que no se han pensado dos veces, lo sé como se sabe aquello a lo que nadie presta demasiada atención.

Lo sé, pero no soy consciente de lo que significa.

Lo sé, pero si me asombro es porque, en realidad, no lo sé tanto.

O sea, que no lo sé.

Estoy aquí, donde empezó todo, y quiero decir también: donde empezó esta historia en términos más amplios. La ciudad de Tetuán fue no solo la capital del protectorado español en Marruecos, sino su símbolo y su puerta de entrada. Eso aún no lo sé. No sé las guerras, no sé las artes, no sé las negociaciones, no sé los detalles, no sé las implicaciones. No sé qué tiene todo eso que ver conmigo.

Sobre todo, eso: no sé qué tiene que ver conmigo. Todo lo que veo está vacío. No me sabe llevar más allá.

Doce años más tarde, he vuelto a la ciudad y estoy ahí parada, mirando al edificio de Correos de la esquina con la misma cara de pasmo que entonces, ensimismada en el recuerdo. Hasta que escucho:

—... y esta es la plaza Primo, sabes, ¿no?

Plaza Primo. Vuelvo a sorprenderme tanto como la primera vez. O incluso más. *Primo* por Primo de Rivera, sí, ahora sí sé: doce años más tarde, me he ocupado de saber unas cuantas cosas. Aquella extrañeza se hizo grande, hasta convertirse en una curiosidad que iba a orientar, con distintas derivas, parte de mi trabajo en la última década: un doctorado, un documental, muchos artículos, muchas conversaciones. He estudiado la historia de esa colonización, sus contradicciones, sus vericuetos, sus discursos. Y, sobre todo, le he dado muchas vueltas a qué tiene que ver no ya conmigo, sino con alguna clase de *nosotrxs.* Sabiendo que un *nosotrxs* que valga la pena siempre será uno que se haga preguntas y asuma responsabilidades.

Así que aquí estoy, otra vez, donde empezó todo, para intentar escribir sobre ello. He llegado a Tetuán hace un par de horas y aún siento esa especie de niebla mental que se tiene a veces al empezar los viajes. Una sensación de irrealidad con un punto de ansiedad, como de estar fuera de lugar. No sé qué haría la gente para aliviarla cuando llegaban aquí en el tiempo de Fortuny, tras un viaje de días y sin manera de llamar a casa. A mí el avión de bajo coste me ha llevado de orilla a orilla en menos de lo que tardó en enfriarse el café de sobre, y resuelvo mi desasosiego al modo *millennial*: me compro una tarjeta sim. Las vende, por quince dírhams —euro y medio—, un chico rapado y con chaleco lila que da vueltas al otro lado de la calle. Rasco con una moneda el recuadro plateado de la tarjeta, una recarga de cincuenta dírhams —volver al prepago también tiene algo de viaje en el tiempo, aunque sea cortito—, y subo algunas *stories* a Instagram como para convencerme de que, efectivamente, estoy otra vez aquí.

[El *mientras tanto*]

Pero ¿qué hace una chica como yo en un tema como este? Una chica de treinta y algo en un tema del siglo XX. Una chica española en un tema de Marruecos. Una chica blanca en un tema —post-, de-— colonial. Una chica feminista en un tema de militares. Una chica de izquierdas en un tema…

Ejem.

Después de aquel primer desconcierto en la plaza Primo, hace más de diez años ya, me puse a indagar en paralelo en dos sentidos. Por un lado, de qué iba en sí misma toda esa historia, la de la colonización española en Marruecos. Por otro, a qué se debía aquella fuerte, inescapable, sensación de no tener ni idea.

Respecto a la segunda parte, lo primero fue constatar que la ignorancia era compartida. Y cuando la ignorancia sobre algo es compartida, o hasta casi general, el problema no suele ser personal. Ese no saber generalizado sobre lo que España había hecho en África durante el tiempo de trazar los mapas con regla y cartabón debía tener algún porqué más colectivo, más estructural.

En el proyecto que presenté para la beca de escritura que me trae ahora a Tetuán saltan a la vista, como listas para ser subrayadas en fosforito, algunas palabras que en las últimas décadas se han vuelto frecuentes en las investigaciones y ensayos, y hasta en las polémicas de actualidad. *Colonialidad, poscolonialidad, decolonialidad. Memoria histórica. Estudios culturales. Identidad nacional.*

¿Por qué entonces esa sensación de estar ante una página en blanco, ante un silencio denso?

Empezar a desenredar los hechos es como aplicar luz sobre un papel en el que se ha escrito con tinta invisible. Como ramas se van abriendo, tenues pero innegables, las conexiones. En España, la historia de la colonización está fuertemente imbricada con algunos de los episodios más delicados de la historia reciente: la guerra civil, la dictadura franquista, la transición a la democracia. Si ellos mismos formaban hasta hace poco parte de un *de eso no se habla* que calaba hasta los huesos de todo un país, ¿qué no iba a pasar con estas otras derivadas suyas, más fácilmente ignorables? De esto solo han venido hablando quienes lo habían vivido, y quienes lo habían vivido eran quienes lo habían hecho. O, más concretamente, aquellos de entre quienes lo habían hecho que tenían capacidad de hacer llegar a otros su voz. Básicamente, militares y funcionarios de la administración colonial. Sus historias son, a menudo, nostálgicas: es normal, hablan de un tiempo en el que les fue bien. Sus historias no son, casi nunca, críticas: es normal, hablan de un orden que habían montado ellos.

En la década de 2010, después de que en el 15M las plazas fueran tomadas por gente que lo que tomaba asimismo era conciencia de que tal vez las cosas no eran como les habían venido contando, los relatos recibidos sobre el siglo XX empezaron a ser sacudidos. De sus bolsillos cayeron las monedas que algunos habían acumulado en el camino y unos cuantos papeles viejos que había que aprender a leer de otra manera. La memoria histórica comenzó a ser un tema habitual en leyes, periódicos y novelas. Se retiraron nombres de fascistas de las calles, se bajaron monumentos de sus pedestales, se exhumaron fosas comunes, se cuestionaron expresiones equidistantes, se empezó a llamar al pan, *pan* y al asesino, *asesino*. *Cultura de la Transición* pasó a significar algo más que una coordenada temporal en la que situar determinadas producciones para referir a un modo de hacer las cosas: pensadores como Guillem Martínez extendieron el uso de ese término para señalar a todo el entramado de pactos de silencio, consensos y acuerdos implícitos de no meter el dedo en ninguna herida a la hora de contar lo ocurrido durante el más de medio siglo anterior, y también al convertirlo en novelas o películas.

Pero tampoco entonces se habló de colonialismo.

Otros países no han podido evitarlo tanto tiempo. Las sociedades y los poderes de Francia, Bélgica, Estados Unidos incluso, se han visto obligadas a hacer un ejercicio de revisión crítica de su historia en este sentido. Les obligó a ello la posición firme de los pueblos antes colonizados; la de los nuevos ciudadanos y ciudadanas llegados desde ellos a las viejas metrópolis que cuestionaban con sus mismas vidas las ficciones de hegemonía; la de los intelectuales que pensaron a fondo sobre estos temas y fueron contagiando poco a poco a la opinión pública de la necesidad de no dar los mapas y los cuentos por sentados.

Pero en España, la teoría desarrollada —sobre todo en las décadas de 1970 y 1980— en esos otros países se estudió fundamentalmente como un producto extranjero, perteneciente a un contexto ajeno. Los departamentos de literatura inglesa y francesa de las universidades abrieron sus corpus a las *teorías poscoloniales* sin traducir mucho más que las palabras. Era algo que aplicaban *allí*. Era interesante, pero no parecía tener gran cosa que ver con *aquí*. Muy pocas voces apuntaron a un: *Oye, ¿y no tendremos también algo que barrer en casa?* Así, cuando esas ideas pasaron a la opinión pública y al activismo, no lo hicieron tampoco, casi nunca, acuerpando los hechos reales de nuestro contexto. Se intentaron trasponer conceptos y luchas con los moldes de la negritud estadounidense o de las identidades árabes de la *banlieue* francesa.

No funcionó, claro. También los conceptos cambian al viajar.

Y lo peor es que, mientras se busca algo que no existe *de ese modo*, lo que sí existe crece desapercibido ante los ojos como una enredadera.

Ante la falta de revisiones críticas sólidas, en España sigue viva la idea de que *nuestra* colonización habría tenido un espíritu diferente a la impuesta por algunos de los vecinos europeos: que en el protectorado marroquí y en el Sáhara Español no había una segregación entre población local y metropolitana, que no se ejerció violencia, incluso que se trató de una presencia basada en algo así como una voluntad de contribuir al progreso. Los monumentos coloniales no se quitan, los nombres de calles que celebran al imperio no se cambian, en los libros de texto se sigue hablando del *desastre* de Annual. Cuando alguien recuerda aquel tiempo es casi siempre desde la perspectiva de una mitificada *mili en África* o incluso desde la reivindicación de los soldados españoles que murieron en batallas de conquista, como las de la guerra del Rif.

Es así como, además del de silencio, parece que sobre toda esta historia también ha ido creciendo un manto de sospecha. Como si preguntar por ella fuera caminar necesariamente hacia la legitimación o la complicidad.

Así que eso es lo que hace una chica como yo en un tema como este, supongo. Decir que no a esa inercia. Decir que es posible, necesario y, de hecho, una responsabilidad ineludible mirar este tema desde otra ventana. Intentar poner una lamparita sobre la conciencia de que hablar de franquismo y hablar de colonialismo es hablar de un mismo régimen, de un mismo sistema de maneras criminales que perpetró violencia acá y allá. Y de que es un mismo silencio el que lo sigue encubriendo a día de hoy.

Cuando doy clases o charlas, cuando escribo artículos o simplemente tengo conversaciones que intentan abrir la puerta a empezar a pensar sobre lo colonial y sus secuelas, hay una noción que se me ha ido revelando como muy útil. Es lo que llamo *el mientras tanto*.

En un primer sentido, muy básico, se trata de intentar tener siempre presente que, además del lugar desde el que miramos, también existen otros, en los que también están pasando cosas. Hace tiempo escribí un poema sobre eso. Empezaba así:

Mientras una mujer en la Provenza
se abrochaba el corsé,
cinco mujeres preparaban sus cuencos de henna
en un harén no muy lejos de Tánger.
Mientras se escribía sobre el Cid,
se escribían también las Rubaiyyat.
Mientras se libraba una guerra entre Prusia y Austria,
miles de tártaros eran expulsados de Crimea.
A la vez que Carlomagno,
Kaya-Magan.

Citarse a una misma nunca es muy elegante, pero no creo que lo logre explicar mejor que ahí de otra manera. El poema terminaba diciendo: «Si son anécdotas, todas son anécdotas. // Si son hechos importantes, todos ellos son hechos importantes».

En un segundo momento, pensar en *el mientras tanto* lo que nos pide es ver cómo se relacionan unas cosas con las otras. Tener en mente el escenario de los países colonizados cuando se piensa en la historia del país colonizador despliega nuevas capas de sentido: el mundo se amplía y el relato se complejiza. Te propongo que lo pruebes. La próxima vez que pienses sobre tal golpe de Estado, sobre tal coronación, sobre tal ley o tal protesta o tal victoria o cualquier otro evento del siglo XX, pregúntate: ¿qué estaba pasando a la vez en Marruecos, en el Sáhara Occidental, en Guinea Ecuatorial?

Ante el *mientras tanto,* todo ofrece nuevas aristas: los hechos, nuestro papel en ellos, las bisagras entre causa y consecuencia. Porque el colonialismo es una pieza imprescindible en el puzle de nuestra historia y de nuestra memoria reciente. Una sin la cual nunca lo estaremos entendiendo del todo.

[Escucha el mapa]

Pasear por este lugar es sumarse a una larga historia de gente que fue llegando antes.

Tetuán es más grande de lo que parece. Cuando se mira desde arriba, sus confines se difuminan hacia el norte, a los lados de la carretera que lleva al Mediterráneo, apenas a media hora de taxi traqueteante más allá. Al sur no se extiende tanto: la contiene la sierra del Gorges. Por su ladera, pueblos dispersos desde los que los turistas miran titilar las luces de la capital mientras sorben té cuando empieza a caer la noche. *La paloma blanca* se llama desde hace siglos a esta ciudad de la que la tradición también dice que se construyó a la imagen y semejanza de Granada.

Probablemente sea cierto.

Dos veces cierto, en realidad.

Si haces zoom sobre el mapa en la parte del medio, algo salta a la vista. Un área, coloreada en ocre, con forma de un corazón algo estirado hacia la izquierda, está atravesada de líneas quebradas, cruzadas, desiguales, cortadas entre sí. Es la zona antigua de la ciudad, la medina. Un laberinto amurallado, un continuo de paredes blancas que se abre por el día en la algarabía del zoco y se cierra al caer la noche hacia la intimidad de casas que no se dejan atisbar. Las primeras veces que la paseas te sientes un poco como cuando de niñas dábamos vueltas sobre nosotras mismas para marearnos, para perder la noción de dónde están las cosas y el sentido de nuestro propio centro.

Si de pronto ves que en las paredes de cal se abren ventanas enrejadas o balcones, es que ya estás en el Mellah, la judería, con sus calles cuidadas, pero intencionalmente intrincadas. Hay calles con plantas, muchas tiendas de frutos secos y de dulces, un futbolín en una pequeña plaza. Por lo demás, los dos barrios se parecen bastante. Lo que no se les parece en nada es el resto del mapa: fuera de las murallas, las líneas se vuelven rectas. Es la cuadrícula del ensanche, la zona española que duplicó, triplicó, cuadruplicó el asentamiento con avenidas, edificios de varios pisos y carreteras.

Toda la historia está contada en esa distribución urbana. La ciudad de Tetuán es resultado de una sucesión de llegadas. Empieza su desarrollo en el siglo XV, con el asentamiento de moriscos y judíos expulsados de España —o, más bien, de esa pre-España que recién empezaba a configurarse—. Fueron ellos y ellas quienes trajeron consigo por primera vez las ganas de rehacer Granada en este valle que acabaron por darle a la ciudad algunos de sus rasgos característicos. La segunda de las llegadas por cuya causa Tetuán se parece a Granada ocurre ya a partir del siglo XIX, y no es una huida, sino un intento de expansión. Se trata, sí, de la colonización, que no traía consigo llaves atesoradas para el regreso, sino armas capaces de hacer que la gente ya no se sintiese en casa ni en su propia casa. Son dos maneras distintas de establecer semejanzas, la nostalgia y la dominación. Aunque se crucen en algunos efectos.

Si me das la mano y echamos a andar desde plaza Primo podrás ver que muchas cosas te suenan familiares. Son las huellas de esos viajes de ida y vuelta: de las nostalgias y de las imposiciones. Todo se mezcla. Bajo el mapa, por ejemplo, discurre otro mapa: es lo que llaman *skondo*, un sistema tradicional de canalización de los manantiales que sigue funcionando hoy en día —aunque algunas fuentes ya no lleven su señal, sino la de una empresa francesa de gestión del agua—. Dicen que es único en el mundo, y hasta vienen expertos internacionales a estudiar qué pistas puede dar para los tiempos de crisis climática que se aproximan. Su nombre viene de *escondido,* y el modo en que funciona se parece mucho al de las acequias de la Alhambra.

Probablemente lo planificase alguno de los moriscos que decoró su puerta con el emblema de una granada, como tantas que se ven en los recovecos de la medina. Si vamos hacia lo alto de la ciudad, llegamos a la casba: el sonido no engaña, es la *alcazaba*. Ya en la zona cuadriculada del ensanche, más resonancias conocidas. Las escuelas del Pilar y de Jacinto Benavente. El antiguo Cine Avenida, el antiguo Cinéma Español. Futbolines, olor a churros. Una tienda de ropa llamada Guapita, un bar llamado Bocadillos Chatt. También al escuchar conversaciones en dariya se dejan atrapar palabras en castellano. O casi. *Mochero, cuberta, rebeca, cusina*… Un idioma de frontera, liminal en el espacio, pero también en el tiempo.

Esta historia que andamos buscando está contada, al menos en parte, en nuestra propia lengua. ¿Cómo no escuchar?

Y, al mismo tiempo, ¿cómo no sentirse interpelada, cuestionada, por esa voz distinta que habla la lengua de una?

Hablando de lengua: en este libro hay palabras que están escritas de una manera que quizá te extrañe. Para empezar, la convención dice que cuando se usa un extranjerismo hay que ponerlo en cursiva. Pero, a veces, ese recurso genera una distancia respecto a todo lo que se relacione con otras culturas que no es para nada inocente. Por eso he preferido evitarlo. Palabras como *dariya, amazig, melfa* o *hamada* forman parte del mundo de este libro, no son forasteras a él. Por eso van en redonda en el texto. Por otro lado, si no sabes lo que significa alguna de ellas, seguro que puedes buscarla o preguntarle a alguien: elaborar un glosario también puede ser un modo de demarcar un afuera y un adentro. En realidad, más palabras de origen árabe de las que te imaginas están aceptadas por la RAE: *medina, casba, baraka, harca*… ya forman parte del gran acervo de arabismos que perlan nuestra lengua. Pero sí que es interesante preguntarse cuáles son esas palabras, cuándo entran en nuestros diccionarios y por qué esas sí y otras no —que ya sabemos que la RAE no da puntada sin hilo—.

Esto también aplica a las transcripciones: el modo en el que solemos encontrarnos escritas las palabras de un idioma como el árabe está mediado por cómo las llevaron a su ortografía el inglés o el francés. Y eso también tiene mucho de colonial. Por eso escribo *dariya* en lugar de *darija*, *amazig* sin la hache final de *amazigh*, o *imaziguen* (su plural) como quedaría *imazighen* al transcribirlo con nuestra fonética. Algo parecido pasa con los nombres de personas, y con algunos topónimos. *Alándalus*, por ejemplo, no tiene por qué escribirse en castellano con una lógica distinta a la de *Algeciras* o *Alcaudete*, a menos que lo que hayamos heredado a través de los siglos sea precisamente el intento de marcar una distancia. Otras palabras, como *moro*, por el contrario, las pongo siempre en cursiva porque esas sí que quiero que nos sigan extrañando. En la misma línea, en los textos que pertenecen a otras obras o documentos, mantengo la escritura original, aunque contenga erratas o errores: el modo en el que se escribe también nos cuenta, siempre, algo.

Cuando llevo un par de semanas en esta ciudad, una noche mi paseo termina con un par de cañas en uno de los escasos bares tetuaníes que las ofrecen. Uno de ellos es un hotel agradable y cuidado, con una terraza con vistas claramente más pensada para la comodidad de los turistas que para el uso de la gente de aquí. Pero hoy voy a otro: un local más o menos popular —todo lo popular que puede ser un lugar que sirve alcohol en un país para cuya ciudadanía está muy restringido—, con un ambiente especialmente animado cuando, como esta noche, hay fútbol.

Pido una Spéciale, la cerveza que más se toma por aquí. Viene en botellines de 24 cl, y con cada consumición aparecen sobre la mesa un par de tapas, al estilo andaluz. Lentejas con verduras, una sardina frita, garbanzos con carne. Aceitunas. Estoy leyendo un libro de Santiago Alba Rico que me acompaña mucho en este viaje. Se titula *España*, y procuro mantenerlo abierto sobre la mesa porque tiene una provocadora cubierta rojigualda y no quiero parecer aún más guiri y más española —dos cosas distintas, en realidad— de lo que ya parezco. Tengo suficiente con ser una mujer joven sentada sola en un bar, leyendo, bebiendo y fumando, en esta ciudad bastante conservadora.

En el libro, Santiago se pregunta qué será eso de ser *español*, y por qué derivas históricas se habrá ido definiendo y connotando de una manera u otra. Voy por el tercer botellín, y pensando en recogerme —volver sobria a casa es una norma importante para las viajeras solas— cuando me encuentro con esta cita:

> ¿Puede uno hablar de la historia de España sin conocer la historia de España? (...) Ocurre una cosa muy rara: que lo que quieren los españoles no es ser españoles (que ya lo son), sino ser lo que nunca fueron: iberos o cartagineses o romanos o visigodos o carolingios. Por razones ideológicas muy «españolas», en ese trance nunca se equivocarán, desde luego, queriendo ser musulmanes o bereberes.

Pienso de pronto, mientras dejo caer un hueso de aceituna sobre el platito de cerámica de colores, que por eso estoy aquí. Porque esa memoria también existe. Porque ser españoles es también ser *moros* y bereberes, y también haberlo olvidado. Porque hay en Marruecos bares de tapas como este y también mucho daño y mucha pena, y eso hay que recordarlo. Porque me siento extrañamente en casa, y a la vez tan extranjera.

Pienso también en lo difícil que es encontrar una manera propia de estar en un sitio. Sin plegarse a los clichés ni escapar de ellos de una manera tan férrea que se acabe por caer en otro. Entendiendo —yo, ahora, por ejemplo— que mi sitio aquí no tiene por qué oscilar entre la supuesta *autenticidad* de un lugar tradicional y la huida hacia un hotel que me recuerde a Madrid. Que una chica como yo, en un sitio como este, quizá no se sienta cómoda tomando té a la menta en un café que solo habitan señores de mediana edad sentados en fila mirando a la calle, y que no pasa nada. Que una chica como yo, en un sitio como este, quizá tampoco quiera volver a su casa a las nueve de la noche, y también está bien. Que mi sitio puede ser este lugar no del todo local, no del todo turista, donde con el tercer botellín me traen una prueba de espaguetis boloñesa en un plato de Duralex.

Salgo a la calle y camino despacio. Es una noche extraña. Está ardiendo uno de los montes que circundan la ciudad, creo que es Jabal Dersa. Hace unas horas vimos nacer en él un fuego que crecía por minutos, y ya todo quedó teñido de esa sensación tan triste y tan poderosa que dan los incendios. De camino a casa, paro en una pastelería que ya conozco —en eso consiste quizá hacerse de un lugar, en ir conociendo sitios—. Tengo muchas ganas de un milhojas. Aquí los milhojas son algo diferentes, a caballo entre los pasteles de mi infancia y los que hacen los franceses, con un hojaldre más grueso, una capa más ancha de crema y una cobertura sólida, como un *frosting* con líneas marrones sobre el blanco, en vez de azúcar glas espolvoreado. En *mi* pastelería tienen. ¡Bien! Me pongo a pedir uno y me doy cuenta de que no sé decir *milhojas* en árabe. Pruebo a intercalar la palabra en español, como tantas veces.

—Atini wahed milhoja, afek.

Funciona. Son cuatro dírhams. Cuarenta céntimos de euro. Sigo mi camino llevando el milhojas con cuidado en la mano, envuelto en su papel de estraza, y pensando en que al llegar a casa, mientras me lo como, voy a escribir a Santi para contarle lo que me ha pasado esta noche con su libro. La luz naranja continúa extendiéndose por el bosque, que arde sin pausa, como tantas cosas.

[Guerras de pacificación]

Esa sierra que circunda a la ciudad por el norte y que hoy está en llamas también lo estaba, de otra forma, cuando Fortuny paseaba por ella tomando apuntes para su *gran cuadro*. En 1859 todo aquello era un hervidero de batallas, huidas, escondrijos. Y lo iba a ser durante un largo tiempo.

Para abordar cualquier episodio histórico, la primera pregunta es hasta dónde remontarse. Pensar sobre la relación entre las dos orillas del estrecho de Gibraltar podría llevarnos tan atrás como queramos, pero si lo pensamos en términos de voluntad de conquista española en el norte de África, los primeros impulsos hay que buscarlos en la época de los Reyes Católicos. Hay que tener en cuenta que, *mientras* las carabelas más famosas de la navegación española desembarcaban en América, en la península ibérica terminaba otra guerra de expansión: la que esta nueva Corona unificada había librado contra los reinos musulmanes. El último en caer, Granada, lo hizo precisamente en 1492.

El primer enclave español en África, que es Melilla, hay que entenderlo dentro de esa clave. Los Reyes Católicos conquistan la ciudad —que ya había estado bajo gobiernos que venían de la península ibérica en ocasiones anteriores, durante el imperio romano y durante el califato de Córdoba— en 1497, dentro de esa misma lógica de *reconquista*. Algo parecido ocurre con Ceuta, que había sido conquistada por Portugal dentro de su propio proceso de guerra contra los reinos islámicos. En 1580, Portugal y España se unieron en una dinastía conjunta conocida como la Unión Ibérica, que incluía distintas posesiones coloniales en América, África y Asia. Cuando esa unión se disolvió en 1640 y esas *posesiones* se repartieron, fue España la que se quedó con Ceuta.

En el momento en el que se producen esas conquistas, Marruecos no existía como tal. Había distintos reinos que se disputaban el poder entre sí, sobre las diferentes cabilas —las tribus amazig originarias de la zona norte de Marruecos y de Argelia— y frente a los intentos de conquista, viniesen de Europa, de la península arábiga o del imperio otomano —porque de todo eso había—. En ese contexto, Ceuta y Melilla no eran las únicas plazas controladas por las coronas peninsulares, aunque sí tenían una importancia especial por su situación en el Estrecho. Durante los siglos XV y XVI, España y Portugal se hicieron también con algunas otras plazas en la zona, en general en puntos de interés para la lucha contra la piratería o como enclaves dentro del viaje hacia América. Así, la corona castellana controlaba lugares como las islas Alhucemas, Vélez de la Gomera y Larache; y la portuguesa otros como Asilah, Mogador, Safi, Mazagán o Casablanca. Más allá de eso, sus empeños coloniales seguían concentrados en el territorio americano, y expandirse en África no era una idea demasiado presente.

Las cosas cambiaron en el siglo XIX. Se suele considerar que el pistoletazo de salida de la colonización de África es la ocupación por parte de Francia de la ciudad de Argel en 1830. La situación de partida era similar: los franceses contaban con algunos puntos de control que habían conquistado con la justificación de la lucha contra la piratería, y desde los que realizaban además operaciones comerciales, en negociación con los poderes locales. El intento de extender esa presencia —en un territorio con grandes extensiones de tierras cultivables y una posición geoestratégica clave— llega con la Restauración borbónica, después de la caída de Napoleón Bonaparte. Además de la cuestión de la piratería, en ese momento ya había otro objetivo en este tipo de empresa: aumentar la popularidad del rey. Solo hacía falta una excusa para comenzar la guerra, y podría haber sido casi cualquiera. En una novela titulada *El arte de perder*, la escritora francesa Alice Zeniter lo cuenta deliciosamente:

La conquista de Argelia, emprendida por el Ejército francés a principios del verano de 1830 en medio de un calor asfixiante y creciente, tuvo como pretexto un golpe que, en un ataque de ira, el dey de Argel le propinó al cónsul de Francia con un abanico o, según otras versiones, con un matamoscas. Si se asume que se trataba de un matamoscas, al imaginar la escena habría que añadir al sol de justicia los zumbidos de insectos negriazulados revoloteando alrededor de las cabezas de los soldados; si se opta por el abanico, hay que decir que la imagen orientalizada, cruel y afeminada que se dibuja del dey quizá no sea más que la lamentable justificación de una vasta empresa militar, como lo es el golpe infligido en la cabeza de un cónsul, sin importar el instrumento empleado.

A ese supuesto papirotazo en la consular cabeza le siguieron unos diez años de guerra, porque los cabileños ejercieron una fuerte resistencia. Pero cuando esa guerra terminó, Francia controlaba un territorio amplio, que convirtió en su colonia. Esto abrió la veda para que otras potencias europeas empezasen también a desplegar sus ansias de expansión en la zona, a menudo compitiendo entre sí. Entre ellos, España. También en su caso, la cuestión cambió de escala tras un episodio en apariencia intrascendente.

En ese momento, el equilibrio de poderes locales en la zona de Marruecos se había decantado a favor de una de las dinastías, la alauí, que desde el siglo XVIII manejaba un país más o menos unificado —aunque no reconocido por todas las tribus amazig, que seguían ejerciendo su resistencia—. Ese poder tomaba la forma de un sultanato, siendo la de *sultán* una figura más o menos equivalente a la de *rey*, aunque con un componente religioso, que se daba en algunos países musulmanes. Desde 1840, las posiciones españolas de Ceuta, Melilla y alrededores a menudo eran atacadas por tribus de la zona, a veces leales al sultán, y a veces actuando por libre.

Los ataques eran respondidos, llegaban otros ataques, pero no se pasaba a mayores. Hasta que una gota parecida a todas las demás gotas colmó el vaso. En agosto de 1859 —¿hace siempre calor cuando se agota la paciencia?—, un grupo rifeño atacó a una tropa española que custodiaba las reparaciones de unos fortines cerca de Ceuta. En el rifirrafe, se manchó el escudo español de una de las casernas: ese fue en este caso el abanicazo en la cabeza. El presidente del Consejo de Ministros de Isabel II, Leopoldo O'Donnell, decidió que era el momento de subir la apuesta. Exigió al sultán un castigo ejemplar para los atacantes, y como no lo consiguió, le declaró la guerra.

O'Donnell jugó sus cartas y consiguió reunir a todos los partidos y grupos políticos en torno a una aventura que, por primera vez, se situaba bajo la lógica del *honor nacional.* «No vamos a África animados de un espíritu de conquista, no» —expuso en las Cortes—. «El Dios de los ejércitos bendecirá nuestras armas, y el valor de nuestro ejército y de nuestra armada harán ver a los marroquíes que no se insulta impunemente a la nación española (...) No nos lleva un espíritu de conquista; vamos a lavar nuestra honra, a exigir garantías para lo futuro».

Por eso, más allá de lo que pasaba en el terreno, uno de sus principales frentes de batalla fue el del relato. Y en eso, todo el mundo hizo su parte.

Empezando por la reina. En su caso, la apuesta por la épica pasaba por tender un hilo de continuidad con su tocaya la Católica: si aquella había donado sus joyas para sufragar el viaje de Cristóbal Colón, Isabel II hizo lo propio para recaudar fondos para la guerra que acababa de empezar. En el Museo del Romanticismo de Madrid se muestra una de las medallas conmemorativas de ese gesto. «Disminuiré mi fausto; una humilde cinta brillará en mi cuello mejor que hilos de brillantes, si estos pueden servir para defender y levantar la fama de nuestra España», está grabado en su anverso. Decía estar cumpliendo así la tarea que la primera Isabel había dejado pendiente en su testamento, al pedir a sus herederos «que no cesen de la conquista de África». En la que pasa a llamarse *guerra de África* —otro gesto grandilocuente que se puede evitar adoptando el nombre que le dan en Marruecos: sencillamente *guerra de Tetuán*— resuenan ecos de la conquista de Granada. Es una nueva cruzada.

A ello contribuyen los cronistas enviados para contarlo. Aquellos compañeros del recién llegado Fortuny en su casa de la medina, como Pedro Antonio de Alarcón, propagandista estrella de la aventura. Entre sus aportaciones se cuenta haber sido impulsor de un periódico, *El Eco de Tetuán*, del que se imprimió un solo número: con eso ya se cumplía el objetivo de poder decir que había sido el primero en introducir la prensa impresa en el país. Aunque es conocido sobre todo su *Diario de un testigo de la guerra de África*, el relato de sus vivencias cuando decidió, finalmente, enrolarse como soldado voluntario en aquella «inmortal campaña».

Pero, más allá de los que fueron de hecho al *teatro de la guerra*, el tema era el temazo de la temporada también en la península. Y es de entender que no todas las voces eran tan complacientes. Una de las que atraviesan el siglo para dejarnos entrever también la mirada del descontento es la de Benito Pérez Galdós, que dedicó al asunto uno de sus *Episodios nacionales.* Es *Aita Tettauen*, pionero en su escepticismo hacia la mirada orientalista: «Quiten un poco de religión, quiten otro poco de lengua, y el parentesco y el aire de familia saltan a los ojos. ¿Qué es el moro más que un español mahometano? ¿Y cuántos españoles vemos que son moros con disfraz de cristianos? (...) Esta guerra que ahora emprendemos es un poquito guerra civil».

Y, sobre todo, escepticismo también hacia las intenciones de quienes parecen estar sacando beneficio de la violencia. Dice en un momento uno de sus personajes: «Aún no sabemos lo que será O'Donnell como general en jefe del Ejército de África

(...) Lo que no tiene duda es que el buen señor se acredita con esta guerra de político muy ladino, de los de vista larga, pues levantando al país para la guerra y encendiendo el patriotismo, consigue que todos los españoles, sin faltar uno, piensen una misma cosa, y sientan lo mismo». Es cierto también que Galdós no escribía este libro en el fragor de los acontecimientos, en el momento de exaltación patriótica, sino años más tarde, desde la ventana privilegiada del futuro, cuando a la victoria de esa guerra ya le habían seguido otras derrotas.

Relatos aparte, la guerra duró un año, pero fue muy mortal: unas siete mil bajas. Terminó con la firma del Tratado de Wad Ras en 1860, por el que la paz se reestablecía en virtud a unos acuerdos fundamentalmente económicos. El sultán debía pagar a España una indemnización de veinte millones de duros, más del doble de la riqueza total del país. Hasta que no lo hiciera, la ciudad de Tetuán quedaría ocupada.

Los españoles entraron en Tetuán. Muchos tetuaníes salieron: las autoridades políticas y religiosas pidieron a su gente que se fuera de la ciudad antes de entregarse a la dominación y a la posible violencia. «Fue un encuentro con un pueblo hermano», siguen diciendo a día de hoy muchos relatos oficiales.

Para poder hacer frente al pago, el sultán aceptó un préstamo de Inglaterra: las tropas españolas tuvieron que retirarse solo dos años más tarde, pero, a cambio, la dependencia de Marruecos respecto a los británicos se hizo más fuerte. Por otro lado, el Tratado de Wad Ras también afectaba a otros territorios por los que se pugnaba con el sultán. Definió los límites de Ceuta y Melilla ampliando ligeramente la zona bajo control de España, y también puso en sus manos un pequeño territorio de la costa sur, Santa Cruz del Mar Pequeña, que no se ocupará hasta 1934 —una cláusula que, como veremos más adelante, traerá mucha cola—. Y, sobre todo, el tratado de paz estuvo acompañado por otro de comercio, que reconocía por primera vez a España como «la nación más favorecida», con la posibilidad de adquirir casas, almacenes y terrenos y con la concesión de derechos pesqueros en el litoral de Marruecos y del Sáhara —algo que extiende sus consecuencias hasta hoy—.

Pese a esas concesiones, de ese acuerdo, en España se dijo que era «una paz chica para una guerra grande». Pero era solo el principio. Lo que se había iniciado iba a ser más de medio siglo de guerras, guerrillas y rifirrafes de diferente intensidad que se mezclan en la memoria bajo ese borrón confuso de las «guerras de África». No te preocupes si no tienes del todo claro cuáles son, o dónde empieza y acaba cada una: a todas nos pasa. Y es normal, porque de algún modo lo que se distingue con nombres diferentes no son mucho más que momentos especialmente significativos dentro de una larga sucesión de conflictos, conflictillos y conflictazos. Fundamentalmente son tres. El primero es el que se nombra como *guerra de Tetuán*, este por el que acabamos de pasearnos. Casi a finales de siglo habrá otro: a ese se le conoce como *guerra de Melilla*, y lo abordaremos dentro de unas páginas. El tercer momento con nombre dentro de este continuo de sobresaltos, ya a comienzos del XX, es al que se suele llamar *guerra del Rif*, y a él también llegaremos más adelante. Cada uno de estos momentos definirá un punto de inflexión distinto, en un péndulo entre victorias vendidas a bombo y platillo para subir la autoestima española, y derrotas percibidas por las mismas como desastre nacional.

A todo ese tiempo de guerras que nadie andaba buscando se le suele llamar *periodo de pacificación.*

[Mi casa con fantasmas]

La casa en la que me alojo en Tetuán está llena de fantasmas. Mi casero, K., me contó el primer día que lo que se solían aparecer eran sobre todo niños. Es cierto que el amplio patio andaluz al que miran todas las habitaciones está lleno de sitios en los que jugar. Pueden descolgarse por las plantas trepadoras que se enredan en la barandilla artesonada, o abrir la fuente y salpicarse mientras echan carreras entre los brillos de los azulejos blanquiazules que cubren toda la pared. Y luego ir subiendo, subiendo, en su flotar sin cuerpo hasta la cupulilla de cristal por cuyas portezuelas que malcierran entra a veces algún gato despistado.

Pero no es a esos niños a los que más he visto yo aparecerse en este palacete rehabilitado que se esconde a plena luz en mitad de la medina de la antigua capital del protectorado español en Marruecos —tan parecido a aquel que pintó Fortuny en sus primeros días en la ciudad—. A los que más he visto aparecerse en esta casa es a los y las sirvientes. Por la escalerilla empinada que sube por la izquierda según se entra se llega a su casa, un cubículo con techos bajos y olor a cerrado. A veces, cuando entro, alguna de las lámparas aladinescas que cuelgan junto a la mesa rodeada de doce sillas de madera parece moverse sola. Yo saludo e intento escuchar en el aire las historias de motines contra el poder que se puedan haber cocinado en aquellos fogones modestos.

Los fantasmas más vivos, en todo caso, son los que salen a revolotear si K. me pide que le líe un cigarrito y nos liamos de paso también a charlar. Es entonces cuando me muestra esa foto colgada al lado de la entrada, en la que sale su padre junto a los amigos españoles que se fueron en el momento de la independencia del país. Cuando me recuerda que la casa data del siglo XV y pronuncia como un talismán la palabra *moriscos.* Cuando señala con un gesto vago hacia la biblioteca y dice que algo debe haber por ahí sobre los republicanos y los anarquistas que vivieron en la ciudad. Cuando a esa afirmación le sigue sin solución de continuidad un «pero Franco no era tan malo. Al menos en ese tiempo España era algo en el mundo, no como ahora».

De los paseos con K. por la medina siempre vuelvo hiperestimulada. Ocurren demasiadas cosas en los recovecos de las callejas y de la conversación.

> Vamos, Laura, un paseo. Vamos a buscar la casa de Franco en la calle Luneta, ven. En esta plaza tomaron té Vicente Aleixandre, Federico García Lorca y Valle Inclán: una pena que luego acabaron mal. ¿Sabes que aquí cerca hubo un campo de concentración, Laura? Mira, esta es la puerta de Ceuta, la primera por la que entraron los españoles. Dicen que les recibieron con dátiles y té. Detrás está el cementerio. Vamos, ven. Mira a ese señor, vivió el tiempo del protectorado. Es sefardita. Pregúntale, Laura, tiene recuerdos. Claro, es lo que dice: no era colonización, era para protegernos. ¿Sabes que en esta calle encontraron una fosa común? Mira, allí donde está el museo era la casa de uno que tuvo que huir a Tánger porque su hijo estaba con la República. ¿La has visto, Laura? Eran sefarditas también. ¿Conoces a mi amigo Zacarías? Lleva muchos años aquí. Corre, mira, habla con él. ¿Has visto que en ese edificio han tapado del escudo la parte del águila? Hay que ver, lo están quitando todo, hasta al caudillo lo sacaron de su tumba. ¿Has probado el caliente, Laura? Te invito, mira, toma, es torta de garbanzos. Lo trajeron los españoles también. ¿Todo bien, Laura? ¿Necesitas algo? Sabes que puedes contar conmigo. Los españoles y los marroquíes somos lo mismo, somos como hermanos. Siempre que vengas te puedes quedar aquí. ¡Mira, mira a esos niños en el

tejado! Cuando yo era pequeño siempre estábamos ahí. Íbamos saltando de uno a otro por toda la ciudad. Ya no. Bueno, me voy, Laura. Tengo que ir a ver a mi madre. Sí, va mejorando, poco a poco, gracias a Dios. ¿Necesitas algo? ¿De verdad? No dudes en llamarme, ¿eh? Mañana si quieres damos otro paseo. Hay una cosa que te quiero enseñar.

El *caliente* me quema en las manos. La cabeza por dentro me arde más todavía. Los fantasmas hablan todos a la vez, dicen cosas contradictorias, se pisan y discuten. Y, sobre todo, hacen trizas las ideas preconcebidas, los casilleros sencillos, los relatos de buenos y malos.

Y esto de acabar las conversaciones con todo descolocado no solo pasa con K.: en realidad, pasa todo el rato. Reunidos en torno a un parchís con algunos amigos que acabamos de hacer; al saludar de manera fortuita a alguien en la calle y ser presentada por lo que ando haciendo; al entrar en un comercio y recibir una respuesta en castellano. Alguien casi siempre acaba diciendo: «Pero esto no era colonización, sino un protectorado». O: «Se vivía mejor entonces que ahora». O: «Los españoles y nosotros, hermanos».

Llego aquí con mis preguntas teóricas, mi programa de indagaciones, mis hipótesis, pero la complejidad se despliega ante mis ojos como las telas en los puestos de la medina. Si algo en mí aún venía buscando épicas historias de resistencia, batallas y relatos anticoloniales dignos de película, poemas que enmarcar, definitivamente no es eso lo que me voy a encontrar. Lo que tengo que manejar es más bien una maraña de matices, ambivalencias y contradicciones.

Al final, solo soy una *millennial* española perdida que esta misma tarde ha tenido que pedirle al casero —aprovechando su infinita disposición a ayudar en lo que sea— que le echara una manita con el gas. Cuando me puse a cocinar algo a mediodía, hice lo propio de mi siglo de botones rápidos: recordar el truquito mnemotécnico. *La izquierda libera, la derecha oprime.* Giré y no salía nada. Agotado, pues. Pero era *la otra llave, Laura, la de abajo,* como me explicó K. pacientemente cuando se encontró —después de media hora traqueteando juntos zoco arriba con la bombona nueva— que la vieja no estaba para nada vacía.

Mucho me temo que con lo que ando buscando me está pasando algo parecido.

Más o menos a mitad de estancia, la residencia de artistas en la que estoy trabajando celebra una noche de puertas abiertas. En todos los estudios se preparan cosas que mostrar: lienzos a medio pintar, instalaciones colgantes, cortos que buscan *feedback.* Yo he colgado en mi pared un largo papelote en blanco. En castellano, inglés y dariya —la forma de árabe que se habla en Marruecos—, un cartel invita a compartir ideas: «Si hablamos del protectorado español en Tetuán… ¿Qué se te viene a la mente?».

Antes de empezar, I., una pintora tetuaní de poco más de veinte años con la que comparto este tiempo en la residencia, me mira con intriga. Por qué hago esto, acaba por preguntarme: «Yo no creo que lo hiciera, ponerme aquí a escuchar cómo me cuestionan. Sentiría que tengo que defender a mi país». «¿Y si fuera alemana y estudiase el tiempo nazi?», le pregunto. «Imagínate eso. O estadounidense después de la invasión de Iraq». Me mira en silencio y asiente solo con los ojos. Coge del montoncito que hay sobre la mesa un pósit verde claro. Pega la primera idea sobre mi mapa en blanco:

No fue un protectorado, fue colonización.

El experimento funciona. Cuando acaba la noche tengo muchos más. Un desperdigado punteo de notas de colores que al día siguiente mi profesora de dariya me ayuda a traducir:

> Civilización y herencia. España perdió una gran batalla contra la resistencia en Samsa. Paloma blanca. Demasiados enemi-

gos. Tetuán independiente. Guerra. Amor. Bocadillos. Busca la batalla de Wadi Al Majazin. El colonialismo no es lo que dicen. Hay cosas buenas y cosas malas. Seguimos viviendo bajo el colonialismo, pero ya no lo vemos. El colonialismo se afronta con violencia. Tetuán es la ciudad más andaluza de Marruecos. Respeto por los otros. Avance social. Debemos ser humanos. Sueños. Explotación. Muchos fantasean con ser españoles de nuevo. Quien gana la guerra escribe la historia. Tetuán es una ciudad vinculada íntimamente al legado español y la guerra civil es un horror.

Y mi nota favorita, que no la escribió nadie, sino que la anoté yo al vuelo en una conversación: *Mi abuelo siempre contaba que en aquella época bebían té extranjero. Té extranjero. ¿Te imaginas?*

Cuando llego a casa quiero comer algo, pero los hojaldres que he dejado sobre la encimera están mordisqueados. Sobre todo los de forma de minipizza. Supongo que a los fantasmas también les gusta investigar cosas de otro siglo, no voy a ser solo yo. Qué le vamos a hacer.

[Superventas]

Obviamente, entre el hambre, las preguntas que me rondan y el parloteo de los fantasmas, no puedo dormir.

Así que me pongo una serie.

Me pongo *El tiempo entre costuras.*

Porque cuando decimos que de la colonización española no nos han llegado relatos, no es exacto. Hay cierta versión de la historia, una ventana concreta desde la que mirarla, que sí es conocida: es más, despierta pasiones. La novela de María Dueñas, a cuya adaptación a Netflix me entrego en esta noche de insomnio, cumple bien con el paradigma: una historia de amor y heroísmo con el protectorado por escenario. Es algo que se ha dado también en muchos otros contextos. La India colonial, el África subsahariana, las Antillas son el escenario romántico de infinidad de novelas y películas en las que las metrópolis volcaron para consumo popular fantasías capaces de introducir por la vía suave todo un imaginario de estereotipos y presuposiciones que no está en absoluto desconectado de la voluntad de conquista.

«Desembarcamos en Tánger un mediodía ventoso del principio de la primavera», dice Sira Quiroga, la narradora. En ella, Dueñas encarna un arquetipo habitual en este tipo de historias: una mujer que encuentra en el lejano mundo de las colonias una libertad imposible en la España de comienzos del siglo XX. Pero la encuentra, claro, porque la posición de inferioridad que tiene en su país por ser mujer se ve compensada en ese nuevo mundo por el hecho de ser europea. La fascinación, pero también una nítida delimitación de fronteras, quedan claras cuando describe esa ciudad «extraña, deslumbrante, llena de color y contraste, donde los rostros oscuros de los árabes con sus chilabas y turbantes se mezclaban con europeos establecidos y otros que huían en tránsito hacia mil destinos (...); donde los minaretes de las mezquitas y el olor de las especias convivían sin tensión con los consulados, los bancos, las frívolas extranjeras en descapotables».

Desde ahí, el cliché clásico de este tipo de relatos se despliega sin tapujos: Sira vive un romance apasionado y trágico con el telón de fondo de zocos, palacetes y calles en las que los personajes marroquíes no son personajes, sino meros extras, parte del decorado, o cumplidoras encarnaciones de estereotipos que llegan a lo sonrojante: «La dulce muchacha mora me ayudó a instalarme (...) —Siñorita, tú no preocupar; Jamila lava, Jamila plancha la ropa de siñorita», dice un personaje al que en la pantalla encarna Alba Flores —lo de poner a una mujer gitana a representar a una marroquí si quieres lo hablamos en otro rato—.

Tampoco la historia española se toma como mucho más que una excusa para el desarrollo de una narrativa que va por otro lado. La llegada de Sira a Tetuán —ciudad en la que acabará protagonizando una rocambolesca persecución nocturna mientras esconde armas bajo el jaique— se sitúa, por ejemplo, en los días del golpe de Estado franquista, pero las menciones a los hechos cumplen apenas el papel de coordenadas: «Las calles estaban repletas a aquella hora cercana al mediodía (...) Se oían voces, frases y palabras sueltas en árabe y español, saludos constantes al comisario cada vez que alguien reconocía su coche. Resultaba difícil creer que de aquel ambiente hubiera surgido apenas unas semanas atrás lo que ya se intuía como una guerra civil».

Todo esto puede parecer algo menor, pero cómo se relacionan los productos culturales de gran éxito con la historia y sus historias nunca lo es realmente. Los superventas, las series, son puertas de entrada directas a la idea que una sociedad tiene del mundo. Esta que estoy viendo ahora, subiéndome de vez en cuando la manta hasta los ojos de puro rubor, terminó su emisión con una audiencia de cinco millones y medio de personas. Del libro se habían vendido diez millones de ejemplares en todo el mundo.

Diez millones.

En la pequeña pantalla de mi portátil, Sira Quiroga pasea con el idiota de su amante por la medina de Tánger en lo que parece una escena de musical. A ritmo de tambores, se mueven grácilmente, cogidos de la cintura, entre vendedores y vendedoras cuyos rostros no se ven, niños de aspecto paupérrimo, pescadores que despliegan redes, tejedoras que desenvuelven alfombras. No hablan con nadie. Señalan descaradamente cosas. Se besan en mitad de todo el jaleo. Cogen frutillas de los puestos y no las pagan. Mi momento favorito de todo este número aladinesco es cuando la protagonista toma un camaleón del hombro de una especie de flautista de Hamelín a la marroquí, y lo lleva ya todo el rato en la mano mientras se pega a la espalda de su acompañante y gira como si estuviera en un salón de baile.

El presupuesto de *El tiempo entre costuras* supera el medio millón de euros por capítulo. En 2014 se llevó un Ondas, cuatro premios de la Unión de Actores y ocho Iris. En un país que no ha hecho revisión de este tipo de asuntos, el lavado de cara de lo colonial no penaliza. Tal vez al contrario. Eso María Dueñas lo sabía perfectamente cuando escribió su novela. Es imposible que no lo supiera, porque parte de su trabajo académico previo es en el campo de la teoría poscolonial. Más bien parece que supo utilizar con habilidad lo que viene funcionando desde hace más de un siglo.

De lo que se ocupa la teoría poscolonial es, precisamente, de intentar desentrañar esos relatos e imaginarios a través de los cuales hemos aprendido e integrado (o no) la idea de lo colonial y sus consecuencias. Desde la década de 1980, se empezó a pensar qué relación tenía lo que decían las producciones culturales y lo que pasaba sobre los mapas de la vida real: qué modelos de pensamiento e ideales de vida habían contribuido a imponer, y cuáles habían desterrado por el camino. A qué han sido funcionales y qué consecuencias siguen teniendo hoy en día en la organización del mapa del mundo, los flujos económicos y —por tanto también— las vidas de las personas.

Lo explicaría muy bien, décadas más tarde, la escritora nigeriana Chimamanda Ngozi Adichie en *El peligro de la historia única:*

> Cuando comencé a escribir, a los siete años, cuentos a lápiz con ilustraciones de crayón, que mi pobre madre tenía que leer, escribí el mismo tipo de historias que leía. Todos mis personajes eran blancos y de ojos azules, que jugaban en la nieve, comían manzanas y hablaban mucho del clima, qué lindo era cuando el sol había salido. Esto a pesar de que vivía en Nigeria y nunca había salido de Nigeria. No teníamos nieve, comíamos mangos y nunca hablábamos sobre el clima porque no era necesario (...) Porque yo solo leía libros donde los personajes eran extranjeros, estaba convencida de que los libros, por naturaleza, debían tener extranjeros, y narrar cosas con las que yo no podía identificarme.

Decir que la literatura tiene capacidad para transformar el mundo no es solo una frase ingenua para adornar tazas. La tiene. Lo que pasa es que la tiene, sobre todo, cuando va acompañada de ejércitos y de empresas. El siglo XX lo ha demostrado más que de sobra.

En la pantalla de mi portátil, Sira Quiroga ya ha huido de las deudas con las que la dejó en Tánger su amante prófugo. Candelaria, la mujer que la acoge en Tetuán, ha descubierto la buena mano que tiene con la costura y, tras hacer que le arregle medio armario en pago a la hospitalidad prestada, le ayuda a montar su propio taller. La cola que va a traer todo eso en próximos capítulos no viene al caso ahora mismo. Esta noche veo a la afanosa Sira lidiar, metro al cuello, con tres graciosas esposas de señores de la administración colonial vestidas solo con combinaciones de raso que se arrebatan una revista de moda a ver quién consigue antes un vestido con escote estilo imperio. Y se me ocurre que lo que nos ofrece la teoría poscolonial es una caja de costura… para un deshilado.

[Caja de costura para un deshilado]

Alfileritos para pespuntar la historia de otra manera, tijeras para cortar por lo sano, un buen surtido de dedales.

Pero con palabras, conceptos como lupas que ayudan a enhebrar.

Hay en la cajita un botón en el que fijarse para empezar. Cuando decimos *post-colonial*, estamos simplemente dando coordenadas temporales: hablamos del periodo que va después de la colonización, cuando esta se ha dado por terminada. Punto. Pero si lo abrochamos del todo, quitando el guion y esa *t* del prefijo, y hablamos de *poscolonialidad*, nos encontramos —como en *posmodernidad*, por ejemplo— con algo que ya no es un término, sino una condición. Es un modo de ser de las personas, o los sitios o los hechos, que está profundamente marcado por haber pasado por la experiencia colonial. Decir *poscolonial* es decir que, al mirar el mundo, nos estamos haciendo cargo de los efectos que tuvo la colonización en el estado de cosas que conocemos actualmente.

Para entenderlo mejor tenemos un término que es como el hilo blanco y resistente que sujeta todo lo que estamos cosiendo. Se trata de la idea de *colonialidad*. No es de los primeros que se acuñaron, sin embargo: lo propuso el sociólogo peruano Aníbal Quijano —que no es exactamente un teórico poscolonial, sino el fundador de otra línea de pensamiento, la de los estudios decoloniales—. *Colonialidad*, la palabra hilo, nombra el entramado de ideas, estructuras y relaciones de poder que sirve de andamiaje al propio fenómeno histórico de la colonización. Es importante porque no se refiere solo a lo que ocurre en la sociedad que sufre la colonización, sino también en la que la lleva a cabo. Nos ayuda a entender que se trata de un sistema social, económico y de pensamiento que lo impregna todo, y que por tanto no desaparece de manera automática cuando los países colonizados se independizan. Sigue, por el contrario, bien cosido al corazón de ambas sociedades, definiendo sus privilegios, sus exclusiones, sus modos de hacer.

Cuando hablamos de colonialidad, a veces bordamos la palabra *otro* con una *O* mayúscula. Decir *el Otro* es meter a toda persona que tenga una cultura, lengua, religión diferentes a la propia en un mismo saquito marcado, justamente, por la diferencia. Entender que una misma representa lo neutral, y ver todo lo distinto como una particularidad.

Subalternidad: un alfiler que dejó ahí la filósofa india Gayatri Spivak para recordar que las estructuras de poder del sistema colonial —y no solo— son consecuencia de ese sistema marcado por la alteridad, que hace que solo se escuchen algunas voces de la historia: las de esa pequeña parte que define como *Otro* a todo lo demás. La mayor perversión llega cuando alguien se reconoce en la segunda opción, pero da a la vez por bueno que ese modo de ser es inferior. Y mira a eso diferente que se ha instituido como neutral y deseable, y lo anhela, y quiere imitarlo: porque es el único lugar desde el que *se puede hablar*, o hablar al menos con algo de esperanza en que te escuchen.

Violencia epistémica, dijo también Spivak, es la práctica de silenciar todo aquello que no sean los relatos en los que se reconoce quien ostenta el poder. Es la clave de que todo esto funcione. Y algo así como clavar muchísimos de esos alfilercitos bajo las uñas de demasiada gente.

Otro de los pioneros del pensamiento anticolonial, el martiniqueño Frantz Fanon, dio con una anécdota que desde entonces se repite siempre, porque no se puede explicar mejor: la de cómo a los escolares africanos se les hacía memorizar formulaciones como «nuestros ancestros los galos». A eso se le llama *aculturación* y pica como un jersey de lana.

Hubo otro teórico, Edward Said, que hizo algo realmente importante en este campo. Le dio la vuelta a los tapices y los cuadros que durante mucho tiempo mostraron sin que nadie les hiciera preguntas fantasías de harenes, desiertos, palacios; como aquellos de los que Fortuny fue a aprender a París. Y dijo: cuidado. Como si se fijara en la trama de hilos que había por detrás de las imágenes, fue capaz de mostrar la forma específica de estos procesos en la zona árabe e islámica. Acuñó para explicarlo la palabra *orientalismo*, que sirvió desde entonces para referirse a la imagen estereotipada con la que *Occidente* miró a esa parte del mundo. La cursiva en *Occidente* es para que no se nos escape que la primera operación del pensamiento en todo esto es asumir que habría una frontera nítida entre dos mundos. Uno, el de la vieja Europa: blanco, cristiano y bueno. Otro, allá en *Oriente*, fanático y sensual, tierra cuyos misterios encierran peligros intrínsecos. Ese Oriente es el Otro paradigmático frente al cual los colonizadores se dibujan a sí mismos, saliendo siempre bien parados. Entre esas odaliscas atrayentes de los cuadros decimonónicos y la islamofobia que se vive aún en las sociedades actuales hay una línea más continua de lo que parece, y el pensamiento de Said ayuda a entender por qué.

Luego se puede intentar seguir la labor cortando por las líneas que dejó escritas Dipesh Chakrabarty, indio también (no es casual que sea desde la joya de la Corona británica desde donde se escribieron buena parte de estas teorías). En uno de sus textos más conocidos, este historiador invita a *provincializar* Europa. Entender de una vez que esa matriz cultural que se ha entendido históricamente como neutral, como no marcada, como unidad de medida de las cosas, no es sino una más, tan válida o inválida, tan heterogénea y mutable como todo el resto. Que no tiene mayor valor intrínseco que las demás, sino un prestigio conseguido espuriamente tras siglos de ejercer la dominación sobre buena parte del mundo.

Como un retal reversible, sobre la mesa otra de mis nociones preferidas en este mapa de ideas: la de *ambivalencia.* La cosió con cuidado Homi K. Bhabha, pensador indio también, para recordar que hay que evitar la tentación de pensar que los buenos y los malos se pueden delimitar como quien traza una línea de tiza en el patrón. Cuando los discursos de la vieja Europa los pronuncian bocas imprevistas, su significado cambia, se desestabiliza, se puebla de contradicciones. *Mímesis*: el Otro subalterno enuncia los discursos de los que estaba excluido. *Hibridez*: de pronto, lo diferente se ha mezclado. El efecto es impredecible. El temor y el deseo se confunden. Las posiciones de poder, complicidad, resistencia, tampoco son tan fáciles de definir —como cuando vuelvo mareada de mis paseos con K. o de las conversaciones en los encuentros de la residencia—.

Abajo, en la papelera, una tela sucia: es la palabra *autenticidad*, cuya mancha se ha revelado en el deshilar. Se ha pronunciado tantas veces por encima del hombro que lo que señala, en este contexto, ya es más bien la falsa idea de que existen algo así como unos elementos culturales más puros, primigenios, que habría que recuperar. Los modos de ser de las gentes y el mundo tienen la buena o mala costumbre de ir cambiando. Intentar que no lo hagan es tan *colonial* como cualquier otra cosa.

No es que estas palabras sean imprescindibles para entender la historia que sigue en estas páginas.

No lo son.

Pero no se trata solo de cómo se escribe la historia, sino también de cómo se lee.

Y estas herramientas que se fueron guardando con mimo en una cajita de costura pasada de mano en mano tal vez puedan ayudar al deshilado; y a que lo que se cosa en adelante no sea ya más un uniforme, ni una casulla, ni una camisa de fuerza.

[Emoji que se tapa la cara con la mano]

En estas cosas ando pensando mientras pasan los créditos de *El tiempo entre costuras* en la pequeña pantalla de mi ordenador. De pronto subo la vista.

Mi cama tiene dosel, unas telas rojizas de tul opaco que cuelgan amarradas por una especie de cordón dorado. He apartado una colcha aterciopelada hacia los pies, pero me cubre una manta brocada con flores. Más arriba, un arco blanquísimo con volutas se eleva, alto, alto, sobre columnillas azulejadas, al estilo andalusí. Del techo cuelga una lámpara de cristales. Cuando el almuédano hace su llamada, su voz entra llenando todo de un aire como de ensueño.

Es 2022 y esta *millennial* española que no sabe abrir el gas toma notas sobre *crítica poscolonial* en un palacio en el que vive de prestado unas semanas en mitad de la medina de la antigua capital del protectorado, y que se parece muchísimo al que dibujó aquel tal Fortuny al llegar.

Me tengo que reír.

De mí.

[La extrañeza de quien ve llegar]

Siempre hablamos de la extrañeza de quien llega.

Pero ¿y la extrañeza de quien ve llegar?

Cuando los españoles ocuparon Tetuán, no muy lejos de allí, pero tampoco muy cerca, en un pueblo de montaña llamado Azagar, había un maestro musulmán que se llamaba Muhammad. Muhammad nunca salía de su pueblo, pero cuando se encontraba con otra gente que sí lo hacía, le gustaba escuchar sus historias.

De pronto, las historias empezaron a hablar muy a menudo sobre los *arumi*, los cristianos que se habían instalado en la zona. A Muhammad le sorprendían las extravagancias que le contaban, y tomaba notas. Esas notas las va a encontrar casualmente décadas más tarde un funcionario de la administración española franquista, el también escritor —y también franquista, por otra parte— Muhammad Ibn Azzuz Al Hakim, que las publicará bajo el título de *Diario de un alfaquí rural.* Es así como sabemos lo que anotaba Muhammad.

Anotó, por ejemplo:

> Según me ha dicho Abd Al-Rahman, hijo de mi tía, en las casas de los cristianos de Tetuán existen varias habitaciones, destinadas cada una de ellas para una cosa determinada.

Anotó:

> Me ha dicho Sel-lam el Cojo que los cristianos tienen en sus casas y en algunos cafés de Tetuán una caja de maravillas que es una *makina* de música, y se da una serie de vueltas a una palanca

(…) Dicen que la música que contiene dichos platos se puede escuchar aun después de muerto el músico al que pertenece la voz.

Anotó:

Dicen los ulemas que una de las causas por las que Dios ha prohibido a los creyentes la carne de cerdo es porque ello mata en el corazón del hombre toda sombra de celos por su mujer. Pues bien, según me han dicho varias personas, los cristianos de Tetuán se reúnen juntos hombres y mujeres y el varón no siente celo alguno viendo como su mujer habla con otro varón e incluso se junta con él cuerpo a cuerpo para bailar. Eso prueba que la comida de la carne de cerdo ha matado sus celos.

Anotó:

Cuando vinieron a nuestra tierra, los cristianos encontraron el hermoso sol con que Dios nos ha agraciado y que en su país, que se llama Spanya, está casi siempre ocultado por las nubes. Por eso, según me han dicho, en este verano, que es el primero que pasan en Tetuán, bajaban a la playa de Martin todos los días para tumbarse desnudos sobre la arena.

Anotó:

Mucha gente de los que vinieron hace poco de Tetuán afirman haber visto volar en el aire unos grandes pájaros de hierro, pero que nadie ha sido capaz de saber cómo pueden volar, llevando gente a bordo. Dicen que producen mucho ruido y (…) dejan caer *bombat* que al llegar a tierra explotan y matan a mucha gente de una vez. Dicen que los cristianos los llaman globo y que al volar no mueven las alas.

Anotó:

> Nos ha dicho Sel-lam del Maal-lem que los cristianos tienen unas piezas de metal escritas que llaman *medaya* que los jefes militares conceden a los soldados que acometen un acto extraordinario en la guerra o son heridos en un combate. Estas *medayat* las llevan cosidas en el vestido militar para que las vean todos los demás.

Anotó, varias veces:

> ¡Dios nos libre de esta gente!

ALHUCEMAS Y AXDIR

[dar la vuelta a la historia del desastre]

[El protectorado contraescribe]

Está un poco a las afueras de la aldea de Axdir, en lo alto de una loma. Hoy aquello es un secarral con algunas ruinas esparcidas, pero la subida atraviesa los restos de una escalinata amplia, ancha, con una parte lisa en el centro y sendas franjas empedradas a los lados: una pista clara de que lo que quiera que hubiera allí en otro tiempo era importante. Arriba, apenas el armazón de un edificio: una estructura de formas cuadrangulares, con grandes vanos en un muro de sillares. En el lateral de unas pequeñas escaleras compactas que ya no dan a ninguna parte, una suerte de mosaico. Restos de pintura roja en lo que queda del torreón de uno de los laterales, la parte que mejor sobrevive: se ven incluso unas ventanas de formas geométricas rectas y estilizadas, tan características del estilo amazig como las pequeñas aberturas que jalonan la parte baja del tejado. Alrededor de la ruina se amontonan los cascotes, se enredan basuras entre algunos matojos y ramas secas.

Lo que hemos venido buscando es lo que queda de la que fue la sede de la primera república de África.

Se trata de la República del Rif, que resistió como Estado independiente entre 1921 y 1926. Su historia está inseparablemente unida a la de Abdelkrim El Jatabi, su fundador y su dirigente durante esos cinco años. La clave de su éxito fue conseguir unificar a las tribus imaziguen de la zona en un ejército regular. Tras derrotar con ese ejército a los españoles en una batalla clave, la de Annual, Abdelkrim empleó su autoridad recién conquistada para dar un paso más: declarar la independencia respecto al protectorado español de Marruecos. Casi medio siglo antes de que la ola de movimientos anticoloniales se extendiera por el continente, llegó incluso a exigir a la autoridad metropolitana una indemnización por los daños causados.

Y, sobre todo, fundó un país. Organizó a las tribus en una confederación según los principios de los Estados modernos. Un consejo nacional de notables redactó, tras varias sesiones, una Constitución de cuarenta artículos que definían estructuras políticas de corte europeo. Un pequeño gobierno del que solo un ministro superaba los cuarenta y cinco años fue el encargado de desarrollarlas. La República del Rif puso en marcha medidas como un sistema laico de impuestos, una administración de justicia que abolía mecanismos como la venganza de sangre y la mutilación penal, o una red de escuelas que incluía una para las niñas.

En agosto de 1925, el rostro de Abdelkrim El Jatabi ocupó la portada de la revista *Time*.

Explica el pensador estadounidense Walter Mignolo que, cuando se cambia el punto por el que empezamos a contar una historia, nos encontramos con una historia diferente. Empezar a contar Annual por la República del Rif hace tambalearse los cimientos sobre los que se ha asentado durante todo este tiempo ese sintagma que incluye siempre la palabra *desastre*. En la cajita de costura de las palabras poscoloniales, a eso se le llama *contraescribir*. Jugando con el título de un episodio de *La guerra de las galaxias*, un libro fundante de este pensamiento —escrito por Bill Ashcroft, Gareth Griffiths y Helen Tiffin— se tituló *El imperio contraescribe*.

El protectorado marroquí también *contraescribió*, por supuesto. Pero ¿quién puede —y quiere— darle la vuelta a la historia del desastre?

Dicen que hace ya mucho que se espera que las ruinas de Axdir, esos restos a duras penas en pie de lo que fue la casa de Abdelkrim y también la sede del Parlamento rifeño, se conviertan en algo así como un museo. Pero los años pasan, las paredes siguen cayendo, y nadie parece decidirse. La gente ya casi da por hecho que un día ese esqueleto de piedra se tirará, que en su lugar se construirá cualquier otra cosa, y que ya nadie hablará más de la memoria de ese lugar.

Y es que en otros países los líderes tempranamente anticoloniales son reconocidos como padres de la patria, pero hay un pequeño problema para que Marruecos haga lo mismo con Abdelkrim. Básicamente, que no se consideraba marroquí, sino rifeño. Su declaración de independencia no fue en nombre del sultán, sino muy propia. Lo avanzaba ya en 1915: «Los rifeños no somos más marroquíes que lo que los ingleses se consideran a sí mismos holandeses». Esa diferencia que defendió —y que articulaba en términos de lengua e incluso de raza— sigue latente en nuestros días y ha motivado insurgencias de manera recurrente a lo largo del siglo. El Estado marroquí se anima a veces a hacer pequeños malabarismos para defenderlo como héroe por su resistencia al invasor europeo, pero el empeño les suele durar poco.

Y la disputa se renueva periódicamente.

Durante los días que paso en el Rif hay una polémica abierta. No muy lejos de la aldea natal de El Jatabi se está rodando una película, una especie de biopic en torno a su figura y a los hechos de Annual. Al principio, el proyecto es bien recibido por la gente rifeña, pero unas semanas más tarde, la cosa ya está más tensa. Por un lado, parece que la historia se va a centrar solo en la batalla de Annual, y no en el antes ni el después: ni en el recorrido de Abdelkrim ni tampoco en la historia de la República del Rif. Aunque se cuente desde una perspectiva que no es la colonial, el Centro Cinematográfico Marroquí —que invierte unos cuatro millones y medio de euros en el proyecto— sigue sin apostar por que el relato entero se mire desde una perspectiva distinta.

Pero lo que más ha revuelto los ánimos no es eso, sino que se haya elegido para representar a Abdelkrim El Jatabi a un actor árabe, y no a uno amazig —un holandés para representar a un inglés, que diría él—. Eso implica, para empezar, que la película se rodará en dariya y solo después se doblará a la lengua que realmente hablaba el protagonista. Y, sobre todo, abre la espita de la cuestión identitaria. «¿Por qué Marruecos excluye a nuestros actores y el uso de nuestra lengua materna mientras utiliza, sin embargo, nuestros relatos?», se pregunta alguien en uno de los muchos reportajes que se publican sobre el tema en esos días.

El amigo con el que charlo sobre esto piensa en otra parte del problema.

—¿Te acuerdas de aquella peli libia? —me dice—. *El mensaje.*

No, no me acuerdo, pero la busco luego. Es una historia que transcurre en el tiempo y el entorno de Mahoma. Como el profeta no puede ser representado, los hechos se cuentan a través de personas cercanas a él. Se estrenó en 1976 y efectivamente fue financiada por Gadafi. En el reparto había alguna gran diva árabe, pero, como apunta mi amigo:

—¿A que nadie se acuerda nada más que de Anthony Quinn?

Ese día estoy algo espesa. Asiento a lo que dice, pero será de nuevo más tarde, camino al hotel, cuando me dé cuenta de que algo de lo que casi nadie se acuerda tampoco es de que Anthony Quinn, que en *El mensaje* hace el papel —principal— de uno de los tíos de Mahoma, se llamaba en realidad Manuel Antonio Rodolfo Quinn Oaxaca y había nacido en Chihuahua, México.

Es un poco lo mismo en todas partes.

¿Quién puede y quiere contar qué?

¿Cómo se da la vuelta a la historia del desastre?

[Lo que hay debajo]

El Rif oriental está lejos. De donde sea que vengas. Si miras el mapa ya te lo parece, pero luego recorres el espacio y resulta estar más lejos aún. Desde Tetuán, el taxi colectivo da curva tras curva tras curva tras curva tras curva tras curva tras curva, bajada tras subida tras bajada por una carretera que —sabremos luego— se caracteriza por sufrir constantes desprendimientos. Cuando baja y pasa junto a la costa, atraviesa pueblitos de playas pequeñas, casas de colores, barcas pesqueras, puestos con barbacoas herrumbrosas que echan humo junto al mar.

Mi sensación respecto a este viaje se parece bastante a esa carretera: todo es incertidumbre y mareo. En Alhucemas pretendo encontrarme con activistas que trabajan la memoria histórica y otros temas espinosos. Eso no es fácil en un país que se ocupa con tenacidad de garantizar determinados silencios. Unos días antes de llegar me han anulado varias de las citas previstas, y no las tengo todas conmigo respecto a las demás.

Pero O. llega puntual y hablador al espacio Miramar, una cafetería con terrazas enramadas que, haciendo honor a su nombre, se abren sobre la bahía. Nos propone entrar, mejor, a una parte cerrada del local. Todo alrededor puede tener orejas. Aunque lo cierto es que él habla como si eso le importase poco. Profesor de matemáticas, su manera de usar el lenguaje no deja nada entre líneas. No dice «independencia», sino «lo que llaman independencia». No usa un solo topónimo para los lugares, sino que dice siempre «lo que los españoles llaman… y nosotros llamamos…». De los primeros diez minutos de conversación salgo con dos precisiones muy claras que enmarcan todo lo demás:

La primera es que, para el Estado marroquí, Abdelkrim sí es reivindicable como figura de la resistencia, pero lo que se elude es dar legitimidad a su faceta de hombre de Estado, lo que pasó más allá de las batallas. Tiene sentido.

La segunda, que el trabajo de memoria que hacen activistas como él en el Rif no es «de recuperación». No se trata de «rescatar del olvido» nada: al contrario, es intentar que pueda aflorar algo que está muy presente. Pero de lo que no se puede hablar.

Aunque durante el día que pasamos juntos vamos a hablar de muchas cosas.

Lo que los españoles llaman Alhucemas y los rifeños llaman Al-Hoceima ha tenido en realidad más nombres. La gente del campo, me explica, la sigue llamando Villa: por Villa Sanjurjo, como se la conoció en la época franquista. Creada como ciudad militar española en 1927, fue poblada en gran medida por trabajadores venidos sobre todo de Málaga y de Murcia. Aún hay un barrio al que todo el mundo llama simplemente Barrio. Españoles y rifeños, todos igual.

La plaza Mohamed VI es una gran explanada situada en el centro de la ciudad, bordeada por un mirador directo al mar que parece —y lo parecerá aún más por la noche, sin luz— el fin del mundo. La pueblan mujeres con niños que hacen carreras de cochecitos de juguete —caballitos, dinosaurios, camiones de bomberos— por la inmensa planicie de hormigón. Hay puestos de chuches, ambiente de fiesta. Por otro de los flancos la bordean dos edificios coloniales: uno que alberga hoy el Instituto Español Melchor de Jovellanos y también la sede del Instituto Cervantes; y otro que es un antiguo edificio de la Administración que pasó después a manos marroquíes y del que los rifeños no pierden la esperanza —una vez más— de que acabe por albergar un museo. Hacia todos lados salen calles amplias. La sensación que da la ciudad es moderna y más distendida que otras capitales de la región. Arbolado, edificios de un par de alturas, negocios cuidados.

Y muchas plazas. En la del Rif, el Hotel Florido destaca haciendo esquina en redondo, si es que tal cosa es posible. La Ifriquia, famosa por su mezquita, tiene carácter de rotonda, de corazón entre calles. En la 3 de marzo —popularmente llamada Chita porque antes en ella había monos— se ven más las huellas españolas: una iglesia, un grupo escolar, la misión católica.

Más abajo, los puertos. Morro Viejo, que contra lo que indica su nombre es ahora un parque moderno, renovado, con explanadas amplias. Las palmeras están todas achapladas en una misma dirección, como si siempre hiciera mucho viento. Y el puerto actual, en cuyo club náutico gatos y gaviotas se disputan las sardinas, gambas y calamares que nos tomamos con unas cervezas. Al club náutico, por cierto, todo el mundo lo llama El Chafarinas. Rifeños y españoles, todos igual.

Cuando pasamos junto a los cementerios —musulmán y cristiano, con sus tapias una frente a la otra—, O. dice:

—Míralos, viviendo todos en paz como muertos.

Y no se ríe.

Pero lo que más queremos ver está fuera de la ciudad. Además de a Axdir, me interesa especialmente echar un ojo a los peñones. Los peñones son tres, están en el agua y en ellos ondea la bandera española —son algunas de aquellas plazas pequeñas y dispersas con las que España se hizo en los tiempos de las primeras incursiones coloniales—. El más conocido es el que los españoles llaman peñón de Alhucemas y los rifeños llaman Nekor. Luego están los dos islotes llamados, en distintas lenguas, islote de Mar e islote de Tierra, pero esos resultan menos llamativos.

Es Nekor el que una se queda atrapada mirando. Desde la orilla hace pensar en aquella prisión de la que huía el conde de Montecristo: sobre una especie de plataforma de color terroso de poco más de un kilómetro cuadrado se elevan varios edificios, recortados contra el cielo mediterráneo: un faro, unas pocas casas, un fuerte, la torre de una iglesia. Llegó a tener casi cuatrocientos habitantes que se dedicaban al comercio con Marruecos: pequeñas barcas iban y venían, intercambiaban productos básicos, vino, colonia, medicamentos. El abuelo del padre de O., según nos cuenta, tenía una cafetería allí. Y uno de sus tíos ganó, en algún momento de principios del siglo XX, un concurso de cañonazos a la torre que la dejó tan maltrecha como sigue estando hoy.

Ahora el peñón solo lo habita un puñado de militares. Cada varios días llega un barco o un helicóptero con víveres.

Los deja.

Se va.

Desde los incidentes de otro de estos «islotes de soberanía», el de Perejil, lejos de allí, los y las marroquíes no tienen permitido acceder a los peñones. La gendarmería ayuda a garantizar que eso se cumpla: nadie quiere más líos, así que mejor no pisarlos. Ni siquiera los otros, los pequeños, los de Tierra y de Mar. Esos son apenas unos terroncillos que flotan muy cerca de la orilla, al alcance de unas brazadas si una se levanta de bajo las sombrillas de paja del chiringuito Anoual Bay para darse un chapuzón. Eso hacía la gente, nos cuentan. Y, a veces, también pícnics en la roca. Ahora no es posible, aunque en los peñones no hay nada.

Nada más que una bandera española, quiero decir.

Más allá de la playa se extiende la zona turística. Chiringuitos de distinto tipo, *bed&breakfasts*, hotelazos, clubs, un gran parking. Pero en determinado punto, esa proliferación productiva se detiene, deja paso a una zona vacía con algunas ruinas dispersas entre los eucaliptos.

Son ruinas de dos tiempos, para más lío.

Vamos por partes.

Las primeras son ruinas de una clase nueva que ya empieza a haber: las de hoteles de hace menos de un siglo. Los primeros en verle potencial vacacional a la zona no fueron ni españoles ni rifeños, sino franceses. En 1963, dentro de lo que algunos llaman «política de pacificación del Rif por el turismo», instalaron allí un resort de la compañía de lujo Club Med. Las fotos de la época muestran altos trampolines, clases de hípica, mujeres rubias en bikini entre bungalós con tejado de paja. H., un amigo de O. que nos está haciendo de conductor durante la jornada, entra en la conversación en ese momento. Conoce bien esta historia: trabajó en el Club Med durante veinte años. Como otros empleados, vivía en una de las dos mil chabolas que se construyeron sobre la pequeña montaña de arena que había junto al complejo residencial. No se queja mucho de aquel tiempo, tampoco lo recuerda con entusiasmo. Duró hasta comienzos de los años 2000, cuando, de pronto, llegó orden de cerrar el centro turístico. Las chabolas fueron desalojadas, a las familias de trabajadores que vivían en ellas se les ofreció una pequeña indemnización o trasladarse a otro Club Med, el de Marrakech.

Ahí es donde entran en juego las otras ruinas que asoman en la colina hoy cubierta de hierba: las que conforman el —precario— parque arqueológico de Mazamma. En unos paneles explicativos algo oxidados por los bordes se lee que Al-Mazamma fue una ciudad fortaleza fundada en el siglo IX como capital del emirato de Nekor, un reino islámico independiente que duró unos tres siglos. Cerca de la desembocadura del río, contaba con un puerto que fue una de las claves de su importancia: un enclave desde el que comerciar con potencias como Venecia y Cataluña con los productos que traían las caravanas que emprendían el viaje transahariano. El emirato de Nekor cayó en el siglo XI, y el puerto y la ciudad entraron en decadencia progresiva, aunque con algunos momentos puntuales de resurrección a lo largo de la historia, como la época —precisamente— de las guerras rifeñas contra los españoles, cuando su posición frente a los peñones volvió a convertir las maltrechas murallas en bastiones posibles.

Cabría pensar que cuando el Club Med empezó a levantar su pequeño emporio turístico en la zona, las ruinas históricas podrían haber sido un valor a aprovechar. Pero ocurrió más bien lo contrario: se edificó dándoles la espalda. Permitió, de hecho, que la arena las cubriera: al talar los árboles de la zona para construir, el suelo se fragilizó y dejó de ser firme. La arena empezó a moverse, formando dunas. Las dunas avanzaron, tapando las ruinas. Fue en ellas donde se construyeron las chabolas en las que sus trabajadores vivieron durante casi medio siglo. Fijando de nuevo el suelo sobre ese olvido.

H. tiene una teoría: cree que no fue solo descuido. Cree que, de hecho, si se autorizó construir en ese suelo fue, entre otras cosas, para tapar esos vestigios. Cree que todo lo que sea un recordatorio de la historia particular y diferencial de la región, las autoridades prefieren dejarlo bajo tierra.

O. está bastante de acuerdo. Las asociaciones activistas como la suya no solo se ocupan de los problemas acuciantes: la situación de los presos de las movilizaciones del Hirak de hace apenas unos años, por ejemplo. Tampoco solo de lo relativamente reciente, como los bombardeos con armas químicas de la época colonial, por cuya causa la región sigue teniendo las tasas de cáncer más altas de todo el país. Les importa también seguir tirando del hilo que une esos puntos del tiempo con otros de más atrás, que sirven también para entender y defender la singularidad que reivindican, enraizada en una genealogía y una lengua distintas a las de otras partes del país.

Al fin y al cabo, se trata siempre de lo mismo: sacar a la superficie lo que hay debajo.

Debajo de la arena, debajo de la historia oficial, debajo de los nombres de las cosas.

[¿Protequé?]

Una parte de la conquista se hace con ejércitos. Pero otra, con papeles y con juegos de lenguaje.

En el tiempo de guerras que se llamó *periodo de pacificación*, mientras las batallas definían posiciones en las montañas del Rif, notables en muchos despachos intentaban cortar a su manera el bacalao. Era la época de mover escuadras y cartabones sobre los mapas del continente. Las potencias europeas, y también Estados Unidos, iban y venían en un juego de trileros que iba modificando con mayor o menor sutileza la zona de influencia de cada una en Marruecos —en compensación o intercambio, a menudo, de las que se conseguían o perdían en otros territorios—. España iba siempre un poco al trantrán, logrando como mucho adherirse a acuerdos que hacían Inglaterra y Francia, rascando algo por el camino. Muchos de esos vaivenes se consolidaron en la Conferencia de Berlín, celebrada entre 1884 y 1885, tras la cual los únicos territorios que quedan por adjudicar en África son los de Liberia, Abisinia... y Marruecos.

Para tratar este último caso se convoca la Conferencia de Algeciras, que se celebró entre enero y abril de 1906. En ella participaron once urracas extranjeras y el propio país en liza. Dicen que se hizo en esa ciudad a petición del sultán, que creía que, al estar cerca de sus territorios, le resultaría más fácil mantener el contacto con sus representantes. Si esa era la intención, el resultado fue cuanto menos dudoso: en aquella reunión quedó consolidado el dominio de las potencias europeas. En las fotos de la época se ven grandes mesas de madera noble, cubiertas de papeles alumbrados por pequeñas lámparas de brazo dorado y pantalla de cristal opaco. A un lado, muchos hombres con traje negro. Al otro, unos pocos hombres con chilaba blanca. Uno de ellos sale en otra de las fotos, sentado solo en una mecedora. Tiene barba canosa, ojos de mucho cansancio y una posición algo encorvada, con las manos recogidas sobre el regazo. Es Mohamed Torres, un hombre de casi ochenta años que había sido enviado como cabeza de la delegación marroquí. Su firma ni siquiera aparece estampada en los acuerdos.

Esos acuerdos no son tanto un reparto territorial como administrativo y fiscal. Marruecos mantenía su soberanía, pero aceptaba una inmensa injerencia. Aunque casi todo el mundo se llevaba algo, la gran vencedora fue Francia, que obtuvo medios y condiciones que le daban el lugar más privilegiado para sacar beneficios de todo aquello. En cuanto a España, el logro fue sobre todo de concepto: las posiciones que se le reconocieron en el norte lo fueron en virtud de su relación histórica y de frontera con el país-tarta-repartida, una línea discursiva que le venía particularmente bien para seguir tirando del hilo. Además, estas dos potencias, Francia y España, obtuvieron el control de ocho de los principales puertos del país, convirtiéndose en las guardianas *de facto* de aquella nueva política de «puertas abiertas».

El tratado evitó un estallido entre las potencias a corto plazo, pero no consiguió una situación necesariamente estable. Tras la Conferencia, españoles y franceses empezaron a desplegar sus recién adquiridos derechos. En el caso de España, sobre todo en la zona del Rif, donde justo en esa época comenzaba también a tener importancia un nuevo elemento: el carbón. En 1907 el Sindicato Español de Minas del Rif empezó a explotar un subsuelo cuya riqueza era objeto de leyendas, y a crear además infraestructuras como una vía férrea que llevaba hasta el puerto. En lógica respuesta, las cabilas de la zona se pusieron a su vez a organizar una resistencia a ese expolio. Es en ese contexto en el que, en 1909, se desencadena la segunda de las *guerras de África:* la que será llamada *guerra de Melilla.*

De nuevo ocurre a partir de un incidente aparentemente menor. Un encontronazo entre trabajadores del ferrocarril y un grupo de hombres de la zona —efectivamente— de Melilla fue la chispa que llevó a Mohamed el Mizián, uno de los jefes de cabila con más influencia en aquel momento, a proclamar la guerra. Pese a la muy relativa importancia del incidente, el Gobierno de Antonio Maura decidió intervenir. Se sucedieron meses de forcejeo, en una campaña en la que España ganó algunas posiciones, pero a costa de unas consecuencias domésticas mayores de las esperadas.

Y es que la gente estaba harta de que se mandase a sus hijos a morir a *África*. La manera de movilizar a las tropas revelaba problemas serios de desigualdad social: era posible quedar exento del servicio militar con el pago de 1500 pesetas. Iban los pobres, vaya. El Partido Socialista, que no contaba con diputados en el Parlamento, comenzó a fomentar este descontento y llamó a la huelga. Esta tuvo seguimiento sobre todo en Barcelona, desde donde tenían que embarcarse los reservistas. Durante una semana, una fuerte movilización popular, con un sesgo marcadamente anticlerical, dio lugar a disturbios en los que murieron centenar y medio de personas. Fue lo que se llamó la Semana Trágica, que terminó con una fuerte represión y con una auténtica crisis de Estado.

Mientras, en Marruecos, tenía lugar la batalla del Barranco del Lobo, en la que murieron, por su parte, en torno a mil de los diecisiete mil soldados desplazados. Las consecuencias de esta guerra, que terminaría con el año —y con algún avance de posiciones por parte de España—, fueron muchas. En lo militar, las protestas populares ante los reclutamientos llevaron a crear una fuerza de choque específica formada por soldados marroquíes bajo el mando de oficiales españoles, para evitar tener que enviar tropas: los Regulares, cuyo papel será fundamental en décadas siguientes. Asimismo, se puso sobre la mesa otro tema polémico: el sistema de ascensos militares por méritos de guerra, que se había suspendido tras las guerras de Cuba y Filipinas y se restauró con la campaña de 1909. La semilla del africanismo militar estaba plantada, lista para crecer como una hiedra desbocada en las décadas siguientes.

Tras la guerra de Melilla, los rifirrafes, las tensiones, las negociaciones formales e informales no se detuvieron. Sucesivos tratados fueron marcando el camino hasta el de Fez, en 1912, por el que el sultán marroquí aceptó el *protectorado* francés: la influencia económica se convertía, ahora sí, en dominación territorial. En noviembre de ese año se firmó asimismo un nuevo tratado, en este caso bilateral entre Francia y España, por el que se adjudicaba a esta una «zona de influencia» dentro del protectorado francés. El matiz de la «zona de influencia» es clave porque implica que se trataba de una cesión de Francia a España, que no tenía ningún acuerdo directo con el sultán. Y cualquiera que haya subalquilado una habitación sabe lo que puede pasar con estas mediaciones.

En realidad, esa «zona de influencia» eran dos. Si miramos un mapa de ese protectorado franco-español en Marruecos —que durará hasta la independencia del país en 1956—, veremos que está pintado en dos colores. Uno, digamos verde, ocupa casi todo el territorio: es la parte francesa. Otro, pongamos naranja, delimita sendas franjas españolas. Una, al norte, salpicada de puntitos de ciudades por toda la costa desde el cabo Espartel hasta la frontera con Argelia. Otra, casi paralela, al sur, recorriendo toda la frontera con el Sáhara de nuevo hasta Argelia, casi de la misma extensión, pero con apenas un par de puntos indicando lugares habitados: eso es cabo Juby. Más de dos décadas más tarde, en 1934, se añadirá un tercer bocado naranja a esa cartografía: un romboide irregular pegado a la costa a la altura de las Canarias, que es Santa Cruz de Mar Pequeña —actual Ifni—, aquel otro territorio otorgado a España en el Tratado de Wad Ras, cuya conquista tarda más en hacerse efectiva.

Ese colorear verde y naranja se hace bajo el hechizo de una nueva palabra mágica: *protectorado*. Un modo de no llamar colonia a la colonia, un extraño *ábrete, sésamo* para pasar las píldoras con azúcar. En realidad, se trata de una figura jurídica ideada *ex profeso* para la situación marroquí. Si *colonia* implicaba la pertenencia del territorio colonizado al Estado ocupante, pasando a ser parte de él, con *protectorado* lo que se introduce es la idea de un gobierno indirecto, en el que autoridades locales ejercían de intermediarias entre los colonizadores y la población. En teoría, el régimen de protectorado se basaba en un respeto a las instituciones y las formas culturales de la población autóctona. En teoría, no se fundaba en una voluntad de conquista, sino de contribuir al desarrollo social y económico de la zona.

En la práctica, en 1913 había ya más de cincuenta mil soldados en el «Marruecos español». La agitación de las cabilas continuaba, mientras desde la península se enviaban cada vez más tropas. Estas sumaban su acción a la de los Regulares, cuerpo al que Francisco Franco se incorporó como oficial en esa misma época. En 1920 se creó también la Legión: un ejército de choque, profesional, que se convertiría en un lugar en el que recalar para mercenarios y para huidos de los lugares más diversos. El estado de guerra se prolongó —con intermitencias— hasta 1927. Una cotidianeidad violenta en la que las bombas caían sobre casas, sembrados y zocos al amparo de un eufemismo.

¿Protequé?

[Un raro temblor]

Una de las cronistas de la guerra de Melilla fue Carmen de Burgos, más conocida como Colombine: la primera mujer española corresponsal de guerra. Enviada al frente por el *Heraldo de Madrid* en agosto de 1909, cubrió entre otras la batalla del Barranco del Lobo. Uno de los temas que le preocupaban era la poca verdad con que llegaban las noticias a sus compatriotas: señalaba que el tono triunfal con que se contaban las victorias no era sino la máscara para un duro silencio sobre las penalidades que realmente habría que estar contando.

Durante su viaje cuidó el tono de sus escritos, buscando un equilibrio difícil que le permitiera seguir trabajando allí —la censura y la autocensura son también personajes que reaparecen una y otra vez a lo ancho del espacio, a lo largo del tiempo—. Pero de regreso a Madrid publicó «En la guerra», un relato-crónica que no escatimaba en críticas al Gobierno ni en detalles que presentan a los soldados más como víctimas que como héroes.

El texto empieza con una nota fechada en «Melilla, Chaaban, año 1287 de la Egira». Dice así:

> Lector:
>
> He escrito esta novela en el campamento con el mismo brazo que acababa de curar heridas de verdad... Por eso hay un raro temblor en ella. Impresionada por las desgarraduras y crudezas de la guerra vista frente a frente, sin telégrafo ni censura por medio, necesitaba una sangría que me aliviara de todo el exceso de sangre que bebieron mis ojos y de cuya carga deplorable

no sabía cómo aligerarme… A esa necesidad urgente se deben estas cuartillas atormentadas y cruentas.

Sí que lo son.

[Abdelkrim]

Justo allí, en la aldea de Axdir, frente al islote de Nekor, viendo desde lo alto cruzar de un lado a otro los barcos españoles, creció el hijo de Abdelkrim El Jatabi, de igual nombre, que acabaría por hacerlo célebre. No sabemos si alguien previó en 1882 que el recién nacido se iba a convertir en el héroe más reconocido de la resistencia de su pueblo. Tal vez sí: si hay adivinos, seguro que no les pasarán inadvertidas las señales de algo así. Pero desde luego para la intuición a pie de tierra habría sido difícil imaginarlo.

Y es que, en aquel momento, Abdelkrim El Jatabi padre se llevaba estupendamente con la administración colonial, con la que colaboraba activamente. Defendía la instauración del protectorado, lo que implicaba para el Rif aceptar además el gobierno del sultán como interlocutor de la administración colonial —algo que en la zona chocaba con la tradicional organización tribal, con una historia de autogobierno—. Y sus hijos parecieron en un primer momento seguir su mismo camino.

Pero la historia política es un juego de giros. Y no corresponde casi nunca a una cartografía con posiciones bien repartidas y límites claros. Se trenza más a menudo en la sombra, en el vericueto, en la contradicción.

Así que los buenos políticos tienen que saber bailar.

La posición de Abdelkrim padre no era tan rara. Tenía hasta un nombre: *pensionado*. También llamados *moros amigos*, los *pensionados* eran, simplemente, élites locales que recibían una paga o un trato de favor de las autoridades coloniales a cambio de algunos servicios. El *modus operandi* de la administración del protectorado español era el del palo y la zanahoria: las autoridades coloniales interferían en las luchas entre cabilas, ofreciendo a unos jefes prebendas para predisponer en su contra a los demás, o para tenerlos ocupados en rencillas —al tiempo que sometían a castigos ejemplarizantes cualquier intento de rebelión—. Estos *pensionados* —que se contaban por cientos en todo el territorio— se organizaban en grupos, constituyendo cada uno lo que se llamaba un *partido español*, que se aseguraba de defender los intereses de la potencia ocupante —también, si era necesario, frente a los franceses—.

Desde la posición de relativo privilegio que otorgaba el ser parte de una familia pensionada, los niños Jatabi pudieron, en primer lugar, estudiar. Pero, giro: después de formarse en la escuela española, Abdelkrim hijo continuó sus estudios en Fez, centro de la educación coránica, donde se preparó para ser juez islámico.

Aunque, nuevo giro, donde llegó a ejercer ese conocimiento fue en la llamada Oficina de Asuntos Indígenas de Melilla, una institución de la Administración colonial. También fue secretario, traductor, ocupó diversos puestos de consejero y dio clases de árabe a los militares españoles.

Giro, giro: asimismo, escribió para *El telegrama del Rif*, un periódico creado por los españoles, en el que publicaba diariamente —aunque sin firma— artículos —giro— en árabe en los que —giro— elogiaba la labor *civilizadora* de la potencia colonial, aunque solo fuera —giro— en comparación con las mucho más dañinas formas de los franceses.

Giro: cuando se creó en Melilla una academia de *chelha*, la variante de lengua amazig que se habla en el Rif —llamada hoy *tarifit*—, él fue su primer maestro.

Gira tutto in torno a la stanza cuando en 1910 solicita su aceptación como súbdito español.

Y más cuando por toda respuesta recibe silencio administrativo.

¿Es un giro si en ese tiempo España le había concedido sin embargo por su labor condecoraciones como la medalla de Isabel la Católica, la del Mérito Militar y la Medalla de África?

Gira, gira, llega girando hasta el entierro del líder de la resistencia, Mohamed el Mizián, muerto a manos de los Regulares. En una carta a su padre diría, del cadáver: «Lo reconocí nada más verlo. Su rostro expresaba el valor y la bravura». En la misma carta, líneas más abajo, le aconsejaba que escribiese a su vez al capitán general de Melilla para felicitarle por el «éxito clamoroso» que suponía para España esa muerte.

Así es el baile: los giros no son necesariamente bruscos, a veces ni siquiera se deciden. Pero son.

Así es la política: a veces el baile se va haciendo complicado de sostener.

El primero en notar moverse el suelo bajo sus pies fue Abdelkrim padre. Después de pasar un tiempo jugando a varias bandas con relativo éxito, acabó por quedar en evidencia —ganándose la desconfianza y represalias de su cabila— cuando, en 1911, un plan de los españoles para desembarcar en Alhucemas que contaba con su colaboración fracasó y se vio descubierto. Ahí empezaron, para él y los suyos, las dificultades: no ser ya más del todo *nuestros* para ningún *nosotros*.

El comienzo de la Primera Guerra Mundial embrolló todavía un poquito más el mapa. Alemania empezaba a tener más influencia en la zona norte de Marruecos, marcada entre otras pasiones por una profunda aversión a Francia. La colaboración con esa nueva potencia complicó con nuevos pasos la coreografía: en 1915, Abdelkrim hijo sufrió su primer interrogatorio policial. Las fuentes coinciden en apuntar que tal vez pecó de sincero: confesó su odio a los franceses, su deseo de que el Rif se independizara tanto de España como del sultán, y unas cuantas cosas más. Su anhelo de un gobierno autónomo en la zona que pudiese luego pactar con la antigua metrópolis, su plan de organizar a las tribus, hasta el de recaudar impuestos: el resumen que anotaron los interrogadores parece un manifiesto o un programa. «Quédense los españoles con lo ocupado, pero nada más».

Lo metieron preso.

La acusación fue de... germanofilia.

La prisión de Rostrogordo, cerca de Melilla, le vio dar vueltas ansiosas durante once meses —y también estar ansiosamente quieto una temporada, cuando se rompió una pierna al descolgarse con una sábana por una ventana para intentar escapar—.

Hay quien dice que se le retenía, sobre todo, como rehén para presionar a su padre para que colaborase en un nuevo intento de desembarcar en Alhucemas.

Cabe pensar también que ya se habían dado cuenta de que el preocupante era él.

Pero —giro, giro— a veces no hay mejor ataque que uno disfrazado de abrazo. ¿De quién a quién? Ante las presiones, Abdelkrim padre acaba por asegurar que colaborará con España. La administración colonial vuelve a acogerle en su seno. Abdelkrim hijo es liberado. Ambos se mantienen discretos y callados durante un tiempo.

Pero, en el baile, estar quieto es solo un movimiento más.

[Annual: *honor y desastre*]

En el verano de 2021, en el Congreso de los Diputados español se volvió a debatir sobre la guerra del Rif.

Por un lado, el Grupo Parlamentario Popular presentó una proposición no de ley para intentar que se designase el 21 de julio como Día de los Héroes de España. Llevado a pleno a través de la Comisión de Defensa, el texto de la iniciativa repasaba la historia política y militar que desembocaba en esa fecha: la de la batalla de Annual, una de las derrotas más resonantes de la historia española. En un intento de resignificación algo cogido con pinzas, los diputados del PP defendieron las «actuaciones heroicas» de esos días como un ejemplo especialmente contundente de resiliencia: «Las grandes naciones de la historia de la humanidad no se distinguen por no padecer reveses, sino por ser capaces de sobreponerse a ellos obteniendo lecciones que les permitan mirar al futuro con renovada fe en sí mismos». La idea, bien cargada de sacrificio cristiano, pasaba por celebrar «a todos aquellos españoles de todos los tiempos a los que las circunstancias de la vida llevaron a afrontar padecimientos severos en diferentes momentos de la historia para aportar su individual contribución al devenir histórico de nuestra nación».

Recibió dos enmiendas.

La primera, del grupo parlamentario de ultraderecha Vox, era una impugnación a la mayor:

> Si se quiere instituir un día memorial, ¿por qué elegir la fecha de una humillante derrota? (…) ¿Por qué no optar por el 7 de octubre, efeméride de Lepanto —tenemos pasión por la victoria— (…)? Creemos que vuestras señorías han confundido los

> héroes, sean conocidos o desconocidos, con los caídos. Unos y otros han de ser honrados, pero de modo y con motivos diferentes.

La segunda, del Grupo Parlamentario Socialista, era sorprendentemente parecida:

> Estarán conmigo en que la historia de España y la historia de nuestras Fuerzas Armadas están llenas de momentos dignos de recordar, y entendemos que elegir la fecha de un desastre y de una masacre no tiene un mensaje del todo positivo ni para los ciudadanos ni para las Fuerzas Armadas.

Aunque la proposición quedó en el limbo de lo que seguiría siendo negociado porque incluía también algunas otras propuestas, la idea de asociar al heroísmo la derrota de Annual decayó sin ambages. Pero al debate parlamentario le quedaba una vuelta. En esas mismas semanas, otro grupo de la derecha, el de Ciudadanos —que todavía existía—, presentó una proposición no de ley «sobre la conmemoración del centenario del desastre de Annual y el reconocimiento y homenaje al Regimiento Alcántara». En este caso, la petición era más modesta. Por no decir inane: que el Congreso y el Gobierno conmemorasen los hechos. Sin mucho más.

Un dato interesante es que en su caso la proposición no se presentaba en la Comisión de Defensa, sino en la de Cultura. La pelea se planteaba, aquí sí, explícitamente en el campo en el que realmente se lleva jugando todo este tiempo: la batalla cultural. En torno a un significante para nada vacío: el del *honor*.

Si aún hoy solo la derecha más recalcitrante parece querer recordar lo que ocurrió en Annual, es porque lo hace desde la perspectiva de recuperar precisamente eso: un honor que, en el fondo, considera aún mancillado por aquella derrota. Para eso, busca restaurar la memoria de los mártires, esclarecer el número de muertos —españoles, por supuesto— y rendirles homenaje.

Y, sin embargo, poner la lupa sobre los hechos deja ver bastantes cabos sueltos.

Hagamos un breve *rewind*. Enero de 1920. Abdelkrim padre y Abdelkrim hijo están calladitos. Pero, atrás y en lo oscuro, El Jatabi júnior se dedica a organizar a las cabilas y sus harcas, pequeños grupos armados que funcionaban hasta entonces de manera autónoma. Consigue aunar a las tribus dispersas en un proyecto común de espíritu algo así como nacional, al que se van uniendo también muchos marroquíes que desertan del ejército de los Regulares. Por su parte, España ha puesto al mando de Melilla a un nuevo capitán general, Manuel Fernández Silvestre, un hombre de enormes bigotes a cuyo talante difícil se atribuye a menudo buena parte de lo que pasó después.

A Fernández Silvestre se le puso especialmente entre ceja y ceja la idea de tomar Alhucemas por tierra, después de varios intentos fallidos de hacerlo por mar, como aquellos en los que los Jatabi se habían visto en problemas por su colaboración llena de giros. Durante varios meses logró ir avanzando posiciones, venciendo a diversas cabilas, en un movimiento que él mismo señaló que era posible más que nada por la hambruna que asolaba al Rif y debilitaba la resistencia.

Pero Abdelkrim persistía en su trabajo de hormiga con las tribus. Una de las claves sería conseguir algo que, de puro evidente, los españoles no vieron venir: que muchos integrantes *indígenas* de las fuerzas de los Regulares dejasen de ser fieles al pagador para pasar a serlo a sus afectos y a su conciencia. Quizá seguían vistiendo uniforme, pero estaban listos para cambiar de bando en el momento adecuado. Como en los viejos mitos, la derrota llegó por la *hybris*, el pecado de soberbia de no ser capaces de ver las fisuras del propio relato.

Así ocurrió, por ejemplo, en la batalla de Abarrán, un fuerte importante de la retaguardia. En la primera noche de junio de 1921, fue atacado por las tropas de Abdelkrim gracias al aviso de uno de esos hijos pródigos: diez disparos desde la garita de vigilancia marcaron a la resistencia el momento de atacar, y los soldados marroquíes de las tropas españolas abandonaron por primera vez de manera masiva sus puestos. Solo pudieron mantener la posición veintiséis horas, porque el Ejército español tenía la posibilidad de un contraataque mejor pertrechado: con aviones. Los oficiales españoles, siempre más complacientes que autocríticos, calificaron aquello de «hecho aislado». Pero no era exactamente así: se había sentado un precedente que tendría continuidad en Annual.

Estamos ya en julio de 1921. En el secarral rifeño hace un calor del infierno. Los sueños de los soldados españoles tienen más que ver con volver a casa que con conquistar nada. Protegen somnolientos posiciones de nombres como Igueriben, Talilit... o Annual. Sus condiciones son pésimas: faltan víveres y hasta agua, los cadáveres se pudren a su alrededor, las heridas se infectan y se vuelven mortales. Están en desventaja frente a los rifeños no solo porque conocen peor el terreno, sino también en la medida en la que están menos acostumbrados a resistir a la dureza de sus condiciones.

Aunque como pasa a menudo en estos casos, el cambio en el equilibrio de fuerzas va a llegar de manera casi casual. Así gira también a veces la historia: alguien que no está donde debe, alguien que sí. En este caso, el detonante fue un cambio de guardia que se retrasó ligeramente. Alguien interpretó como ofensiva el momento en el que un grupo de rifeños se acercaba a su posición fuera de hora, y los hechos se precipitaron. Tanto miedo había a un ataque, que no hizo falta ni que se produjera.

Lo que sigue es un relato que tiene muy poco de heroico. Los y las historiadoras que han trabajado este episodio desde un punto de vista civil hablan de una desbandada de soldados abandonando fuertes y blocaos en un rápido efecto dominó. Hablan de desorganización y de carencias que muestran su peor cara en la emergencia. Hablan de unidades que marchaban al mando de un sargento porque a sus capitanes o tenientes los habían perdido de vista. Hablan de otros que se arrancaban las estrellas y los emblemas para no ser reconocidos como oficiales. Hablan incluso de alguno que dijo estar allí, pero que había sido visto en Melilla en esas horas, entregado a la buena vida mientras sus soldados se achicharraban en la espera. No se sabe, de hecho, con seguridad cuántas personas murieron en aquellas semanas —el número oscila entre ocho mil y más de trece mil según las fuentes—, porque depende precisamente de cuántos estaban físicamente en sus puestos, y cuántos solo sobre el papel. Igual que tampoco se sabe con seguridad qué ocurrió con el general Silvestre: desaparecido en la desbandada, hay quien sostiene que se suicidó y quien sostiene que cayó abatido en combate.

Aunque es justo decir que parte del modo en que se desencadenaron los hechos también tuvo que ver con un imponderable. Algunos años más tarde un periodista español llamado Luis de Oteyza consiguió entrar en la República del Rif para entrevistar a Abdelkrim. A su regreso, contó en una larga crónica —reeditada recientemente bajo el título de *Abd-el-Krim y los prisioneros*— todo su periplo y las conversaciones que mantuvo durante esos días. En una de ellas, según relata, uno de sus lugartenientes le contó que muchos de los españoles «murieron solos»:

> —No lo entiendo, Maal-lem. ¿Cómo iban a morirse solos?... Se matarían ellos...
>
> —No, no, hombre. No matarse ellos; no matarlos moros... Morir solos.
>
> —Explícame cómo.

—Muy sencillo, hombre. Estar cuesta grande. Correr por ella mucho. Tener calor, tener cansancio y caerse. Muertos solos. ¿No comprender?

Cientos, miles de soldados muriendo de puro calor y agotamiento en plena huida, abandonados por sus oficiales, no es la imagen de honor que el relato oficial ha mantenido durante un siglo, justificando buena parte de lo que pasó después. Reivindicar la memoria, abrir sus cajas negras, permite ver sobre qué pies de barro se asientan valores como ese del *honor*, que tanta violencia y opresión ha generado.

Por eso es importante entrar en detalles.

La noticia se extendió como un charco de aceite por la opinión pública española, generalizando el uso de otra palabra, *desastre*, que resonaba a un precedente de mal recuerdo: la pérdida de Cuba y Filipinas en 1898. Los sueños imperiales sintieron un escalofrío y el régimen entró en crisis. El rey Alfonso XIII encargó a Antonio Maura un gobierno de concentración nacional, una gran coalición que incorporó a conservadores y liberales, y una de cuyas primeras misiones tenía que ser esclarecer esta cuestión. Para ello, se encargó un informe a Juan Picasso, un general destinado en el Consejo Supremo de Guerra y Marina, máximo órgano de la jurisdicción militar.

Picasso se esmeró. Habló con jefes, oficiales, tropa y con civiles cercanos a los hechos. Al año siguiente presentó sus conclusiones: cuatrocientas páginas de *desastre*, en efecto. Nada complaciente, el llamado *Expediente Picasso* revela que la derrota estuvo lejos de responder a un solo error. Su raíz estaba en una serie de problemas tanto políticos como militares, que iban desde la mala elección de posiciones hasta una deficiente instrucción de las tropas, desde un armamento en mal estado hasta un avance temerario. Habla de exceso de confianza, de no aprender de los fracasos y de falta de previsión. Habla de «descalabro».

Las sesiones del Congreso en las que se debatió el expediente se convirtieron en un escándalo sostenido. Dirimir hasta dónde llegaba la cadena de las responsabilidades implicaba en realidad decidir qué país se quería y se podía ser en adelante.

Cuando, cien años más tarde, el debate volvió a esa misma cámara, casi parecía que se estuviera hablando de lo mismo. Mientras que el PP basaba su proposición no de ley en echar balones fuera y convertir por arte de birlibirloque a los derrotados en héroes, la de Ciudadanos —un partido para el que la denuncia de la corrupción era un puntal discursivo— no dudaba en insistir en que los motivos de la derrota tuvieron que ver «con una oficialidad corrupta en gran parte, unos estrategas torpes, unos soldados faltos de equipo y una clase política dividida en la peor hora de su país». Y hasta en jugar con la simpatía popular recordando que eran «hombres generalmente de origen humilde, que no pudieron librarse de la guerra en África, algo que podían hacer quienes podían pagar una compensación».

Pero lo que seguía intacto pese al paso de un siglo era el marco general: el debate giraba en torno a las ideas de heroísmo y honor —también en las enmiendas, centradas en discutir si se puede o no celebrar una derrota—. La única intervención en otro sentido en el debate fue la del grupo parlamentario Unidas Podemos-En Comú Podem-En Marea, que en la respuesta a Ciudadanos aprovechó para señalar una discrepancia en el enfoque:

> Para empezar, se habla de desastre al referirse a Annual o de otros desastres, lo que nos parece que sigue teniendo un deje profundamente colonial, porque estos pueblos, que estaban colonizados, se levantaron contra la metrópoli y tuvieron éxito.

Unidas Podemos era, en ese momento, socio minoritario del autocalificado como «Gobierno más progresista de la democracia», liderado por el Partido Socialista. Apenas unos meses antes de la efeméride, ese Gobierno había sacado adelante un Proyecto de Ley de Memoria Democrática que, como sus antecesores, no recogía ni una sola mención al colonialismo.

La portavoz de Unidas Podemos acabó su intervención citando unas palabras de Manuel Azaña, de un texto de 1923. Aunque, pese a todo, la postura de su grupo en la votación fue solo la de abstenerse, leyó:

> Lo que se ventila en nuestro problema marroquí es la subsistencia o la caducidad de los valores creados hace siglos por los dueños de España que administran su historia. Ciego estará (ciego de soberbia) quien no advierta que los moros influyen en España mucho más que los españoles influimos en Marruecos.

Dice el diario de sesiones que en la cámara se levantó entonces un runrún de rumores.

Desde luego, lo que es un desastre es no tener memoria.

[No como las amapolas]

En ese mismo año del centenario, una pequeña editorial publicó la traducción al español de *El cantar del Monte Abarrán.* Se trata de un poema oral, colectivo, que la gente rifeña se ha venido pasando de voz en voz para recordar la historia y para llorar a sus muertos de esa y otras batallas.

Canta todo lo que venimos contando.

Por ejemplo:

> Me invadieron las naciones, una pena me habita.

O:

> Tu marido va muy desvergonzado,
> cuando no trabaja, al *arumi* ayuda,
> (…)
> Nada ganaste, chivato del poblado,
> Preferiste el dinero a la cosecha del verano.

Y también:

> Apareció el avión girando como un cuervo.
> ¡Oh, Dios mío!, apártalo de los montes de Ait Urriaguel.
> El *arumi* llegó en cinco bandos,
> Dijo: a Abd el-Krim vamos a fulminar.
> (…)
> Nadie quedó vivo, nadie se pudo levantar.

Casi al final, queda en suspense —como en una serie que quiere que pases al siguiente capítulo— eso cuyo final es bien conocido:

> El *arumi* es infiel, en Annual cercado está,
> monta sus tiendas y sus extremos bien ajusta.

Por supuesto que a la historia del desastre ya se le ha dado la vuelta.

> No como las amapolas se doblega Temsaman.

¿Quién puede —y quiere— escuchar?

[Después de Annual]

Después de Annual, en el Rif comenzó para España una derrota lenta que se prolongó durante meses. Ni una vistosa entrada de la Legión con Millán-Astray al frente pudo cambiar esa deriva. Tras el verano, Melilla era la única plaza que quedaba en manos españolas, protegida por cincuenta mil soldados. El territorio conquistado en doce años se había perdido en veintiún días. El mapa volvía al de 1909.

Después de Annual, en España comenzó para España un tiempo de caos. Tras la derrota, se desencadenó una fuerte crisis política. Las conclusiones del *Expediente Picasso* no ayudaron nada. Hasta el propio rey, Alfonso XIII, se veía salpicado por los escándalos. El general Primo de Rivera aprovechó la inestabilidad para dar un golpe de Estado. Cerró las Cortes y, de paso también, el tema del expediente. Su dictadura duró siete años, hasta 1930.

Después de Annual, en el Rif comenzó para el Rif una etapa legendaria. Tras la victoria, Abdelkrim no siguió hacia Melilla. Reculó, prudente, y se hizo fuerte en su zona natal, la de Axdir. Fue entonces cuando proclamó su país independiente en las montañas rifeñas. Buscó apoyos internacionales, aunque sin mucho éxito más allá de la Tercera Internacional —esto es, la comunista—: las potencias no veían con buenos ojos lo que podía ser un ejemplo a replicar por otros países colonizados. Además de las metrópolis extranjeras, se oponían a su proyecto también ciertos sectores locales, sobre todo corporaciones religiosas y algunos de los antiguos poderes tribales, que se resistían a la modernización. Su república duró cinco años, hasta 1926.

Después de Annual llegó la guerra contra Abdelkrim y su república. Se plantea como una reconquista, una campaña de desquite marcada por una especial brutalidad. La Legión, fuerza estrella de este conflicto, no hace prisioneros: cada día vuela casas, incendia campos, viola mujeres, mata a civiles. En nombre de la libertad, avanza dejando un reguero de escombros y cenizas. La historia la marca un feroz deseo de venganza y de *recuperar el honor perdido.*

Después de Annual, los periódicos españoles arden en sensacionalismo. Hasta entonces, las crónicas de las guerras de Marruecos habían pasado bastante desapercibidas frente a urgencias más imperiosas como la subida del precio del pan. Pero el estupor por la debacle y el discurso del orgullo patrio mancillado se trenzan con la serpiente del amarillismo y cada portada se convierte en una ocasión para demonizar al *moro.* No se escatima en violencia. Son icónicas las fotos en las que los soldados españoles sujetan cabezas de rifeños o las colocan sobre un muro a modo de trofeo. Hay quien dice que fue la primera guerra verdaderamente mediática. A esa guerra, Colombine no va. No sabemos si las fotos trepidan por un raro temblor.

Después de Annual, también se escriben novelas. Ramón J. Sender escribe *Imán*: «una novela sobre los enemigos», dijo de ella uno de sus prologuistas. En la rutina de miserias de un campamento desde el que ni se atisba contra quién se combate, los soldados esperan hastiados. Cuando la espera acabe, será porque lo que llega es un final: el asalto y derrota de su posición, una de las que caen en el dominó de huida y arrase al que se ven obligados a sumarse. «Se siente en algunos oficiales desengañados la tristeza de confesarse que mueren por un poco de dinero mensual». José Díaz Fernández escribe *El blocao*: una novela sobre «los efectos que se operan en la juventud española comprometida en la guerra de Marruecos», dijo el propio autor. Un caleidoscopio de escenas del malvivir de la tropa en un puesto militar, soldados que soñaban con convertirse en héroes, pero se consumen dejando pasar los días. «Nada de esto tiene, sin duda, importancia; pero es lo único saliente que me ha sucedido en Marruecos. Lo cuento porque dejó en mí un desasosiego especial». Arturo Barea escribe su trilogía autobiográfica *La forja de un rebelde*, y en el segundo volumen se explaya sobre la campaña militar marroquí: «Un testimonio para tratar de comprender el sentido de la aventura imperial de España en Marruecos que desangró la juventud y los recursos del país en una empresa estéril», dijeron de ella en algún texto promocional casi un siglo más tarde. Sus descripciones son lo más parecido a asomarse por una ventana a aquel lugar y aquel tiempo. «El día es tan hermoso, la luz tan violenta en el cielo limpio de nubes, la tierra tan rica de verde de hierba y árbol, y los hombres en el campo de batalla tan diminutos, que se pierde toda idea de guerra y se cree estar asistiendo a una función de teatro sobre un escenario colosal». Sender, Díaz Fernández y Barea habían estado en el frente en Marruecos. Después de Annual, mientras los periódicos ladraban, ellos se esforzaban en hilar más fino. A veces, un poco de ficción ayuda a contar mejor la verdad.

Después de Annual, todo vale. Fosgeno, difosgeno, cloropicrina, yperita: aviones lanzan «bombas especiales» sobre campos y mercados. España se convierte en una de las primeras potencias en utilizar armas químicas contra población civil —incluso su uso contra objetivos militares estaba prohibido desde el final de la Primera Guerra Mundial—. Las personas se arrancan la piel a tiras o se quedan ciegas. Los ríos se envenenan. El ganado se hincha y luego muere. Dicen las investigaciones que la orden venía directamente de Alfonso XIII. Dicen las investigaciones que se elegían las áreas más pobladas y los momentos de mayor aglomeración para lanzar las bombas. Dicen las investigaciones que lo que pasó en Chauen en 1924 es equiparable a Guernica. España nunca ha reconocido oficialmente estos hechos. Marruecos, que usó armas parecidas en la misma zona medio siglo más tarde, calla también.

Después de Annual, cien años después, en torno a un 80 % de los pacientes del hospital oncológico de Rabat son, todavía, rifeños.

Después de Annual se funda Alhucemas. Al final el sueño de los colonizadores se cumple y entran por mar. Veinte mil hombres desembarcan en la bahía. Hay soldados, pero también obreros, buhoneros, cantineros. (Las mujeres no se cuentan en las cifras, pero en estos barcos hay siempre prostitutas también). Por obra y gracia de la planificación y la mampostería, en pocos años los campamentos militares provisionales se convierten en un poblado, y luego el poblado en una ciudad. Se construye imitando un pueblo rifeño: incluso se lleva a un arquitecto, Emilio Blanco Izaga, que diseña todo un estilo tomando elementos de las casbas y graneros imaziguen del sur.

Después de fundar Alhucemas, se deja de lanzar armas químicas sobre la región. Es hora de instalarse en ella.

Después de Annual, hay quienes consideran que ya basta. Que lo de Marruecos va siendo hora de pararlo. Entre ellos se cuenta el propio Primo de Rivera. En su primer discurso a la nación como dictador se refiere al tema, declarando que le daría una solución «pronta, digna y sensata». Aunque había participado en todas las guerras de Marruecos, el golpista no creía especialmente que seguir con esa empresa fuese fundamental para mantener el honor nacional, sino más bien una debilidad que no paraba de pasar factura. Su plan era el de un «semiabandono»: retirarse de todos los territorios que no se considerasen definitivamente sometidos ni fuesen estratégicos. Hasta valoraba la posibilidad de un trato de paz con Abdelkrim.

Pero después de Annual se había ido haciendo más y más fuerte el sector africanista del Ejército, que opinaba lo contrario y no estaba en absoluto dispuesto a seguir ese plan. Primo de Rivera no puede con ellos. La guerra sigue.

Después de Annual, cinco años después, Abdelkrim intenta negociar, pero España deja claro que solo aceptará una rendición incondicional. En julio de 1926, el líder rifeño se entrega, pero no a los españoles, sino a los franceses, para evitar lo que podrían hacerle aquellos con su espíritu de revancha. En 1927, el general Sanjurjo da por concluida la guerra de Marruecos. El acuerdo se firma en París. Alfonso XIII visita las ruinas de Annual. Muchos militares que habían participado en las sucesivas guerras rifeñas son premiados por ello: Emilio Mola, José Millán-Astray o Francisco Franco son algunos de los nombres de quienes reciben esas condecoraciones.

Después de Annual, cuarenta y dos años después, Abdelkrim muere en el exilio en El Cairo. Los activistas rifeños siguen peleando porque sus restos se repatrien a Axdir. El Gobierno marroquí no lo permite.

Después de Annual, pero mucho después, con motivo de su centenario, el entonces ministro español de Asuntos Exteriores, UE y Cooperación, Josep Borrell, hace unas declaraciones. Invita a que la efeméride sirva para iniciar con Marruecos un proceso de «cerrar heridas de unos y de otros» que tenga en cuenta «los daños que se generaron en las dos partes».

Para entender por qué, hay que detenerse un rato en el relato de cómo después de Annual —poco después, apenas quince años— la guerra cruza el mar y llega a este lado.

LARACHE

[la guerra cruza el mar]

[El cementerio cristiano]

El cementerio cristiano de Larache reposa sobre el acantilado, recogido y tranquilo bajo la luz de la tarde, separado del mar por un murete blanco. Blancas también, con sencillas cruces de metal, sin lápidas, las tumbas salpican la tierra seca como restos de olas.

Pasa a menudo con los cementerios de las ciudades árabes. Construidas de espaldas a la costa —siglos de aprendizaje de que por ella llegaban piratas, guerras y otras desgracias—, las mejores vistas quedan para los muertos. Pienso siempre en eso que dice un poema de las *Crónicas de Al-Ándalus*, de Fernando Quiñones: «Aquí tenemos solo mar / y su viento nos sala o enarena la saliva apenas levantarnos. / Hasta en cualquiera de las dos mezquitas, / estando en oración, escuchamos sus olas. / Hierve de peces y de él comemos. / Pero no lo amamos».

Cuando llegamos, la cancela está cerrada. Damos un par de vueltas antes de encontrar la casita del guardés. Nos abre la puerta una mujer. Otra, más joven, está sentada tras la verja haciendo algo con el móvil. Sobre una de las tumbas más cercanas, despierto, alerta, con pose de esfinge, un gran perro negro atado con una cadena metálica. Parece que va a formular un acertijo para ver si nos concede o no el honor de la entrada, pero es la mujer quien nos aborda con una pregunta sencilla:

—¿Venís a ver a un familiar?

—No.

—¿La tumba de Genet?

Decimos que sí, aunque no es exacto. Presentar los respetos al escritor francés enamorado del Mediterráneo es uno de los motivos por los que los visitantes suelen llegar a ese lugar. Nosotras también cumplimos: unos segundos de silencio junto a una tumba discretísima, orientada al Atlántico. También junto a la del otro muerto ilustre del cementerio: Goytisolo, otro que se fue a Marruecos para no volver. Algo más grande, esta tumba tiene sin embargo peores vistas, y está cubierta con mármol, en lugar de con la humilde capa de tierra de las tumbas musulmanas, que permite que sobre ellas enraícen plantas y flores y continúe así el ciclo de la vida con los cuerpos enterrados.

No descansan muy lejos, Jean y Juan: a la distancia justa, se diría, como para poder conversar, pero manteniendo al mismo tiempo cada cual el propio espacio. Releo en silencio, durante unos minutos, unos pasajes de la *Reivindicación del conde don Julián*: «… altivo, gerifalte poeta, ayúdame: a luz más cierta, súbeme: la patria no es la tierra, el hombre no es el árbol: ayúdame a vivir sin suelo y sin raíces: móvil, móvil: sin otro alimento y sustancia que tu rica palabra (…): poema: alfanje o rayo (…): palabra liberada de secular servidumbre…».

Pero, aunque dediquemos un momento a los homenajes, no es a eso a lo que hemos venido aquí. Hemos venido porque si algo nos gusta a A. y a mí es visitar cementerios coloniales. No nos perdemos ni uno.

He conocido a A. hace poco. En realidad, sabíamos la una de la otra por esas redes que tejen los intereses comunes, pero ahora hemos coincidido en Tetuán en nuestras respectivas estancias de trabajo, y hemos trenzado una de esas amistades rápidas y profundas a las que la gente adulta quizá solo es capaz de llegar cuando está fuera de casa. A. es algo más joven que yo y trabaja temas muy parecidos a los míos, aunque más centrada en la literatura: se dedica a ver qué pasa con fenómenos como *El tiempo entre costuras,* o de qué manera representan las novelas y las teleseries contemporáneas la derrota de Annual.

Por eso nos gustan los cementerios. Porque las lápidas, los mausoleos, hasta el trazado de los caminos hablan como libros abiertos de las historias detrás de las cuales andamos.

Hemos visto el de Tánger, señorial, anglicano, donde la maleza se enreda entre los mausoleos. El mucho más pequeñito y sencillo de Martil. En Alhucemas nos asomamos por encima de la tapia de aquel que nos enseñó O. bromeando con que allí vivían todos tranquilos como muertos. Y ahora este, el marítimo de Larache, con tumbas anónimas, encaladas, con cruces iguales: casi todas de los primeros años veinte, y casi todo muertos de unos veinte años —los nombres propios del *desastre*—.

Pero ninguno de estos cementerios es nuestro favorito.

Nuestro favorito es el de nuestra ciudad anfitriona, Tetuán.

Llegamos a él siguiendo medina arriba a K., el casero. Lo cierto es que le seguimos allí como a tantas partes: sin saber muy bien a dónde vamos. El cementerio español de Tetuán está en lo alto de la ciudad, en la zona de los lugares difíciles: cerca de la vieja cárcel y el viejo psiquiátrico. Alrededor hay solo algunas casas de aspecto humilde, chabolas casi. Según nos acercamos, vemos las palmeras y los cipreses que sobresalen por detrás de un muro largo, que no deja ver nada. Tampoco las montañas, que sí se contemplan desde un poco más allá, desde la alcazaba, junto a una zona de parque. Los muertos quitándoles el paisaje a los vivos, otra vez.

Llegaremos a ir a este cementerio tantas veces que el guardés directamente nos acabará saludando al llegar como a viejas amigas. Tras veinticinco años trabajando allí, este hombre que habla español con timidez probablemente sea quien más sabe de ese lugar. Tanto que, en realidad, desde el primer día ya parecía conocernos. Según llegamos, nos escaneó con la mirada y preguntó, sin mucha duda:

—¿Fosa de republicanos? —haciendo un gesto con la cabeza para que le siguiéramos.

Aunque estoy hablando todo el rato de «cementerio», sería más preciso decir «cementerios». Una calzada central divide la zona de camposanto español en dos partes muy distintas. A cada lado, sobre los muros encalados, sendos carteles discretos, de letras finitas, indican que a la derecha está el cementerio militar, y a la izquierda el civil. Siguiendo al guardés y a su movimiento de cabeza, empezamos por el segundo.

Al cruzar la verja, la sensación es de desolación. Encontramos un lugar descuidado, con tumbas sucias, rotas, llenas de rastrojos. Los azulejos de la Cartuja de Sevilla que cubren muchas de ellas están desconchados o resquebrajados, como buena parte de las cruces. Aunque nuestro improvisado Caronte nos explica que aún se entierra a alguien ahí de vez en cuando. Sobre todo a personas que vivieron en el protectorado en su día y que dejaron dicho en su testamento que querían que su última morada también fuera allí. Fabulamos sobre periplos de hijos viniendo con las cenizas, buscando pistas de un pasado recordado con nostalgia. Como es el cementerio cristiano, en él no solo se entierra a españoles, sino a cualquier persona de esa religión que muera en la ciudad: europeos de toda procedencia y, últimamente, también personas migrantes subsaharianas que llegan antes de tiempo al final de su viaje.

Caminamos entre ramas secas, montículos de piedra y de basura, hasta la esquina del fondo por el noroeste. Tras un arbusto, tapada casi por ramajes, se deja ver una lápida estrecha y gastada. Aguzando la vista, se llega a leer un: *¡Viva la república!* Y la explicación que cuenta que allí yacen cincuenta y dos cadáveres encontrados en los años noventa en una fosa común en la calle Luneta de Tetuán. La inscripción dice que fueron ejecutados el 20 de agosto de 1936 en el campo de concentración de Mogote, no muy lejos de allí. En 2008 los familiares pudieron poner al fin una lápida, adornada hoy con una bandera ajada y algunas flores secas, con un listado —gastado ya el grabado sobre la piedra— que enumera el medio centenar de nombres de los muertos. Sobre ellos, un poema:

Esto no es lo que queríamos
No era esto por Dios
Queríamos una vida tranquila
Donde reinara la paz, la libertad y el amor
Y nos encontramos con odio, incomprensión y el horror
(…)
Esto no es lo que queríamos
Os pido de corazón
Que no olvidéis a las víctimas
Que perdieron su vida e ilusión
Por defender sus ideas
O porque un día alguien les señaló

Tal vez porque lo hemos leído en alto y aún nos resuena, cuando pasamos al otro lado del cementerio lo que vemos nos golpea fuerte.

Y es que lo que hay al otro lado, detrás de la verja cuyo cartel dice «cementerio militar», es simplemente otro mundo.

Nada más cruzar la puerta encontramos una calle con el firme arreglado, delineada por farolas que dan mucha luz a una hora a la que el atardecer aún no ha caído. Se suceden hileras de tumbas —de muertos sobre todo en la guerra del Rif—, y algunos mausoleos.

Uno muy vistoso es el del general Francisco Gómez-Jordana, alto comisario del protectorado antes de la Segunda República y ministro de Exteriores durante la Segunda Guerra Mundial. Fue uno de los treinta y cinco altos cargos del franquismo imputados por la Audiencia Nacional en la causa impulsada en 2008 por Baltasar Garzón: se le acusaba de delitos de detención ilegal y crímenes contra la humanidad durante la guerra civil española y en los primeros años del franquismo. Junto a su lápida de mármol blanco llora en bronce una figura de la dama de Elche cubierta con una túnica, alegoría de la Patria.

También vistoso, aunque este en mármol negro, el de otro general, Felipe Alfau, que mandaba las tropas que entraron en Tetuán en 1913 y fue luego uno de los grandes organizadores del sistema político del protectorado. Bajo el símbolo de la aviación, en su lápida se lee una larga inscripción que cuenta sus logros en lo que parece casi un manifiesto del ideario colonial, con un buen baño de sentimentalismo:

> (...) Las ideas claras de su política tenían como fundamento y meta el abrazo cordial y la acción amorosa y fecunda de los dos pueblos. Amó a Marruecos con el mismo amor que a España y murió en Tetuán el 28 de septiembre de 1937 a los 89 años con igual ilusión que en sus años mozos avivada al ver hecha carne por la acción del Caudillo de España y del glorioso alzamiento nacional la idea que tanto amó.

Hay otro mausoleo muy grande dedicado a los muertos en un accidente de aviación en Melilla en 1946. Dos tumbas pequeñas para dos niños borbones. Una zona de nichos para los restos trasladados desde los cementerios de Chauen, Rincón y Castillejos, que se cerraron en las últimas décadas. Una placa a los alumnos y profesores del Colegio del Pilar muertos durante la guerra civil en la que pervive en bajorrelieve el águila franquista. Un pequeño obelisco casi en el centro, adornado con cintas rojigualdas: «Honor y gloria a los que dieron su vida por España».

Cerca de la puerta, otra placa —una de esas institucionales que detallan el origen de las subvenciones— explica que el cementerio militar español de Tetuán fue rehabilitado con fondos del Ministerio de Defensa en el año 1999.

—Mira, mientras decían que no había que remover el pasado —comenta, certera, A.

Luego, nuestra excursión sigue una deriva inesperada. El guardés, que percibe nuestro interés por las historias, nos lleva a una tumba del fondo sureste del cementerio. Es la de un tal José Valdés, y en ella la verdad y la leyenda se diluyen. Valdés fue un comandante que murió joven en el Rif, y nuestro cicerone asegura que junto a su cuerpo se enterró el brazo perdido en combate por el fundador de la Legión, José Millán-Astray. Lo que se cuenta es que pidió que se enterrase allí «para abrazar a su amigo eternamente».

—*Brokeback Mountain* —bromea nuestro amigo, dándole bastante igual nuestra cara de póker.

Y luego nos cuenta que cada año decenas de personas que pasan por allí preguntan por esa tumba, y se acercan a rendirle homenaje.

Quizá porque no estábamos precisamente con el chip del homenaje, lo que nos saltó a la vista a nosotras fue el número 16 que había pintado con rotulador azul en la parte baja de la lápida. Pensándolo bien, había otros números también en otras —en varias de las más grandes seguro, y en algunas más—.

—Para poner bien los QR —explica Caronte, como si fuera obvio.

Era verdad, en las lápidas con número había también una plaquita metálica con uno de estos códigos. Sacamos los móviles para seguir la pesquisa. Los QR llevaban a una página titulada «Héroes sin memoria». Los héroes sin memoria eran, claro, Alfau, Gómez Jordana, Valdés y compañía. Con un diseño moderno algo desincronizado con la retórica de los textos, de cada uno de ellos se desplegaba una biografía amplia, épica, patriótica. En la propia web no se decía quién la había hecho, pero sí que era de 2022.

Tras un rato de Google, encontramos la respuesta en una revista del Ejército de Tierra, en una noticia sobre la edición de ese año de unos premios escolares que otorga esa institución. En las fotos, un grupo de estudiantes del Colegio Buen Pastor de Sevilla colocaban los dichosos QR, y también ramos de flores sobre las tumbas. Habían ganado el certamen con el proyecto de elaboración de la web. Les acompañaban el cónsul y el agregado militar de la embajada. La noticia recogía que el cónsul había aclarado que el homenaje era «un acto apolítico, un acto patriótico, un acto de amor a nuestra historia, y amor hacia los soldados que en la Guerra de África, llenos de sueños, vida e ideales, dieron su vida por España».

Después del evento, la veintena de estudiantes se fue a visitar «una residencia de niños desfavorecidos», decía también la nota. Y que el premio se daba en colaboración con la Fundación Indortes.

Google, cuéntanos más.

Pues resulta que la Fundación Indortes se ocupa precisamente de eso: de recuperar cementerios, y de seguir el rastro de «españoles caídos» cuya memoria no se ha recuperado lo suficiente a su entender. Además de las guerras de Marruecos, también trabajan las de Cuba y Filipinas, y la Segunda Guerra Mundial. Un número no desdeñable de sus proyectos se ocupa de cuestiones relacionadas con la División Azul.

Es curioso, porque la fundación toma su nombre del «primer caído hispánico». Indortes murió en el año 237 a. C. Era un íbero que luchaba contra la invasión del imperio romano.

Cae la tarde, las farolas del cementerio militar iluminan los nombres de las lápidas. Al otro lado, tras la verja del civil, la oscuridad se enreda en los ramajes. Salimos de allí pensando en la metáfora, demasiado perfecta como para comentarla más.

Es después de ver eso que, en cada ciudad a la que vamos, a A. y a mí nos gusta siempre visitar el cementerio.

[Nadie, absolutamente nadie...]

Cuando amaneció el 18 de julio de 1936, el único cuartel que permanecía fiel a la Segunda República en todo el protectorado de Marruecos era el de Larache.

Porque, aunque esa sea la fecha que seguimos señalando como comienzo del golpe de Estado, lo cierto es que empezó antes: en Melilla, la tarde del 17. Allí, la operación prevista se adelantó por el riesgo de que un mando que se había olido algo y se había acercado a controlar descubriese un arsenal que se pensaba usar en la sublevación. Los acontecimientos se aceleraron, y para cuando el plan se hizo efectivo en la península, en la colonia ya ondeaba la bandera franquista.

Una vez más, los detalles marcan el hilván de esta historia. Fueron aquellos militares africanistas forjados en la guerra del Rif y su belicosidad, y consolidados en puestos tranquilos en los años subsiguientes, los que encabezaron el golpe de Estado. Y fueron las fuerzas sobre las que mandaban, formadas en buena parte por una amalgama de españoles y marroquíes igual de necesitados del salario, las que lo ejecutaron. El asunto no empieza exactamente en la colonia, sino en las plazas de soberanía de Ceuta y Melilla, pero son fuerzas de los Regulares venidas de Alhucemas las que sirven de refuerzo a los golpistas, además de los legionarios.

Melilla cae rápido: caen los cuarteles, cae el aeródromo, caen dos bases.

Ceuta, por el estilo.

Se cortan teléfono y telégrafo. Se cierra el paso hacia Tánger. Se prohíbe cruzar a la zona francesa. Se detiene a gente. Se fusila a gente.

Esa noche, la virgen se aparece sobre el Rif. O así lo iba a pintar, años más tarde, uno de los artistas del franquismo colonial, Mariano Bertuchi, en un óleo que se exhibe aún en el Museo del Ejército español: militares uniformados asisten reverenciales a la aparición de una santa con niño en brazos que se eleva, envuelta en luz, sobre una masa azul. A primera vista parece el mar, pero, al fijarse mejor, se ve que es la ciudad de Tetuán. Se trata de Nuestra Señora de las Victorias, dice el título, bendiciendo la noche del «alzamiento nacional».

La noche: virgen mediante o no, la rebelión se extiende a los cuarteles de Alcazarquivir, Tetuán, Asilah, Chauen, Alhucemas, Nador. Y de los cuarteles se extiende a las ciudades.

En algunas de ellas, como Asilah y Alcazarquivir, la resistencia de grupos leales a la República aguanta unas horas. En ninguna mucho más.

Larache es la última en caer. Allí estaba al mando un hombre llamado Luis Romero Basart, teniente coronel. Eran sabidas sus posturas políticas: republicano-revolucionario. Había formado parte de la Sanjurjada, la Sanjuanada, la sublevación de Jaca y algunos otros enredos, y llegó a estar preso en el Sáhara como castigo. Había llegado al protectorado poco antes, en junio de ese mismo año, mandado por la República se supone que para intentar tener controladas posibles tentativas de rebelión. No le fue muy bien, si la misión era esa.

Cuentan las crónicas que cuando el mismo 17 de julio el entonces jefe del Ejército de África llegó a Larache siguiendo rumores de sublevación y le preguntó a Romero Basart qué sabía, este le tranquilizó. No tenía ni la menor idea de lo que estaba pasando. Los rumores que le llegaban eran apenas de una protesta de cabos que querrían un aumento de salario. Esa misma tarde el teniente coronel redactó una proclama recordando a sus soldados la promesa de defender a la República, y se quedó tranquilo porque así lo juraron —«naturalmente, algunos fueron después los más traidores», como diría él mismo años más tarde—. Y luego se tomó unas horas libres que pasó con su mujer.

Fue cerca ya de la noche cuando se empezó a inquietar. Cuentan las crónicas que varios militares amigos le medio avisaron: «Vete de aquí, no te puedo decir más». Que se extrañó al ver a algunos oficiales de uniforme reunidos en un café. Que cuando volvió de hacer una llamada ya no estaban: se habían ido al campamento. Que al poco rato oyó descargas. Que cuando quiso hacer nuevas llamadas, el teléfono militar había sido cortado. Que cuando pudo usar uno civil le contaron que había orden de detenerle, vivo o muerto.

Huyó esa misma noche. De amigo en amigo, el gobernador marroquí de un poblado cercano le ocultó en su casa. El truco: se escondió en la zona de las mujeres, que montaron un escándalo cuando una patrulla intentó entrar en la habitación. Fue también vestido de mujer y acompañado por algunas de ellas como logró pasar, al día siguiente, a la zona francesa, desde donde embarcó hacia la península.

Mientras, parte de su tropa defendía la oficina de Correos y la Comandancia. Los tenientes golpistas que mandaban sendas operaciones murieron en la operación. Cuatro guardias de asalto leales a la República, también. Se les enterró al día siguiente envueltos en la bandera tricolor mientras sonaba el himno de Riego. Para entonces ya solo podían ser fieles a algo los muertos: los franquistas tenían control completo de la plaza de Larache.

Y de todas las demás. A las ocho de la mañana del día 18 en las calles de las principales ciudades del protectorado se podían ver carteles con la declaración de guerra emitida por Franco desde Canarias. Se declaró el estado de sitio.

En los quioscos de Madrid, el diario *La Voz* llevaba en su portada, en tipografía muy grande, este titular: «Horas graves para

España. Una parte del Ejército de Marruecos se ha levantado en armas contra la República».

Decía el subtítulo: «Nadie, absolutamente nadie, se ha sumado en la Península a este absurdo empeño».

[Hay que decir también estos nombres]

Desde que empecé a trabajar en estos temas he anhelado leer una formulación que creo que es muy evidente y muy sencilla, pero que rara vez se enuncia como tal. Apareció por fin en un libro que encontré, casi casualmente, en una biblioteca. Se titula *Marruecos y la recuperación de la memoria histórica. Las fosas comunes en el Protectorado*, y su autor se llama Ignacio Alcaraz Cánovas.

La dedicatoria reza: «A las víctimas de la violencia franquista en el Protectorado de España en Marruecos».

Así de evidente.

Así de sencillo.

Así de poco dicho.

Su anterior libro, este autor se lo había dedicado a su tía y a su padre. Ambos fueron asesinados en el verano de 1936. Ella en Ronda. Él en Tetuán. El cuerpo de ella ha sido recuperado, hace no mucho, cerca de Grazalema. En el protectorado, salvo contadas excepciones, las fosas siguen abandonadas sin esperanza.

Se cree que en ellas se desaparecieron los cuerpos de unos doscientos cincuenta asesinados durante el golpe, la guerra y lo que vendría después. Un noventa por ciento eran españoles. El resto, marroquíes que defendieron la República a su lado.

Dicen las investigaciones que se podrían encontrar algunos de ellos si se exhumaran fosas localizadas en Asilah, Chauen, Alcazarquivir, Rincón, Alhucemas, Nador, Castillejos, Río Martín, Bab Tazza y Targuist.

Junto a los de Guadalcanal, La Barranca, San Salvador, Miajadas, Candedo, Sahún, Figueres, Pajaroncillo, Arahal y otros más de mil de las fosas españolas, hay que decir también estos nombres.

[De qué hablamos cuando hablamos de africanismo]

Érase una vez la Atlántida. Una isla de ensueño más allá de las Columnas de Hércules, rica en vegetación y minerales, poblada de curiosos animales que habitaban sus caudalosos ríos, sus brillantes lagos, sus tupidos bosques. En ella, un pueblo poderoso y guerrero había desarrollado una civilización adelantada a su tiempo, con imponentes construcciones, elaborados sistemas de riego, opulentas ciudades. Pero esa tierra desapareció. Las leyendas dicen que su gente se volvió codiciosa y dominante y causó así el enfado de los dioses: estos provocaron entonces un gran seísmo que hizo que se la tragara el mar. Desde entonces, se han rastreado muchos mapas, leyendas y pistas para dar con su emplazamiento. Sin éxito, por lo que sea.

Por el transcurso de los hechos y el peso que han cobrado en nuestra historia, al hablar de *africanismo*, casi siempre pensamos ya solo en el último de sus significados: un componente de fondo en la ideología de aquel grupo de militares que articuló una guerra y una dictadura con las tácticas, técnicas y posiciones que habían atesorado durante décadas de colonización beligerante en otro continente. Pero, en realidad, se trata de un concepto mucho más amplio, con una historia larga que atraviesa los siglos y que cuenta tanto o más sobre España que sobre los países a los que parece referirse.

Y, por insólito que parezca, la leyenda de la Atlántida viene al caso para entenderlo.

En un libro elocuentemente titulado *Cuando África comenzaba en los Pirineos,* el historiador Carlos Cañete empieza el repaso de las ideas africanistas, precisamente, por el día de 1884 en el que Joaquín Costa, padre del regeneracionismo español, contó ese cuento durante un mitin que organizaba la Sociedad de Africanistas y Colonistas en un gran teatro de Madrid. Le añadía una coda: antes de que su tierra se hundiera en las aguas, los pobladores de la Atlántida se habrían extendido hacia costas cercanas: las de uno y otro lado del Estrecho. De modo que los actuales pobladores del sur de España y del norte de Marruecos descenderían de esa raza de atlantes.

Con esto, Costa no quería decir sobre todo *de una raza excepcional* —aunque también—.

Con esto, Costa quería decir sobre todo que *de la misma.*

Y, según explica también Cañete, no estaba para nada solo en eso. Buscar un origen común de las comunidades ibéricas y norteafricanas ha sido una constante en determinadas corrientes de pensamiento desde el comienzo mismo de la construcción nacional española. El supuesto origen ancestral común atraviesa todo tipo de planteamientos desde comienzos de la modernidad: desde ese relato de la Atlántida como gran matria de todos los pueblos mediterráneos, hasta las búsquedas de parentesco entre iberos y amazig, por poner solo dos ejemplos. La idea de *africanismo* empieza a hilarse por ese punto: no es una construcción que surja de la nada para justificar la colonización, sino un paradigma que ya estaba ahí, listo para activarse en el momento preciso.

La ciudad de Larache es un lugar idóneo para pensarlo. No solo porque sea uno de los lugares donde se ha ubicado el emplazamiento del mitológico Jardín de las Hespérides, en el que las hijas de Atlas —a la sazón, primer rey de la Atlántida— custodiaban unas manzanas de oro que acabaron por darle a Hércules bastante tarea. (Hay quien dice que esos círculos dorados no serían otra cosa que el sol poniéndose más allá del Balcón del Atlántico). Hoy un parque triangular, entre vértices de castillos, recoge la resonancia de ese mito con un templete de estilo griego y dos leones de mármol.

Pero no es solo eso, no. Hay algo más.

En uno de los focos de la elipse que dibuja su plaza central hay un bar concurrido donde A. y yo nos sentamos a engullir cual atlantes un copioso desayuno. Dentro sobrevive un piano señorial y, pintada en la pared sobre la barra, una inscripción que dice: «Café Hispano-Marroquí, 1920». Fuera, alguien ha escrito reclamos turísticos en unas pizarritas que decoran la acera. Uno de ellos: «Sola Larache vale más que toda África. Philippe II». Pero, con todo —comentamos— Larache no nos da exactamente la pinta de una ciudad *del protectorado.* No solo. No sobre todo. Desde que llegamos intentamos ubicar qué es lo que le da a la ciudad ese aire distinto. Tal vez el mar, decimos: un toque atlántico que entra por el olfato y por el tacto y que impregna la mirada. Pero ¿qué es ese toque atlántico? Concluimos que la única respuesta posible es que muchas cosas.

Larache es una ciudad palimpsesto. La componen muchas capas, la huella de muchos tiempos. Lixus, Leqbibat, Al Araish: los distintos nombres que ha tenido marcan el rastro. Sus primeros pobladores fueron mercaderes fenicios, luego llegaron los cartagineses, más tarde vino la época romana y solo después la conquista árabe. Es esa mezcla la que, como el salitre, se pega en la piel al pasear por sus calles.

La herencia que revela no es, en realidad, muy distinta de la que tiene España. Su articulación, sí: las placas de la Atlántida, al separarse, le dejaron a cada orilla sus propias obsesiones y maneras de lidiar con ellas.

En España, la construcción de la identidad nacional ha tenido mucho que ver con subrayar con fuerza las exclusiones. Desde la toma de Granada en 1492 y la consiguiente expulsión de judíos y moriscos, que culminaría en 1616, las retóricas de limpieza de sangre y de adhesión a la religión católica se convirtieron en elementos centrales de una *españolidad* que hasta ese momento simplemente no existía. Hacerlo implicaba una manipulación fundante que se perpetuó y perfeccionó a lo largo de los siglos: fijar el significado de Alándalus como algo ajeno, como una anomalía histórica finalmente corregida. Qué vamos a esperar de los actuales procesos de adquisición de la nacionalidad si no bastan setecientos años de presencia para que en este país se deje de considerar a una cultura como extranjera.

Pero, aunque el borrado fue extremadamente eficaz, no fue perfecto. Hubo siempre una línea subterránea que reivindicaba otra concepción posible de los hechos, y por ende de la identidad nacional. En paralelo a la idea extendida de la *reconquista* como hito nacional, existe todo otro mundo intelectual en el que Alándalus se reivindica como parte de la historia española, y como una parte especialmente luminosa. Una concepción algo idealizada que cristalizaría, de hecho, en otro mito: el de una *convivencia* basada en la tolerancia religiosa y la libertad de costumbres. Cada línea de pensamiento pone al fanático al otro lado y se dibuja en espejo.

Como también es muy español lo de valorar más lo propio si sale en la prensa extranjera, esta apreciación algo subterránea de Alándalus saltará al imaginario popular cuando, allá por el siglo XVIII y sobre todo el XIX, viajeros y estudiosos de otros países de Europa y Norteamérica empezaron a fascinarse con el asunto. Más allá de los hechos históricos, la *España musulmana* es también una fantasía romántica. Que fue, por lo demás, adoptada localmente por artistas y escritores que se encontraron con que no necesitaban viajar para encontrar exotismo: tenían su propio Oriente en casa.

Es ahí donde algunas de esas líneas disidentes de la historiografía oficial que habían sobrevivido en las catacumbas del pensamiento encuentran terreno para germinar. Algunos liberales, que eran quienes en el siglo XIX encarnaban esa corriente, reclamaban el pasado musulmán español como parte legítima de la historia nacional, en línea con un cuestionamiento de la

Iglesia católica abierto por la llegada de los ideales de la Ilustración. En el tiempo de las concepciones cientificistas racistas que imperaban en Europa, los defensores de estas posturas van a llegar incluso a giros intelectuales contracturantes como el de afirmar que era de hecho la mezcla la que daba vigor a la sangre española, y que su decadencia llegaba en realidad cuando se intentaba restarle elementos.

Este universo discursivo se va haciendo más importante a medida que el Magreb empieza a despertar otro tipo de intereses. Según se hace más presente la posibilidad de extender la influencia española en el norte de Marruecos, ese *pasado compartido* se convierte en un elemento legitimador, que situaría a los españoles en una posición más favorable para colonizar: argumentan que entenderían mejor al pueblo que se iban a encontrar, o que serían mejor recibidos por él. Y medio cuela. En los años 1850 y sobre todo a partir de la guerra de 1859-1860, estas ideas históricamente heterodoxas se convierten en la base del proyecto colonial en el norte de África.

Otro elemento clave en este juego de contradicciones es el papel que juegan en relación con todo eso los nacionalismos que surgen en Cataluña, el País Vasco y Andalucía en ese mismo tiempo. El ideal homogeneizante de españolidad que se conforma a partir de 1492 también va a dejar fuera a estas identidades periféricas, así que sus debates están trenzados con los del africanismo. Particularmente, la idea de Alándalus será central en el desarrollo del andalucismo, cuya defensa del esplendor de ese pasado de mestizaje es además un contrapunto de la filiación más europea y más homogénea sobre la que se construye el catalanismo. En *El ideal andaluz*, el libro fundacional que Blas Infante publica en 1915, ya aparece una identificación entre Alándalus, Andalucía y Marruecos que dura hasta nuestros días.

Pero en el cómo, la historia es triste: los franquistas asesinaron a Blas Infante en los primeros meses de la guerra. Y luego, se apropiaron de sus ideas. La deliberada confusión entre lo andaluz, lo andalusí y hasta lo marroquí iba a ser uno de los puntales del colonialismo español.

Fíjate: ¿cuántas veces, cuando escuchas hablar de Marruecos en un medio de comunicación o un discurso político en España, se hace referencia a la idea de que son *países hermanos*? Es una retórica que viene desde entonces. La idea de *hermandad hispano-árabe* se empieza a usar después de la conquista de Tetuán, esa guerra que se pinta como reencuentro. Sirve para hacer imaginar fácilmente la idea de parentesco que se usa como legitimación: España es el hermano mayor que va a ayudar al pequeño a que crezca por la debida senda. Y, a base de repetirse mil veces, hace olvidar que la supuesta ayuda está siendo a palos.

Y que de los palos están sacando rédito algunos.

Las guerras de Marruecos, es sabido, propiciaron el ascenso de una parte del Ejército —la de personajes como Franco, Mola y Sanjurjo— que aspiraba a extender el «espacio vital» de España basándose en ese tipo de teorías. Es con ellos con los que el africanismo adquiere su componente militar. En tanto militarista, el eje de esta corriente sería una moral que, en palabras del franquista Emilio Mola, «tiene por finalidad el engrandecimiento de la Patria por un sistema simple, la guerra». De ahí su recurrente aparición en cada momento en que era posible diagnosticarle a España una decadencia directamente vinculada a no estar resolviendo las cosas por la vía bélica. En lo teórico, el discurso de estos militares no tenía un gran desarrollo, y tampoco capacidad de alcanzar a amplias capas de la población. Pero, desde 1939, se fusiona con la retórica de la Falange, presentándose como base ideológica tradicional del pensamiento derechista. De la mano de Millán-Astray —otro africanista— llegará también el trenzado con las ideas fascistas.

Para esos militares, las guerras de Marruecos habían sido una escuela. Y lo que habían aprendido en ella era a tener el odio al otro por bandera y a no dejar enemigo vivo. Habían aprendido resentimiento y venganza. Y que matar y traicionar granjeaba medallas y puestos. Habían aprendido a poner el «por cojones» sobre la mesa. Una de mis anécdotas africanistas favoritas es la de cuando Primo de Rivera, que coqueteaba con la idea de abandonar Marruecos, visitó el campamento de Ben Tieb, en el Rif, al frente del cual estaba Franco. Allí se encontró con que le ofrecían una comida basada enteramente en huevos, para dejarle claro qué es lo que consideraban que no tenía: me fascina imaginar cómo pasaban por esa mesa huevos cocidos, huevos fritos, tortillas, entre miradas de legionario desprecio. Habían aprendido a ser quienes eran en un entorno marcado por una masculinidad a la vez violenta y ambigua que despreciaba todo lo que fuera distinto de sí misma.

Y, mientras, se habían montado un tinglado bien sólido: puestos militares y civiles, una tropa a sueldo que no conocía más jefes que ellos, y toda la tranquilidad para conspirar lejos del control del Gobierno de Madrid y bajo jurisdicción fundamentalmente militar.

«Mis años en África viven en mí con indecible fuerza. Allí nació la posibilidad del rescate de la España grande. Allí se fundó el ideal que hoy nos redime», diría Franco en 1938. Cuentan los cronistas incluso que su mujer solía bromear con que el principal defecto del dictador era «su amor por África». Cierto o no, en esa anécdota se resume buena parte del vínculo que unió al franquismo con el protectorado marroquí: una relación de guerra, bajo un discurso de amor.

De eso, aunque con todo el —complejo y contradictorio— pasado a cuestas, es de lo que hablamos cuando hablamos de *africanismo*.

[A veces fantaseo]

A veces fantaseo con confrontar a ese señor que encabeza la actual extrema derecha española con los textos franquistas en los que se hablaba del *hermano moro,* de la ancestral unión entre ambos pueblos, del amor por África.

Por ver qué pasa.

[¿Y mientras, la República?]

Otra fantasía, otro érase una vez.

Corre 1933. Tras algo más de un año de negociaciones, la parte española del protectorado marroquí se independiza. Una gran fiesta popular acompaña a los discursos de las autoridades civiles de la antigua potencia, que se despiden de sus cargos con palabras de orgullo por ser la primera metrópolis que entiende la necesidad histórica de que las naciones de África empiecen a caminar sus propios caminos, sin pies ajenos encima. El nuevo país arrastra a la independencia también a la parte sur, pero nadie olvida quién fue el primer aliado: la República Española se convierte en socio preferente —en lo económico y en lo político— de un Marruecos gobernado a su vez por la generación de jóvenes nacionalistas —socialistas, anarquistas— que han logrado articular el proceso.

Abdelkrim regresa al Rif. Los soldaditos españoles regresan con sus novias.

Los militares que se habían hecho fuertes en *África* aprietan la mandíbula mientras recogen sus cosas: son dispersados acá y allá por el mapa, quedan lejos los unos de los otros, y también de España, y también del poder.

Esa primavera florecen reventones los hibiscos en antiguos campos de batalla.

No, no pasó.

Nada de eso —salvo tal vez lo de los hibiscos, que van a lo suyo—.

Pero si se quiere jugar a la historia ficción, deslizarse por el tobogán pegajoso de los *quéhubierapasadosi*, en el ámbito de lo colonial hay uno grande como un elefante plantado en mitad del cuarto: ¿qué hubiera pasado si la Segunda República hubiese obrado de otra forma en lo que respecta a Marruecos?

Después de Annual, y mientras en el protectorado los africanistas se hacían fuertes en posiciones y en recursos, en la península siguieron ocurriendo cosas. Tras la dictadura de Primo de Rivera, en 1931 llegó a España la República. Se podría pensar que este régimen traería consigo una actitud diferente respecto a lo colonial, que a los ideales democráticos y progresistas les correspondería de manera inequívoca un rechazo a la dominación del otro, a la violencia y el expolio que apuntalan un proyecto de conquista. Además, desde aquellas primeras reclutas para ir a África de las que los ricos sí podían librarse, el rechazo a la guerra colonial se había instalado entre las clases obreras, así que habría cabido esperar que el anticolonialismo se desarrollase —como teoría y como praxis política— en ese contexto propicio.

Pero no.

Igual que el africanismo fue una línea de pensamiento transversal a lo ideológico, asumible y utilizable en distintos momentos y de distintas maneras por todos los espectros políticos, el colonialismo es una estructura de poder a la que ninguna potencia de comienzos del siglo XX renunciaba. El propio Manuel Azaña diría, en una entrevista concedida en 1932, que la presencia en Marruecos era «un ejemplo de que España todavía sirve para civilizar». Durante la República pudo cambiar en algo el relato, el tono y el cariz de las propuestas, pero se mantuvo intacta la clave de bóveda: la concepción misma de lo colonial, el darla por hecho.

En realidad, no es difícil entender que un Gobierno como el republicano, en un momento como el que le correspondía, comprase por entero el discurso colonial civilizatorio. Los mismos ideales de progreso que alimentaban las misiones pedagógicas necesitaban solo un pasito en otra dirección para entrar en la retórica de protectores y protegidos. Pero que el proyecto no tuviese como punto de partida algo así como afirmar la superioridad racial de los europeos, sino una fe cierta en el desarrollo económico y cultural, no hace desaparecer el entramado de desigualdad y de racismo implícito que apuntala todo el tinglado colonial.

Pedir que la Segunda República hubiera hecho una reflexión de ese tipo sería cometer un anacronismo. Pero lo que sí se puede pedir en cualquier tiempo es escuchar a quienes se tiene enfrente. Al fin y al cabo, quienes combatían a la ocupación en Marruecos tenían como enemigos a los mismos, exactamente a los mismos, que los republicanos. Es ahí donde la sordera causada por todo un histórico de malentendidos y prejuicios, así como un torpe mirar desde arriba, impidió alianzas que quizá eran posibles. Y tal vez decisivas.

Sí hubo algunos cambios, no obstante. La *republicanización* del protectorado pasó sobre todo por un cambio de pesos entre lo civil y lo militar. La política colonial dejaba de estar basada en un constante prepararse para la guerra, y empezaba a pensar más en qué sería necesario en un tiempo de —verdadera— paz. Casi nada más proclamarse la República, ya en mayo de 1931, el Ejército se reorganizó por decreto: se reestructuraron las tropas, se anularon los ascensos por méritos de guerra, se convirtieron en civiles todos los servicios y cargos posibles. También se reorganizó la Legión, en un intento de acabar con la corrupción que reinaba en ella.

A la República no le preocupaba especialmente que eso pudiera causarle problemas. Declaraba en esos días en una entrevista el nuevo alto comisario, Carlos Asensio Cabanillas: «Aunque no ignoro que todo lo que se refiere a nuestra acción allí es muy complejo, no creo que la situación sea tan peligrosa. No creo en dificultades insuperables. Además, fuimos nosotros quienes las creamos. Por eso, desaparecerán».

Evidentemente, los africanistas amantes de lo bélico y de su propia vida en aquella orilla no estaban especialmente contentos, y fomentaban constantes disturbios y desórdenes para desestabilizar la situación. Paradójicamente, en 1935 Francisco Franco fue nombrado comandante en jefe de las fuerzas españolas en Marruecos. Duró poco en ese puesto, pero su sucesor fue el general Emilio Mola. Se ve que disimulaban bien.

Fuera ya de los cuarteles, el espíritu republicano, paradigmático del colonialismo de las buenas intenciones, pasaba también por trabajar en el desarrollo social y económico de la zona. Llegan al protectorado inmigrantes de todas profesiones y oficios, funcionarios, maestros, pero también agricultores y trabajadores manuales de diferentes provincias. Se amplían las escuelas y se mejora la sanidad, dos sectores antes casi desatendidos. Al fondo latía también en cierto modo la idea de formar en la propia cuerda a quienes algún día tendrían que desempeñar funciones en la administración del Marruecos independiente. Se intentaba fomentar el conocimiento mutuo con traducciones, viajes institucionales y otras iniciativas. Las obras públicas y la higiene también iban en el pack, y hasta un incipiente fomento del turismo como modo de resignificar el lugar.

Pero, al mantener intacto el marco político de lo colonial, estas reformas van a ser un *por el pueblo pero sin el pueblo* en toda regla.

Una onda expansiva no prevista en el charquito de la República fue que el contacto con nuevas gentes, nuevas visiones, nuevas palabras levantó también las ansias de liberación nacional y de movilización obrera entre la gente marroquí. Pero allí, a las autoridades republicanas no les interesaba que se extendiesen esas ideas. Y legislaron en consecuencia.

Ya en junio de 1931, una pequeña delegación de la llamada Liga de Acción Nacionalista Marroquí acudió a Madrid para intentar encontrarse con Niceto Alcalá Zamora. Llevaban en sus carpetas un memorándum de peticiones a cambio de las cuales ofrecían una colaboración activa con su Gobierno. Entre ellas no figuraba la independencia, ni siquiera salir del marco del protectorado: solo que se garantizasen las libertades de prensa, reunión y asociación, autorización para crear un sindicato de clase y algunas otras mejoras en las condiciones de vida de la población, como la equiparación de jornada y jornal con las de los españoles.

El presidente ni siquiera les recibió.

Entre los delegados estaban Sidi Abdelkader y Sidi Amaruchen, que en julio de 1936 serán dos de los primeros marroquíes en unirse a los franquistas.

En esos años, las manifestaciones nacionalistas no tuvieron apoyo de ningún partido y fueron reprimidas por los sucesivos gobiernos. Se vetó incluso que los marroquíes se afiliaran a partidos y sindicatos españoles, se ilegalizó la Liga de Acción Nacionalista, se cerró a la fuerza su periódico. En cuanto a los españoles, después de unas cuantas huelgas que agitaron a principios de la década puntos clave como la industria de las salazones, la central de la Telefónica o el puerto de Ceuta, también se intentó poner un poco de control a la extensión de las ideas revolucionarias. Se empezó a pedir pasaporte para entrar en la colonia, y a exigir un determinado nivel de renta para instalarse allí. Cuando en 1932 se convocaron elecciones municipales libres, con candidatos tanto españoles como marroquíes, triunfaron los independentistas. La administración anuló el resultado y fue el alto comisario quien designó a dedo a los concejales.

Otra perla para la caja de las paradojas: la última conquista colonial española se produjo, de hecho, en tiempo republicano. Del Tratado de Wad Ras, tras la guerra de Tetuán, quedaba por hacerse efectiva una cláusula: la apropiación por parte de España de un territorio que también le había caído en la pedrea. Se trataba de Santa Cruz del Mar Pequeña, que llevaría después el nombre de Ifni. Para su conquista se envía al coronel Fernando Capaz, que cumple su cometido haciendo un hábil juego de trileros con las tribus que se encuentra. La República saca pecho por haber conseguido, *sin pegar un solo tiro*, un trocito de colonia más.

Y aún queda otro asunto. Ese mismo año de 1934, otro suceso se va a convertir en un extraño reflejo de lo que está pasando en Marruecos. Entrado ya el otoño, en Asturias —otra zona norteña, montañosa y carbonera, verde y levantisca como el Rif— estalla la revolución. La huelga general convocada en toda España toma allí una fuerza especial. La cuenca minera se levanta en armas y durante dos semanas un Comité Revolucionario formado por socialistas, comunistas y anarquistas instaura su propia República. Como en el Rif.

Y, también como en el Rif, el Gobierno va a decir que de ninguna de las maneras y que cueste lo que cueste. Se activa el mecanismo de la represión. El Ministerio de la Guerra acude al asesoramiento de distintos generales conocidos por sus *éxitos* en la represión de otros movimientos de insurrección. Uno de ellos es, precisamente, Franco, conocido ya por sus éxitos en *África*. En el contexto nacional sí que se tenía conciencia del riesgo de que las fuerzas del orden se lo pensasen dos veces y se pusieran del lado de la insurrección —como en el Rif—. Y es a Franco a quien, en un macabro espejo, se le ocurre resolver el problema empleando para la operación a tropas traídas de Marruecos: tropas de los Regulares, del Tercio y de la Legión; soldados mercenarios que no conocieran a nadie allí ni tuvieran con quien empatizar.

Más aún: soldados traumatizados por lo visto y vivido en la guerra del Rif que sacasen a pasear todo su ánimo de venganza contra esos enemigos puestos en bandeja, que tanto se parecían a los que habían arrasado su tierra —como si quien más se les parecía de todos no fuera quien les mandaba allí—.

La violencia fue brutal, alcanzó a civiles, buscó la destrucción total. Saqueos, violaciones, razias, torturas. Las formas de la guerra del Rif se aplicaban para *pacificar* Asturias, con la macabra paradoja de que las fuerzas de choque eran rifeñas.

Igual que muchos asturianos habían ido, sin elección, a matar y morir en el Rif.

Era la primera vez que unas *tropas moras* cruzaban el mar.

Era el preludio de muchas otras.

La respuesta que trae a lomos el gran elefante de los *quéhubierapasadosi* es, parece obvio, que si la Segunda República hubiese tenido una política diferente respecto a lo colonial, tal vez el transcurso de la guerra civil habría sido diferente, o que incluso no se habría llegado a dar. Conviene añadir que también el presente de Marruecos y el de las relaciones de un lado a otro del Estrecho podrían ser muy distintos.

Dicen que el pensamiento hipotético no sirve de nada, pero no es verdad. Sirve para recordar que los mundos posibles siempre son varios. Y, con un poco de suerte, para aprender algo.

¿Y si…?

[*El cementerio moro*]

También en Asturias, pero hacia el otro lado, en la zona que toca casi con Galicia —muy cerca de los pueblos de los que viene mi familia materna— hay un lugar que les hace de espejo a las tumbas marítimas de Larache. Es el *cementerio moro*. En realidad se debería decir el *cementerio musulmán de Barcia*. Eso, claro, si se hablase de él. Yo en toda mi vida no había escuchado nada al respecto hasta hace poco. Le pregunto a mi madre, que conoce la zona, si le suena:

—De verlo al pasar.

Y es que está junto a la carretera, a la derecha según se va de Luarca a Oviedo. No es un camino fácil. Mi madre recuerda que, de niña, cuando hacía en autobús esa ruta, se mareaba: había, exactamente, treinta y tres curvas seguidas. También recuerda que aquel lugar le llamaba la atención porque tenía una puerta rara, en forma de arco. Por eso, le preguntaba a su padre, mi abuelo, qué era aquello. Él, que tenía quince años cuando empezó la guerra, le explicaba que aquello era el *cementerio de los moros.* Lo llamaba así, insiste: *cementerio de los moros*. Le explicaba también que aquellos *moros* habían venido para ayudar a Franco. Dice mi madre que a ella todo aquello le llamaba la atención, que le daba miedo, pero también curiosidad: ¿por qué tenían aquellos *moros* un cementerio diferente? En las historias que recuerda, mi abuelo contaba que los camiones que venían de Galicia pasaban dos veces:

—Una hacia Oviedo, con *moros* vivos, que daban terror. Otra de vuelta, con *moros* muertos para enterrarlos.

La siguiente vez que paso por Asturias, voy a Barcia con mi padre. Es el día después de Navidad, ha helado y no pasa casi nadie por esa carretera nacional de una zona que, después de haberse ido despoblando paulatinamente en las últimas décadas, empieza a vivir cierta recuperación de la mano de un turismo que busca refugios climáticos. Unos pocos esforzados ciclistas suben y bajan las cuestas. En algunos tramos, la autovía nos pasa por encima, siguiendo el contorno de unos montes que tampoco son tan distintos a los del Rif.

También pasa por allí el Camino de Santiago: parece una etapa bella pero dura, un poco rompepiernas, con esas curvas entre pinos que a ratos se abren dejando ver aldeas y, al fondo, un atisbo de mar.

Aunque desde el cementerio en sí no se ve nada de todo eso. Para llegar a la puerta hay que andar un poco desde el borde de la carretera hacia una pequeña zona de bosque. Su contorno está dibujado por una tapia alta que se conserva más o menos bien, aunque en algunas partes se ha desmoronado un poco. Tiene una especie de garita sin ventanas en cada una de las cuatro esquinas. La puerta que mi madre recordaba es efectivamente un arco de herradura que se abre entre ramas y hojas como una entrada a otro mundo. Fuera de ella, las ruinas de algo que sí que se ha desmoronado por completo. Un cartel que hay unos pasos más allá —único signo de que alguien se ha preocupado por darle un mínimo de entidad o contexto a aquel sitio— dice que ese era el lugar donde el alfaquí lavaba y preparaba los cuerpos antes de enterrarlos. También que al lado probablemente había una pequeña mezquita.

Este de Barcia es uno de los pocos cementerios musulmanes de la época de la guerra que hay en el norte de la península. Muertos por enterrar, sin embargo, hubo muchos, muchos. No hay acuerdo en la cifra, pero, según las fuentes, de las llamadas *tropas moras* pudieron llegar a formar parte hasta cien mil hombres. Por las mismas, no se sabe tampoco con certeza cuántos fallecieron: tal vez una cuarta o quinta parte de ese número.

Cuerpos, muchos cuerpos que en algún sitio tienen que estar. Por no ser cristianos, es de suponer que en los cementerios civiles. Junto a los laicos y los ateos. Es decir, junto a los *rojos*; es decir, junto aquellos a quienes los trajeron a matar. Eso, en el mejor de los casos. En la mayoría de las ocasiones —cuentan los supervivientes—, los cadáveres se dejaban simplemente tirados en el campo de batalla, hasta que se pudrieran o los comiesen los buitres.

El papel de los soldados marroquíes del Ejército español fue crucial desde el mismo momento del golpe de Estado, cuando los regulares tomaron los cuarteles del protectorado. Atraviesa la guerra con crudeza. Y enquista su recuerdo durante el primer tiempo de la dictadura, cuando los jinetes de capa blanca, turbante y lanza se convirtieron en un elemento más de los escenarios que acompañaban al dictador en el No-Do.

El 18 de julio formaban parte del Ejército de África cuarenta mil hombres, de los que eran marroquíes unos nueve mil (el resto, españoles, se dividían entre unos pocos militares profesionales y unos muchos que cumplían el cupo forzoso). La campaña de reclutamiento fue masiva. Por una paga más o menos generosa, las autoridades locales colaboracionistas contribuyeron a poner a disposición de los franquistas a centenares de hombres que necesitaban una salida de la miseria. Quien se alistaba recibía vestimenta, dos meses de paga anticipada, cuatro kilos de azúcar, una lata de aceite y un pan por cada hijo. Además de un beneficio extra de origen más turbio: los botines de guerra tras los saqueos que fueran haciendo en su avance.

Las cosechas de los años anteriores habían sido muy escasas. El hambre acuciaba.

Y luego estaba la propaganda. Por convicción o por interés, los caídes repetían un relato no por retorcido menos eficaz: la guerra de España se presentaba como una guerra contra los enemigos de Dios. Palabras como *cruzada* y *reconquista* daban un salto de tirabuzón para invitar a los musulmanes a ir a matar comunistas al otro lado del Estrecho. Franco aparecía como libertador, como amigo, como hombre de religión. Como algo opuesto —qué trampa— a quienes habían pasado a su vez a sangre y fuego por el Rif. Se extendieron incluso rumores de que se había convertido al islam.

Pero, sobre todo: las cosechas de los años anteriores habían sido muy escasas, el hambre acuciaba.

«Valientes soldados marroquíes, os prometo que cuando acabe la contienda a los mutilados les daré un bastón de oro», prometió en un discurso el propio Franco.

Para el 19 de julio ya pudo embarcar un primer contingente de *tropas moras* en Ceuta: tres navíos que llegaron a Algeciras y a Cádiz y fueron clave para la caída de estas ciudades. También le sirvieron de ayuda a Queipo de Llano en Sevilla.

Para el 28 de agosto se había establecido un puente aéreo entre, precisamente, Sevilla y Tetuán. Los aviones habían llegado de la Alemania de Hitler y la Italia de Mussolini. Trasladaron a mil quinientos soldados en una semana.

Para el 5 de agosto los franquistas habían conseguido —de nuevo con la ayuda de Italia, esta vez en forma de bombarderos— abrir de nuevo paso en el Estrecho: el transporte del grueso de las tropas coloniales de Marruecos a la península fue, de hecho, la primera maniobra militar relevante de la guerra civil.

Para octubre ya se habían reclutado quince mil hombres.

Para la primavera de 1937, la cifra superaba los treinta y cinco mil.

Desde preadolescentes hasta sexagenarios, no hubo casa que no mandase a alguien. A más de uno, a menudo. Habrá pocas familias actuales del norte de Marruecos —ese norte del que salen las pateras— que no tengan en su genealogía, por tanto, a alguien que estuviera en la guerra de España. O que muriera en ella.

Llegaron sin formación, sin saber siquiera a qué tipo de guerra acudían, engañados por la idea de que sería una misión corta. Recorrieron España avanzando a menudo a pie, durmiendo muchas veces a la intemperie. Carne de cañón de las batallas más difíciles, tenían combates casi a diario. Luego seguían camino, aunque tuvieran los zapatos rotos. Las fotos de la época muestran sus ropas pobres, sus capas ajadas.

A día de hoy, en muchos estudios se sigue insistiendo en el hecho que estos alistamientos fueron voluntarios. Es un matiz que se usa en ocasiones para reivindicar que los soldados marroquíes habrían acudido a la guerra de España por convicción ideológica o por lealtad a Franco. Y, en otras ocasiones, simplemente para eximir —conscientemente o no— a la estructura colonial de cualquier responsabilidad tanto sobre sus daños como sobre sus actos.

Pero ¿qué es realmente la *voluntariedad*? ¿Cómo se determina algo así en un contexto como el colonial, intrínsecamente opresivo? ¿Alistarse por una lata de aceite y tantos panes como hijos es un acto de *libertad*? ¿Qué aporta a esa pregunta el hecho de que el pan te lo quite y te lo dé la misma gente? ¿Y que esa gente sea la que ha montado la guerra en la que les da igual que mueras? ¿Qué voluntariedad hay si antes te quitaron también los campos? ¿Y si uno pensaba que, de no aceptar, se le llevarían igual? ¿Y si cuando algún jefe local se oponía a mediar era perseguido, castigado, fusilado? Por otra parte, insistir en los efectos de la manipulación, ¿no es también negar la capacidad que tiene la gente de tomar decisiones?

Lo que pasa es que quienes normalmente harían estas preguntas necesarias para mantener complejo lo complejo, en el caso de España y las *tropas moras* quizá no las quieran hacer. Porque son, somos, los hijos y nietas —ideológicamente hablando— de los enemigos a los que estos soldados masacraron.

Durante los primeros meses de la guerra, estas tropas, junto con la Legión, fueron las fuerzas de choque del avance franquista.

Muchos de esos soldados reclutados venían de la zona del Rif, que había sufrido particularmente la violencia de ese mismo Ejército en cuyas filas se alistaban ahora. Y, como había ocurrido en Asturias en 1934, reprodujeron sus formas: una guerra de exterminio. Cuando el Ejército de África entraba en ciudades y pueblos, saqueaba, destruía, violaba, asesinaba —con la complacencia, cuando no complicidad, de los mandos españoles, pero ese componente hay quien prefiere sacarlo de la historia—.

Era como si los fantasmas, las pesadillas recurrentemente fomentadas de un país se hubieran vuelto a levantar. El ancestral prejuicio contra los *moros*, alimentado desde la *reconquista*, pasando por Annual y por las cuencas mineras, se reencarnaba en pánico.

¿Con qué ánimo se complejiza, se matiza la imagen del brazo armado del aplastador? ¿Cómo se criba qué parte es verdad y cuál se funde con el relato interesado? ¿Qué derecho a la memoria ampara a quien mata a sangre y fuego? ¿Hay algo que pueda eximir a quien lleva las órdenes hasta sus máximos exponentes de violencia?

Para cubrir las necesidades de estas tropas, las autoridades franquistas tuvieron que desplegar una serie de servicios. Se crearon dos Intervenciones de Asuntos Marroquíes, una en Sevilla y otra en Valladolid. Gestionaban, por ejemplo, una veintena de hospitales musulmanes por todo el mapa, o cementerios como el de Barcia. Se traían enfermeras para lavar a los muertos según la tradición islámica. En el frente había cocineros y matarifes capaces de asegurar que todo lo que comían los soldados fuese halal. Llegaron también músicos, cantantes, bailarinas. Prostitutas.

En todo, una delgada línea entre el respeto a las costumbres religiosas de los soldados marroquíes y la patente voluntad de que no se juntasen mucho con el resto de la tropa. Su excepcionalidad, su diferencia, era una de sus armas.

En sus soflamas en Radio Sevilla, Queipo de Llano decía cosas como: «Nuestros valientes legionarios y regulares han enseñado a los cobardes de los rojos lo que significa ser hombre. Y, de paso, también a las mujeres. Después de todo, estas comunistas y anarquistas se lo merecen, ¿no han estado jugando al amor libre? Ahora por lo menos sabrán lo que son hombres de verdad y no milicianos maricas».

Las cuentas por eso, ¿quién las pide?

Cuando terminó la guerra, no hubo bastones de oro para nadie. Un puñado de soldados elegidos se quedaron en España como parte de la Guardia Mora, un cuerpo especial de escoltas personales de Franco que cumplía sobre todo la función de recordatorio del terror sobre el que se asentaba su poder. Pero a la mayoría le tocó volver —en muchos casos mutilados o enfermos— a las mismas montañas, a la misma hambre.

La legislación española contempla el pago de pensiones a los viejos soldados marroquíes, y a las viudas de los que murieron por heridas en servicio. La ley que encuadra este hecho data de 1965 y lo justifica diciendo que «España no puede olvidar su destacada actuación en las campañas de África y la guerra de Liberación y los meritorios servicios prestados al Ejército». Los abonos se siguen ejecutando en la Pagaduría de Tetuán, dependiente del Ministerio de Asuntos Exteriores y Cooperación.

Esas pensiones, sin embargo, no son de la misma cuantía que las de sus homólogos españoles: la letra pequeña de sus contratos decía que la cantidad sería fija, así que algunos de ellos cobran cuatro, cinco, seis euros al mes. Algunos llegan hasta unos doscientos, en los mejores casos. Los papeles del Ministerio de Hacienda que lo atestiguan recogen las medallas que tienen concedidas y que no han sido revocadas por legislaciones posteriores. Una que se repite mucho es la Medalla del Sufrimiento por la Patria.

¿La patria de quién?

Nadie habla de estrés postraumático, de locura, de pesadillas en cada noche de todo este tiempo, como se hace con los veteranos de otras guerras.

En 2018, el partido valenciano Compromís denunció que, desde el comienzo de la democracia, España ha destinado más de 150 millones de euros a esos pagos. Acusaba al Gobierno de Pedro Sánchez de ser connivente con el franquismo por mantenerlos y pedía que se retiraran.

Los poquísimos soldados de entonces que queden vivos, si es que los hay, no podían tener más de doce o trece años en 1936.

En 2007, amparándose en la primera ley española de Memoria Histórica, el Centro para la Memoria Común y el Porvenir de Marruecos, por su parte, pidió a España información sobre el paradero de los miles de soldados desaparecidos durante la guerra, indemnizaciones para las familias de las víctimas, y que sus hijos tuviesen preferencia para entrar en los cupos de migrantes nacionalizados que fija cada año el Gobierno español.

Ninguna de las dos reivindicaciones llegó a ninguna parte.

¿Es capaz la derecha española de reconocer que parte de su victoria se la tiene que agradecer a esos vecinos musulmanes que hoy desprecia? ¿Es capaz la izquierda española de denunciar la brecha en un derecho que es a su vez dudoso? ¿Hay alguna manera de lidiar con esta maraña de contradicciones fuera del blanco o negro?

Cada vez que se toca el tema de las *tropas moras*, las casillas de la memoria revientan por las costuras. Para todo el mundo.

¿Qué clase de propuesta se puede hacer cuando no aparecen respuestas, sino solo, siempre, más preguntas?

Cuando se atraviesa el arco de herradura y se entra en el cementerio musulmán de Barcia, lo que se ve es una enorme explanada en la que no hay nada más que hierba, hojarasca, helechos, maleza, piñas caídas y árboles que en estos casi cien años han crecido considerablemente. Sus hojas dejan pasar una luz cálida. Casi en el medio, uno postrado quién sabe por qué tormenta parece rezar. Hay muchas setas, grandes y gordas entre una capa de mantillo húmedo en la que los pies se hunden casi hasta los tobillos al caminar.

Buscamos algo reconocible, pero no hay casi nada. Apenas algunas piedras de pizarra que nos parece que pueden ser de las que, según un artículo, se colocaban para señalar donde estaban los pies y la cabeza de cada tumba. También una que está abierta. Es un agujero rectangular cavado en el suelo en cuyo fondo lo único que hay ya es un pequeño charco. A principios de los 2000, el cementerio fue profanado. Se abrieron tumbas y, según cuentan algunas de las escasas noticias que hablan de este lugar, los huesos se dejaron allí mismo, al descubierto, durante bastante tiempo. Esa es una de ellas.

Me acuerdo de N. La conocí hace unos años en Estrasburgo, era de origen rifeño. Cuando le dije que yo era asturiana, respondió, con naturalidad:

—Ah, a mi abuelo lo mandaron a morir a Oviedo.

Miro ese suelo que es una gran tumba sin nombre y pienso que tal vez esté allí, en alguna parte.

Cuando atravesamos de nuevo el arco de vuelta a la carretera, cruzo al otro lado y busco un lugar desde el que se vea el mar, aunque sea un poco. Pienso en A.: le va a encantar esto cuando se lo cuente. Atlántico a través, desde aquí hasta Larache se tiende un hilo triste. Muertos de cada lado al otro lado. Gente que quizá se preguntó, antes de respirar por última vez, qué demonios hacía allí.

TETUÁN (II)

[la zona feliz]

[Escuelas y cuarteles]

Unas semanas después, empiezo a estar más ubicada en Tetuán. Sé pedir sin dudar más cosas que un milhojas, tengo algunos cafés favoritos y casi siempre llego sin perderme a donde pretendo cuando salgo por la medina. Hay también algunos paseos que repito cada pocos días. Además de pasar de vez en cuando por el cementerio español, a menudo también subo a la zona alta de la ciudad. En el parque que hay junto a la casba una puede sentarse sobre un murete, dejar los pies colgando y deslizar la mirada desde la costa brumosa que se abre a la izquierda hasta las montañas de Fortuny y los incendios por el otro lado. Es agradable quedarse un rato allí, mirando a las parejas que no se tocan sentadas en el césped o a los adolescentes cuyo partido de fútbol se ve de pronto interrumpido porque la procesión silenciosa de un entierro pasa al lado de la cancha.

En el camino de regreso, sin embargo, hay un lugar por el que siempre camino deprisa. Es el antiguo cuartel de los Regulares, un mamotreto ruinoso que marca el *skyline* de la ciudad. Desde abajo parece una muralla con torretas, un fuerte atemporal entre palmeras. Al pasar junto a él, solo se atisba: está rodeado de paneles de esos que indican una construcción en curso. Dicen que pronto se convertirá en un centro cultural, un museo, algo por el estilo. De qué, nadie me lo sabe contar.

Me pregunto cómo harán para desalojar a los fantasmas. Porque, como en mi casa, allí claramente hay, y estos son más complicados de llevar. Fue a ese cuartel a donde llegó Franco a tener reuniones el 19 de julio de 1936, allí donde se fraguaron y tomaron decisiones que poco después cruzarían el Estrecho y marcarían la guerra. Por los destartalados arcos neoárabes de ventanas y puertas parece que en cualquier momento se va a ver asomar una camisa parda, una gorra roja. Un día lo que hay es una niña mirando a través de la verja. Probablemente lleve el bocadillo que tiene en la mano a un padre que esté efectivamente vivo en este tiempo, trabajando en la obra o como guardia de seguridad, pero prefiero no preguntar.

Y aun así me la llevo conmigo un ratito en el pensamiento, mientras sigo la cuesta abajo pasando junto a la tapia del cementerio y el viejo hospital psiquiátrico y la vieja cárcel —todo lo oscuro se construía cerca de sí mismo y lejos del resto en las ciudades planificadas *ad hoc*—. Porque, después de dejar el bocadillo, lo que tendría que hacer esa niña en caso de ser en efecto un fantasma sería seguir bajando a pasito rápido hasta llegar al Colegio de Nuestra Señora del Pilar, una escuela fundada por los marianistas que sigue en activo —aunque con varios cambios de localización a lo largo del tiempo y convertida ahora en instituto de secundaria—. Como siguen también, no muy lejos, el Colegio Jacinto Benavente y el Instituto Juan de la Cierva: hoy todos ellos forman parte de la red de colegios españoles en el extranjero, pero han estado abiertos sin solución de continuidad desde el tiempo del protectorado.

De eso iba, pienso mientras sigo el paseo. Colonizar, digo: de eso iba. De cambiarle el perfil a un lugar con un adecuado equilibrio de escuelas y cuarteles.

Y dejarlo luego al irse todo lleno de fantasmas.

[Aquí no se siente la guerra]

«La zona feliz». Así empezó a llamar la propaganda franquista al protectorado marroquí ya desde comienzos de la guerra civil. Aquella *África* de la que durante décadas solo habían llegado noticias de conflicto y de violencia se convertía —ahora que los problemas estaban en casa— en un lugar alejado del frente en el que la vida, según contaban, discurría apaciblemente.

Quizá era un modo de decir, también, que cuando nadie se oponía al golpe de Estado, todo iba bien. Al fin y al cabo, las ciudades del protectorado se habían tomado sin apenas resistencia, y por eso habían podido restablecer rápidamente algo así como una normalidad.

Pero la felicidad siempre va por barrios. Desde los primeros días de guerra, la «zona feliz» fue escenario de una depuración de sospechosos tan contundente como la de cualquier otra parte, aunque algo más discreta, tal vez porque los ojos franceses y —sobre todo— británicos estaban más cerca, y al franquismo le interesaba especialmente mantener hacia ellos una imagen que no pusiese en jaque el reconocimiento internacional del régimen. Aun así, parece que si los ojos no vieron es porque mucho no querían ver: los asesinatos de disidentes se cuentan por cientos. Como los detenidos ya no cabían en las cárceles disponibles, se abrieron campos de concentración como los de Zeluán, cerca de Melilla, y El Mogote, junto a Tetuán —el más famoso de todos, reservado solo a los «rojos españoles», era el campo de Bou Arfa, cerca de la frontera argelina, cuyos presos eran sometidos también a trabajos forzados en las minas o en la construcción del ferrocarril—. Se confiscaron propiedades, se clausuraron espacios de reunión, se realizaron juicios sumarísimos, se multiplicaron las multas y las sanciones disuasorias. Su objeto eran personas tanto españolas como marroquíes: militares que no se sumaron al golpe, élites locales que no quisieron colaborar con las nuevas autoridades, miembros de sindicatos y partidos de izquierdas, intelectuales y funcionarios sospechosos, la habitual letanía de maestros, judíos y masones.

Como ha defendido en muchos textos la historiadora María Rosa de Madariaga, ahondar en esta memoria no solo es importante por sí mismo: también por lo que muestra. En el protectorado no hubo apenas resistencia al golpe de Estado, así que la teoría de la violencia como reacción empleada a menudo como justificación por sus partidarios se tambalea. Allí no se quemaron iglesias, no hubo lugar a contiendas, ni ojos por ojos ni dientes por dientes de ninguna clase. La represión franquista se mostró como fin en sí misma con toda claridad.

Moviendo los hilos de esa represión —como también de la recluta masiva de soldados marroquíes— estaba un personaje que los amantes de *El tiempo entre costuras* conocen bien. En la serie —que sigo viendo embozada en las mantas de mi casa de la medina— aparece en el capítulo tres bajo la forma de un Tristán Ulloa caracterizado con gafitas redondas y bigotín cuadrado. Se trata de Juan Luis Beigbeder y Atienza, un teniente coronel que desde los primeros días de la guerra ocupó el mando de la Delegación de Asuntos Indígenas del protectorado.

En el *wiki* del *fandom* de la serie, la página de su personaje dice: «Juan Luis Beigbeder es el alto comisario de Tetuán y amante de Rosalinda. Ama Marruecos y sus gentes, es inteligente, culto, tolerante. Aunque afín al régimen de Franco, no suele estar de acuerdo con las decisiones fascistas». En realidad, era otro militar africanista, formado en las primeras guerras del siglo, pero su talante más culto le había permitido desarrollar un tipo diferente de carrera, con puestos en las embajadas de París y Berlín que iban a proporcionarle conocimientos y alianzas decisivas para lo que le tocaría hacer en Marruecos en esos años. La aparición con amante del brazo parece lo más preciso de la caracterización, porque también las fuentes históricas —sobre todo, informes consulares de otras potencias— refieren que, durante los años de la guerra, Beigbeder encadenaba viajes internacionales con distintas amantes y muestras públicas de diversión en fiestas en el protectorado. La que muestra este capítulo, en concreto, la da el cónsul alemán, y cuando la pareja baja de un coche con bandera española, lo hace ante unas escalinatas sobre las que ondea, a toda pantalla, la bandera con esvástica del III Reich.

La «zona feliz» debía de ser eso.

Para él, y para muchos otros cargos de la administración colonial. Igual que durante las *guerras de África*, el protectorado continuó siendo en décadas posteriores un lugar donde era posible ya no solo hacer una carrera fulgurante, sino también llevar un nivel de vida que no se habría podido sostener en la península. Con sus fiestas y sus viajes y sus amistades, Beigbeder fue nombrado por Franco ministro de Asuntos Exteriores en cuanto terminó la guerra.

Pero esa opulencia no se sostiene sola. La dinámica de corrupción que estalló con el desastre de Annual y fue revelada por el *Expediente Picasso* no brotó de la nada ni iba tampoco a desaparecer por arte de magia. La malversación y el trapicheo eran estructurales. Y, como siempre que esto ocurre, las consecuencias las pagaba la población: durante esos años, en el protectorado la inflación subía, agravada por los fallos de abastecimiento y la especulación con productos básicos, mientras los sueldos no dejaban de bajar. La pobreza, los racionamientos, la emigración, el alistamiento como única salida eran la cara b de aquellas fiestas. Ninguna zona es feliz para todo el mundo, supongo.

Luego, la guerra termina. Pero el protectorado sigue. Y sigue ya sin estado de excepción, como un lugar más dentro del mapa de los lugares que menciona el No-Do y a los que pueden destinarte en la mili. Sale en los sellos, hay campañas de publicidad para fomentar el turismo a sus ciudades y de vez en cuando alguien va o vuelve de allí y cuenta historias medio exóticas, medio decepcionantes.

Poco a poco, por economía del lenguaje o por cierta intuición de verdades más complejas, la manera de referirse al protectorado va cambiando.

En unos pocos años, casi siempre se dice ya solo «la zona».

[Artes y oficios]

Hay lugares, tiempos, en los que pensamos siempre en blanco y negro. Otros se nos aparecen en la imaginación asociados más bien a determinados colores o formas, los que alguien les vio y se les quedaron ya pegados como una piel propia.

Medio siglo después de Fortuny, llegó a Tetuán otro Mariano. Esta vez con el nombre así, en castellano, aunque el apellido suene a otra parte: Mariano Bertuchi, un pintor treintañero de Granada cuyos ocres, azules y blancos en estampas pintorescas y llenas de luz se van a convertir en características de la imagen que aún hoy nos seguimos haciendo de *la zona*.

Figuras embozadas en túnicas pasando bajo los arcos de la medina. Desfiles a caballo. Mercados. Naranjas. Séquitos. Festivales. Un hombre sobre un burro, cubierto con chilaba marrón y gorro de paja. Si a sus predecesores se les había encomendado pintar la épica de las batallas —en realidad, él mismo había cubierto también años antes algunas campañas militares—, su misión fue reflejar la cotidianeidad de los paisajes ya conquistados, hacerla vendible con formas amables y colores vivos.

Carteles, postales, ilustraciones para libros: el universo Bertuchi se despliega en las salas de Dar Oddi, un pequeño museo escondido en otro palacete de la medina. Regentado por una familia marroquí, no deja de sorprenderme hasta qué punto su nombre podría llevar como subtítulo algo así como «Museo de la colonización». Y no precisamente desde la protesta. Todas las obras cuyas reproducciones cuelgan cuidadosamente distribuidas sobre las paredes de azulejos son de autoría europea. Hilan el relato de la conquista con mapas y pinturas que miran el país con los ojos de los recién llegados. De Fortuny hay alguna cosa;

del segundo Mariano, de todo. Bocetos, pinturas más personales, trabajos de encargo.

Una sala entera se dedica a la filatelia: también son suyos los dibujos a una tinta de sellos que muestran a regulares a caballo bajo la fecha del 17 de julio y otros en los que la cara de Franco aparece junto a la luna islámica y la leyenda «sobretasa obligatoria pro mutilados África». Una serie de 1937 directamente lleva escrito «¡Viva España!» en el papel dentado que une cuatro timbres que muestran distintas estampas de minaretes, palmeras y murallas. A los lados pone «Zona de Protectorado Español en Marruecos» en español y en árabe, y en el centro aparece la estrella de seis puntas del imperio jerifiano.

En una vitrina cercana, otros adhesivos: los diseñados para pegar en las maletas de los viajeros que llegaban atraídos por las campañas de la Comisión Especial de Turismo. Regina Hotel, Hotel Nacional, Hotel España, Hotel Alfonso XIII: las imagino pegadas sobre el cuero de baúles que luego pasarían por Londres, Estambul o Nueva York. Igual de bien quedarían las de los paradores que también empiezan a inaugurarse como parte de la red nacional, algunos de ellos en zonas de no tan fácil acceso como Chauen o Ketama.

Había circuitos organizados que salían de Sevilla, cruzaban en barco y recorrían las principales ciudades del protectorado. Para cada una de ellas, Bertuchi hizo un cartel. Ahí está el de Tánger, con dos mujeres recortadas bajo la entrada de la casba; el de la vega de Alhucemas, con un corral en medio de una explanada verde; o los burros avanzando sobre una gran nevada en el de Ketama.

El de Tetuán se parece mucho a otro cuadro sobre esta misma ciudad —uno de su obra personal, no del arte aplicado encargado por la Administración— que está en la sala de al lado. Solo que ese no omite un elemento que no sale en la publicidad: sobre el minarete blanco pasa, en pleno medio del lienzo, el gris contundente de un avión militar.

Pero, aunque pintó mucho, lo que hizo Bertuchi en Marruecos no se limitó a pintar. También creó escuela. Literalmente.

La antigua Escuela de Artes y Oficios de Tetuán, Dar Sanaa, hoy sigue teniendo el mismo uso. Sus amplias galerías blancas, abiertas, dan por un lado a un patio ajardinado y, por el otro, a las aulas donde chicos y chicas aprenden a trabajar la madera, el cuero, el hierro, el yeso, el hilo. Maestros de cada artesanía les transmiten a la vez una destreza y un orgullo de oficio. La enorme delicadeza y habilidad que muestran contrasta con el prejuicio que sitúa este tipo de prácticas como algo menor, algo que no alcanza la categoría del «arte con mayúscula». Mientras vamos de la clase de bordado a la de azulejos, charlo con A., un amigo pintor, sobre la evidencia de que hay algo en esto que también está profundamente relacionado con lo colonial.

Las metrópolis llevaron consigo a las colonias una distinción que era solo suya: la de arte popular y arte culto. La Administración que pagaba a Bertuchi, por ejemplo, creó dos escuelas distintas en Tetuán: esta, de Artes y Oficios, y la de Bellas Artes. La primera estaba destinada a conservar las formas artísticas tradicionales marroquíes, que pasaron a entenderse como artesanías; la segunda, a enseñar a pintar o esculpir a la manera europea: solo eso sería digno de los museos y la posteridad. Otro modo de marcar una frontera y decirle a cada quien cuál era su sitio. En su trabajo, lo que A. hace es precisamente recuperar las geometrías y colores del diseño tradicional y aplicarlos a nuevos formatos: puede ser un lienzo o puede ser el juego de luces de un concierto masivo. Me explica la importancia política que esto tiene para él con la misma parsimonia con la que le he visto mover pinceles y reglas, o sus largas rastas que cuelgan sobre un hombro delgado.

Bertuchi dirigió las dos escuelas. A la de Artes y Oficios llegó en 1925, y, además de cambiarle el nombre al de Escuela de Artes Indígenas, contribuyó a convertirla en un centro profesionalizante, con sueldos para los aprendices y una estandarización de sus prácticas. Una vez tuvo esta reorganizada, se lanzó a la creación de la Escuela Preparatoria de Bellas Artes, inaugurada en 1945, cuyo alumnado se convirtió en la primera generación de artistas *a la occidental* del norte de Marruecos. Cuando su trabajo empezó a salir del país y a reconocerse en museos y mercados internacionales, el de «Escuela de Tetuán» pasó a ser ya no solo el nombre de una institución, sino también el de un estilo. Desplazándose paulatinamente desde el orientalismo de su maestro fundador hacia otros aprendizajes y miradas propias, se considera a estos pintores los pioneros del arte contemporáneo en Marruecos.

Meki Megara, Mohammed Melehi o Saad Ben Cheffaj son algunos de ellos.

En Dar Oddi, obras suyas no hay.

[Excursión]

Todavía hoy, al viajar por Marruecos a veces parece que una está en una postal de Bertuchi.

Más precisamente: parece que se quiere que lo parezca.

A cosa de una hora de Tetuán está Chauen, una de las localidades más turistizadas del norte marroquí. Todos los países tienen algún lugar así: sitios cuya belleza es innegable, pero que han adquirido con su comercialización un cierto regusto a cartón piedra.

Chauen es un pueblito azul enclavado en la montaña, y masificado desde que hace ya varias décadas los viajeros de inclinaciones *hippies* descubrieron la laxitud de esa zona a la hora de relacionarse con el cannabis. Hoy, sin embargo, queda poco de su leyenda romántica.

Hoy, sobre todo, los turistas sacan monedas.

Pagan por ponerse ropas locales y sacarse fotos. Fotos con un halcón. Fotos con un faisán. Pagan. En un patio particular un cartel dice «diez dírhams»: entran y se sacan una foto con la dueña de la casa. Al bajar una escalera pintoresca el cartel está al final: pagan. Pagan por sentarse en una silla con dosel que alguien ha puesto en mitad de una calleja. Y hacerse una foto.

Algunas guías turísticas cuentan que las casas las pintaron de azul los judíos refugiados allí desde el siglo XV para evocar el color del cielo, símbolo de libertad.

Otras refieren la teoría de que es un color que espanta a los mosquitos, al hacerles pensar que es agua —en verdad, hasta donde sabemos, los mosquitos no perciben los colores—.

O que es un recuerdo del mar de más allá de las montañas, que desde aquí no se ve.

Hay algunas hipótesis más.

En realidad, parece ser que las casas eran blancas hasta hace poco. Empezaron a pintarse de azul en las últimas décadas, pensando precisamente en atraer visitantes con una estampa distinta a la de otras ciudades del circuito previsto —la Marrakech rosada, la blanca Fez—. Tras algunas polémicas, el propio ayuntamiento fomentó el cambio, acuñando para el pueblo el nombre-señuelo de «perla azul». Funcionó, y junto al tono del mar, el cielo y el miedo de los mosquitos empezaron a llegar a sus callejas tiendas y más tiendas de artesanías, restaurantes decorados ex profeso para reproducir la escena que ya se ha visto antes en alguna postal.

Con Bertuchi o con TripAdvisor, el turismo es un modo de colonización no solo por lo económico: también, o sobre todo, por su modo de decirles a los sitios y a la gente cómo tienen que ser.

[El señor S.]

Una tarde voy con K., mi amigo el casero, a ver a un conocido suyo del que me lleva hablando casi casi desde que llegué. *Muy importante para tu trabajo, Laura, ¡muy importante!* Se trata del señor S., uno de los hijos de un personaje efectivamente muy importante de la época del protectorado —un hombre del entorno cercano al jalifa, el cargo más alto de la parte marroquí de la administración colonial, contraparte local del alto comisario español—. Claramente, para K. quedar con esta persona es un tema. Está nervioso y me está poniendo nerviosa a mí.

Llegamos a la casa callejeando por una zona de la medina que yo no había visto hasta ahora. El señor S. nos recibe en la puerta. Está apoyado, esperando, como si llegásemos tarde, aunque no es así. Su presencia es curiosa. Lleva botas blancas, ropa occidental y una gorra como las sicilianas o las irlandesas. Es alto y cojea. Es profesor, ha estado en muchos lugares del mundo y ahora da clase en una universidad en otra parte del país. Nos lleva a través de un callejoncito a una segunda puerta: luego sabré que prácticamente todas las de la calle dan a su casa. Son edificios aledaños al Palacio Real por detrás, lo que tampoco es casual.

Como en tantas otras viviendas de ese estilo, tras la puerta modesta se abre un auténtico palacio. Entre los azulejos y labrados de madera del patio central, multitud de fotos, de vitrinas. Intento no mirar qué contienen, ser discreta. El señor S. nos invita a sentarnos en un saloncito que está al fondo de la estancia principal. Dejo las cosas sobre un sillón y K. murmura que lo cuelgue en el perchero: *Más elegante, Laura, más elegante.* No sé si la reverencia es de clase, si es respeto histórico, si es simplemente la que se profesa al poder.

Toda la tarde voy a estar sintiendo algo así. Como si estuviera en un examen o en una involuntaria obra de teatro. Nos quitamos los zapatos para pasar a la zona de salón. Nos sentamos con mucha separación, las posturas no son relajadas. Una mujer con la que nadie habla nos trae roscos de pan y un té al que es el señor S. quien pone el azúcar. El short vaquero de K. contrasta con la tapicería. Yo trato de esconder un agujerillo que tengo en el calcetín y no quemarme con el vaso mientras empieza una batería de preguntas a las que respondo lo mejor que puedo y con una sonrisa diplomática. Que por qué los vascos mataron a Carrero Blanco, que si mi familia era franquista o antifranquista, que por qué trabajo sobre algo que no viví. Me voy bandeando como puedo. Finalmente llega la afirmación:

—Yo creo que Franco no era tan malo como dicen.

Empezamos a entrar en harina con la pregunta de si estuvo en esa casa: «Cuando estaba aquí, era demasiado insignificante, solo un soldado». Después dirá esto mismo de alguna otra persona. Quienes sí estuvieron en esa casa, afirma, fueron Prim y O'Donnell. Entre líneas de esas presencias podemos leer muchas cosas: una connivencia con los comienzos de la colonización, una no implicación en el golpe, una ausencia de Franco del entorno del jalifa después de la guerra.

Después de un rato, se incorpora a la conversación el hermano del señor S. Su presencia es completamente distinta, mucho más informal y repachingada. Sus preguntas son también más directas. Se acerca un portátil y va buscando corroboración o matices a algunas cosas que salen en la conversación. Me pregunta por mis temas de estudio, por el planteamiento de este libro, por el objetivo que me mueve.

—¿Con lo que os está pasando en España con la extrema derecha no tiene que ver lo que haces? —inquiere, sagaz, con una sonrisa de medio lado.

Luego se entera de que escribo también poesía, y su interés se desplaza a cuestiones que le encajan más para ese oficio:

—¿Crees que el amor es eterno o pasajero? —pregunta.

—Creo que es pasajero, pero lo vivimos como si fuera eterno para poder escribir poemas —respondo tirándome un triple.

Paso la prueba, parece ser.

K. intenta una y otra vez que volvamos al tema de interés. *Señor S., cuéntele a Laura cosas sobre el protectorado.*

—Pues depende de lo que quiera saber —responde con más razón que un santo nuestro anfitrión.

Yo a esas alturas ya no sé ni lo que quiero saber, pero logro apuntar a la cuestión compleja y necesitada de matices de que una familia como la suya colaborase con la administración colonial. Hablamos del juego político: es decir, enseguida estamos hablando de dinero.

El hermano no se corta señalando como clave la corrupción. Señala cómo se enriquecían quienes llegaban al protectorado, cómo el soborno era una constante, y lanza una idea interesante: la de que en realidad no se trataba tanto de expoliar riqueza, porque no era mucha la que había en aquel territorio, sino más bien de convertir el lugar en una especie de gran casino, un lugar de especulación y juego donde el dinero europeo se movía y se lavaba. Otra evidencia poco nombrada: el protectorado podría ser deficitario en términos de dinero público, pero no privado. «Follow the trail of money!» —dice. Aparte de esto, también señala que Franco era enormemente racista, que trataba a los marroquíes «como si no fueran humanos».

Ni rastro de *hermandad* en el discurso.

Aunque luego, cuando me enseña la casa y puedo al fin abandonar la discreción y mirar de frente fotos y vitrinas, ese rastro sí que empieza a aparecer. La planta baja es como un pequeño museo del señor padre: cualquier foto en la que salga él, aun de refilón, cerca de una figura de poder, sea Mohamed V, Franco o Hasán II. «Esta es la oreja del rey», «aquí al fondo puedes ver al general tal». Medallas: una de la República, una franquista por haber protegido a los judíos en 1949, dos jalifianas, una marroquí. En el segundo piso, sobre una mesita como las que tienen las abuelas en los salones, hay fotos de Juan Carlos I, retratos de falangistas, imágenes de las princesas marroquíes. Todas en marcos plateados apoyados sobre tapetes de crochet.

Arriba, otro cuarto, en el que les cuidaba a él y a sus hermanos una niñera española, malagueña, a la que su madre echó, temerosa —dice la historia oficial de la familia— de que volviera cristianos a los niños.

Lo último que veo es la habitación del señor S. Reconozco en ella esos cuartos que conservamos en la casa familiar los hijos que nos fuimos recién terminada la adolescencia. Hay medallas de matemáticas y colecciones de minerales. La pila de libros la preside Julio Verne y no veo entre los lomos casi ningún nombre marroquí.

Cuando salgo de esa casa, ha caído la noche y me siento aturdida. Creo que K. no está contento conmigo, y por mi parte no tengo la menor idea de qué sentido podrá encontrar nada de esto si intento contarlo. Encojo un poquito el dedo gordo del pie, rascando el fondo de la bota, como si aún tuviera que esconder el agujerillo del calcetín.

[Franquismo colonial]

Mirada desde aquí, desde el futuro, una colonia es como un terrario en el que las lógicas de poder de la sociedad que invade se dejan ver con especial nitidez. Más allá de una idea, el protectorado es un engranaje, una determinada forma de organización. Escuelas, cuarteles y unas pocas cosas más. Esas otras cosas son, sobre todo, dispositivos para mantener un determinado orden.

Quizá las primeras ideas que se vienen a la mente al pensar en cuáles puedan ser esos dispositivos sean prácticas como la conversión religiosa, la segregación de las poblaciones o la imposición forzada de costumbres. Pero no son esos los que se activarán en el protectorado español de Marruecos. Allí la población pudo seguir siendo musulmana, viviendo —más o menos— a su manera y bastante mezclada en realidad con sus vecinos metropolitanos.

Si aún a día de hoy pervive el mito de que la colonización española fue «menos mala», es también porque la administración de la época franquista no optó tanto por una evidente mano dura como por un sibilino *soft power*. La propaganda de las imágenes llevada a cabo por artistas como Bertuchi es parte de esa estrategia, la relación con familias como la del señor S. también, y lo mismo otros elementos como la educación, el urbanismo o las políticas culturales. Hay quien atribuye esta estrategia a una decisión inteligente, hay quien considera que un país empobrecido y arrinconado como España tampoco podía jugar con otras cartas.

Su estilo fue un medido juego de distancias, de similitudes y diferencias. Aquellas ideas de *hermandad* que habían servido de justificación ideológica para la empresa colonial desde el siglo XIX van a volver a entrar en juego para la gestión de la población en el protectorado. Traducidas a una palabra más cotidiana, *convivencia,* que sigue impregnando los discursos de quienes lo vivieron, desde ambas perspectivas —y que resuena, por lo demás, a aquella vieja imagen idealizada de Alándalus—. Hablan de *convivencia* los españoles que estuvieron allí, y que siguen refiriéndose a los *moros* como *hermanos* sin demasiada necesidad de autocrítica; y hablan de *convivencia* los *moros* en cuestión, ancianos hoy que a menudo sorprenden en las conversaciones recordando la época del protectorado incluso con nostalgia. La idea, además, aparece de manera transversal a ideologías y a estratos sociales.

No es tan raro si se piensa que, en realidad, la clave para que esa *convivencia* se sostuviera era diluir ligeramente las fronteras de origen para mantener lo más firmes posible las de clase.

Por un lado, las capas privilegiadas de la población confraternizaban fantásticamente en fiestas como las de la serie de televisión. El franquismo hizo, desde el primer momento, lo que no había hecho la República: ganarse a las élites. «Cuando florezcan los rosales de la victoria, nosotros os entregaremos sus mejores flores», proclamó el propio dictador en un discurso. Su hombre en el terreno, el Beigbeder del bestseller, bajaba a tierra las promesas en reuniones con las figuras clave de la Administración local y del incipiente nacionalismo. Llegó incluso a asegurar que se les daría la independencia una vez que se ganara la guerra. Eso nunca ocurrió, pero por el camino se apuntaló un sistema de alianzas y favores debidos.

La materialización más clara de esa dinámica era la estructura de la Administración. Al frente de la zona se encontraba, nominalmente, el jalifa —ese para el que trabajaba el padre del señor S.—: era el delegado del sultán, que concentraba el poder legislativo y era la máxima autoridad religiosa. Pero la autoridad *de facto* la ejercía el alto comisario, un cargo militar designado por España y con rango de ministro, que intervenía por completo su soberanía. Esa dualidad se repetía en cascada en todos los ámbitos: siempre una autoridad local para la galería, pero, a modo de sombra, un equivalente español. A veces en colaboración real. A veces, en un paripé de equilibrio. Así se trenzaba la *hermandad* por arriba.

En cuanto a por abajo, la *hermandad* se aseguraba sola. Hay una expresión que lo dice sin falta de mucho más: *bu ruqaa*, «los de los remiendos». Así se llamaba en dariya a otra parte de la población española, esa que probablemente a sí misma se llamase no tanto *colonizadora* como *emigrante*. Más allá de la fuerte presencia militar, los españoles que acudían al protectorado eran a menudo obreros, agricultores, artesanos, pequeños comerciantes que vivían en condiciones muy similares a la población local. Esa idea de la *colonización de pobres* sigue siendo, de hecho, uno de los puntales que sostienen aún hoy la idea de la excepcionalidad de la empresa colonial española.

Estas relaciones se reflejaban también en la estructura urbana. Si los franceses se aislaron a sí mismos construyéndoles a las ciudades ensanches solo para su uso, en la zona norte muchos de los inmigrantes españoles se instalaron en las medinas y los barrios populares, donde convivían con la población musulmana. La diferencia de costumbres también se respetaba, dentro de un orden: se permitían mantener los modos de vida y las tradiciones religiosas y socioculturales, aunque al fondo no dejaba de latir la idea inicial de que los *hermanos* eran, en todo caso, *hermanos pequeños*. Al fin y al cabo, *permitir* algo no deja de ser también subirse a un escalón desde el que se mira por encima del hombro.

Para todo lo demás, escuelas y cuarteles, cuarteles y escuelas.

Durante la dictadura, se volvió a otorgar una mayor centralidad al Ejército, pero esto se hizo en general en todo el territorio español. Aunque el protectorado no volvió al estado de guerra, la presencia militar era enorme: una media de dos soldados por kilómetro cuadrado, es decir, uno por cada veintena de habitantes.

Muchos de ellos eran marroquíes, y la integración de militares de ambas nacionalidades es uno de los argumentos usados para respaldar la idea de la *hermandad*, en este caso por la vía de ser compañeros de armas.

En cuanto a los compañeros de pupitre, en un primer momento, España creó escuelas sobre todo para las familias de militares y funcionarios. Pero esas aulas se abrieron pronto también a determinadas capas de la población marroquí con un objetivo más cercano a la propaganda: crear una élite local hispanófona que pudiera tomar las riendas si llegaba la independencia, tanto en las ciudades como en el campo. El modelo era de segregación educativa: a cada comunidad nacional/religiosa y a cada clase social le correspondía un espacio diferente.

Aunque, en general, el modelo educativo colonial en el protectorado español no se puede considerar un éxito. La escolarización alcanzó apenas el 8 %, y no se logró del todo la formación de esa élite afín que era el principal objetivo de este empeño. Al no conseguirlo, tras la independencia la población del antiguo protectorado español quedó en desventaja frente a la población de formación francófona, que acaparó los puestos de gestión.

Tampoco en lo económico salieron nunca especialmente bien las políticas coloniales. El protectorado marroquí no fue particularmente rentable para España —al menos, en lo colectivo, si recordamos los matices del hermano del señor S.—. Ni tenía materias primas de especial interés para las industrias de la metrópolis ni ofrecía un mercado muy boyante en el que colocar productos. La colonia servía sobre todo —además de para satisfacer el interés personal de algunos— a efectos simbólicos.

Y también para seguir teniendo piezas que jugar en el tablero del mundo. A partir de 1947, la España franquista quedó aislada en términos internacionales. Sus amigos europeos habían sido derrotados no solo en lo militar: se abría un nuevo tiempo en el que el totalitarismo y el fascismo ya no podían dejarse ver sin máscara. Mirando a su alrededor, el régimen encontró tres ámbitos en los que buscar amigos nuevos. Uno venía de largo: Hispanoamérica. Otro venía al caso: el Vaticano. El tercero igual no era tan fácil verlo venir: Franco iba a encontrar algunos de sus mejores aliados en los países árabes y musulmanes.

El trabajo diplomático con Damasco y Beirut ardía. Por el Pardo pasaban de visita monarcas de Iraq, de Jordania, de Arabia Saudí: se les llevaba a los toros, a ver bailar sevillanas y de cacería. Una vez más el *pasado común* y la *hermandad hispano-árabe* se usaban como palancas para intentar conseguir el apoyo de todo el sector de países de la Liga Árabe en los organismos internacionales. A cambio, Franco ofrecía el suyo en lo relativo a... Palestina.

Desde luego, hacerlo manteniendo al mismo tiempo Marruecos bajo la pata de la colonización era una contradicción que requería sus buenos malabares.

Pero es que esas bolas ya llevaban mucho tiempo en el aire.

[La baraka de Franco]

Dos estampas.

La primera: el 2 de abril de 1937, en plena guerra, una mañana de sol, un barco llamado Mogreb al Aksa atraca —remontado el Guadalquivir— en el puerto de Sevilla. Lleva a bordo a mil doscientos peregrinos que vienen de La Meca. La ciudad se ha preparado para recibirlos. En el alcázar los espera el propio Franco: al fin y al cabo, es él quien ha organizado ese viaje. La expedición salió de Ceuta un par de meses antes, escoltada por dos de los mejores cruceros de la flota golpista, y ha recorrido los principales puertos de la costa sur del Mediterráneo contando a musulmanes de todos los países que ese buque lo ha fletado el *Gobierno* español. Ahora, como en un segundo tributo, llega al antiguo Alándalus. La gente habla de «los peregrinos de Franco». Pero estos «peregrinos de Franco» rezan diciendo *allahu akbar.*

La segunda: otra mañana, esta de algún momento de 1950. Un fotógrafo entra en un aula de una escuela de Tetuán. Dispone sus enseres. Alumnos y profesor preparan la escena. Ante los pupitres de madera en que sus aplicados compañeros siguen la lectura en libros pequeños, de papel finísimo, un joven en traje la guía en voz alta bajo la atenta mirada de un hombre con bigote y sombrero de ala. Estamos en el Instituto Maimónides, donde se forma a profesores, jueces y notarios de acuerdo a la ley judía. El fotógrafo hace clic. En la pared, sobre una pizarra con la lección escrita en hebreo, cuelgan un retrato de Franco y otro del jalifa.

Ambas historias o imágenes se las ha encontrado en sus investigaciones el académico estadounidense Eric Calderwood, autor de un libro que se ha traducido al castellano bajo el título de *Al Ándalus en Marruecos*, y que bucea como pocos en algunas de las contradicciones de esta historia.

En términos generales, los ejes de identidad del franquismo se articulaban en torno al nacionalcatolicismo. Pero, en el protectorado, la relación con la religión se va a regir por reglas muy distintas a las de la península. Era, evidentemente, un elemento fundamental en el juego de semejanzas y diferencias que articulaba el relato de la *hermandad*, y como tal fue puesta sobre la mesa.

La del invierno de 1937 no fue la única peregrinación a La Meca que organizó Franco. Habría otras en los años sucesivos —aunque se pararon durante la Segunda Guerra Mundial, la última tuvo lugar en 1949, ya en avión—. Y es que este viaje era la cara b del que hacían los miles de soldados reclutados para las *tropas moras*: si los marroquíes pobres venían para morir en las batallas, sus élites lo hacían para ser recibidas en el Alcázar con un gran banquete, ver corridas y tablaos organizados en su honor, y levantar el brazo a la manera fascista para saludar. «En distintas ocasiones he dicho, porque me sale del fondo del alma, que los moros son unos caballeros», dijo Queipo de Llano en la radio la noche de la recepción de los peregrinos del 37.

A veces, ambos viajes se cruzaban un momento. En los hospitales, por ejemplo. Los peregrinos visitaron algunos, preparados especialmente para los heridos musulmanes, con comida halal para los enfermos y enfermeras que se paseaban entre las camas como si fueran huríes del paraíso. La comparación no es mía. La sugirió el único cronista de este viaje del que hay constancia —no se conservan tampoco demasiadas fotografías—. Lo cuenta Calderwood también: a bordo del Mogreb al Aksa viajaba Ahmad al-Rahuni, un intelectual marroquí al que el franquismo financió para que escribiera sobre todo esto. Aunque poco conocida, su crónica se convirtió, *de facto*, en la traducción al árabe del ideario del fascismo español y del discurso de lo hispano-árabe. Siguiendo la tradición de las *rihlas* —los relatos de viaje son un género establecido en la literatura árabe— escribió un *Viaje a La Meca* que fue publicado por el Instituto General Franco.

Y es que el otro lugar donde ambos viajes confluyen es en los relatos. Tanto para sumar soldados a la guerra como para sumar apoyos a la diplomacia había que lograr la prestidigitación de conjugar dos credos presentados históricamente como enemigos. Para esto, el monoteísmo llegó al rescate: tener otro dios puede ser malo, pero peor es no tener ninguno. La retórica de «cruzada» y «guerra contra el infiel» se resignificó sin pudor: los infieles eran ahora los comunistas, y la cruzada contra ellos se podía hacer desde cualquier religión.

Contra todo pronóstico, el truco funcionó.

Acompañado, además, de una buena dosis de rumorología: se extendió por el protectorado marroquí la idea de que Franco tenía baraka, una idea entre religiosa y supersticiosa que atribuye a quien la tiene una suerte especial otorgada por la bendición divina. Por lo visto era esta la que había ayudado al dictador a triunfar con el golpe de Estado —además de Nuestra Señora de las Victorias, supongo— y le había salvado de la muerte en unas cuantas batallas y momentos de enfermedad. Quizá también era lo que le ayudaba a ganar quinielas.

Algunos rumores llegaban incluso más lejos, afirmando que el dictador se habría convertido al islam. ¿Por qué si no iba a estar auspiciando la construcción de tantas mezquitas y santuarios en el protectorado? La *hermandad hispano-marroquí* alcanzaba su clímax en esta imaginería del Franco «amigo del islam». Mientras, el secretismo impuesto por el régimen impedía que todo eso llegara a la península, donde interesaba más seguir manteniendo una imagen sin fisuras del «caudillo del nacionalcatolicismo».

Me imagino a la gente comentando esos chismes en la antigua plaza del Feddan, el punto de la ciudad de Tetuán en el que se cruzaban los caminos de los tres barrios. Más allá del arco de la muralla empezaba la medina, feudo de los musulmanes, con sus calles estrechas y sus muros blancos sin ventanas. Hacia el lado contrario, el ensanche, donde las casas españolas abrían a las avenidas sus balconadas y galerías *art déco*. Y bajando hacia el sur, el Mellah, el barrio judío, con sus celosías y sus balcones de reja. Una de las líneas que delimitan este barrio es la calle Luneta, conocida —cómo no— porque en ella estaba la pensión en la que se alojó Sira, la de *El tiempo entre costuras*, en sus primeros días en la ciudad.

En la vida real, otro que tenía su domicilio en esa calle cuando pasaba por Tetuán era, de hecho, Franco.

Sí: el adalid de la lucha contra la conjura judeo-masónica tenía su casa marroquí en la frontera misma del barrio de las sinagogas.

Si la relación con el islam introduce contradicciones en el relato del franquismo, la que mantenía con el judaísmo las redobla. El discurso de la *hermandad hispano-árabe* tenía de hecho un análogo para el caso judío: el llamado *filosefardismo*, que desde finales del siglo XIX desarrolló la idea de revivir los lazos de España con la parte hebrea de su legado y usar esa retórica para reforzar relaciones con las comunidades sefardíes repartidas por el Mediterráneo. La idea era la misma: tras su expulsión de la península, este pueblo habría mantenido viva y a salvo una herencia que daba acceso directo a un pasado glorioso.

En su caso, un elemento de conexión inmediato era el idioma, que los sefardíes habían conservado bajo la particular variante de la jaquetía, «un español antiguo con palabras en hebreo y en árabe», según la definición de la escritora Esther Bendahan. «Nosotros no guardábamos la centenaria llave de una casa de Toledo, ni la de una de Gerona…; sí una medalla de Isabel la Católica de uno de mis bisabuelos, Abraham Israel», escribe también esta autora en *Tetuán*. Es un libro de recuerdos en el que esa nostalgia antigua se va a mezclar con otra reciente: la que sufrirán familias como la suya cuando se vayan al exilio un par de décadas más tarde, después de la independencia de Marruecos y la creación de Israel. Otro poeta judío tetuaní residente ahora en Jerusalén, Moisés Benarroch, remite a algo parecido: «Fue entonces cuando me llamó / por cuarta vez / la lengua española (...) / los recuerdos de la cuna y mi madre / cantándome canciones de guerra / de hace quinientos años / las mismas exactamente las mismas / que cantaban / los soldaditos de las guerras / de Granada y Sevilla».

Pero para esas escrituras faltan aún algunos años. Aún estamos en el tiempo del protectorado, y Moisés y Esther son niños que van a esas escuelas que presiden retratos de Franco y del jalifa. No pueden saber que para entender por qué les dejan estudiar la Torá lo mejor que se puede hacer, como casi siempre, es seguir el rastro del dinero —hola otra vez, hermano del señor S.—.

Si para enmarcar la relación del franquismo con el islam son clave la necesidad de reclutas para la guerra, primero, y la operación diplomática que se quería hacer con los demás países de la región, después; en el caso del judaísmo hay que poner la mirada en lo económico. Desde la guerra de Tetuán, los españoles comienzan a ver a los judíos como posibles aliados, y viceversa: muchos no se oponen a la ocupación y se convierten en protegidos y colaboradores porque les interesa por sus propias rencillas con los musulmanes. Con la llegada de la guerra civil, se hizo más evidente que la comunidad judía, compuesta en general por comerciantes, podía proporcionar buenos ingresos tanto a las arcas del Estado como a las cuentas bancarias particulares de quienes tenían sus negocios allí. Mientras en el conjunto de la península se instalaba el mantra de la «conspiración judeo-masónica», la verdadera conspiración se daba entre la autoridad colonial y unas élites judías que supieron aprovechar su privilegio, justificando su colaboración con el fascismo español en la misma retórica que remontaba la relación a Sefarad.

En 1936, el dinero judío fue crucial para que las primeras operaciones militares de los golpistas salieran adelante. Recibieron un préstamo de novecientos mil francos del Comité de la Comunidad Judía de Tetuán para la compra de aviones. Un judío fue quien más ayuda prestó a Beigbeder a la hora de organizar una recogida de fondos. Otro, que era concesionario de la Shell en la zona, les aseguró que no faltase el abastecimiento de petróleo. Y así sucesivamente.

Eran los mismos días en los que, en la península, *Arriba,* el órgano de expresión de la Falange, llamaba a «perseguir a los judíos, arrasar y prender fuego a sus periódicos, libros y material de propaganda»; y los medios generalistas se hacían eco de las razias que seguían en pueblos y en barrios esas proclamas. También en el protectorado muchos judíos fueron arrestados, multados, fusilados o recluidos en campos de concentración en el primer tiempo de la guerra. Pero no hay que dejarse confundir por los apellidos: en muchos casos, su problema no fue ser judíos, sino republicanos —o sospechosos de serlo—. Aunque también se reportaron en diversas ciudades persecuciones y actos de represión que sí tocaban directamente a lo religioso, entre ellos confiscaciones de bienes que figurarían en los documentos oficiales como donaciones. No es fácil separar el grano de la paja, las motivaciones de los resultados, la fe del dinero.

Otro episodio aparentemente misterioso que se entiende mejor tirando de la relación colonial: en 1943, una orden directa de Franco permitió que unos treinta y cinco mil judíos sefardíes fueran sacados de campos de concentración alemanes. De allí fueron trasladados a Marruecos en virtud de una ley emitida durante el tiempo de Primo de Rivera por la cual se consideraba ciudadanos españoles a los judíos residentes en el protectorado. La cara b muestra sin embargo, una vez más, que se hacía con la boca pequeña: su paso por España se hizo de manera completamente oculta a la opinión pública. «Como la luz por el cristal, sin dejar rastro», según decía un documento confidencial del general Gómez-Jordana, entonces ministro de Asuntos Exteriores. Probablemente porque hasta hacía bien poco la opción había sido más bien devolver a la Gestapo a los judíos que intentaban cruzar los Pirineos.

Con un Marruecos ya independiente, entre 1960 y 1963, la conexión filosefardí volvería a activarse: la administración franquista colaboró con el Mosad para ayudar a siete mil judíos a salir de Marruecos hacia Israel. De nuevo, clandestinamente.

Con este tipo de operaciones y estrategias, el franquismo colonial logró ser «amigo del islam» a la vez que «salvador de los judíos», todo ello sin perder un ápice de su aura de pureza nacionalcatólica. Estampas como las del barco y la escuela ayudaban a sostener una idea de buena convivencia que resonaba al legado mítico de las tres culturas, al soñado Alándalus. Pero cuidado: lo que latía por debajo no era sino el andamiaje de un sistema que no se basaba tanto en un verdadero respeto como en un cruce de intereses.

Al fin y al cabo, parece que el juego de trileros de todas estas ideas contradictorias acababa saliendo siempre a favor de la banca.

Sería cosa de la baraka de Franco.

[Con R de patriarcado]

En marzo de 1946, María no recibió carta. En un papel en cuyo encabezado había dibujado una pequeña cruz, escribió:

> Mi amadísimo Ben Alí:
> Desde mi querida tierra te escribo… ¿Tendré ahora más suerte? Siempre te recuerdo con cariño y sigo siéndote fiel.
> ¿No te conmueven mis cartas? No te creí tan insensible al amor…
> (…) Espero con ansiedad tus noticias. ¡Ah, si tuviese carta tuya como me regocijaría y te colmaría de bendiciones mi corazón…!

Bulger Mohamed estaba igual. En noviembre del año anterior, en un folio timbrado con una foto del parque de Tetuán, había escrito:

> Apreciable amiga Srta Juanita:
> (…) Te hi escrito la primera carta y la sigunda y no he recebido ninguna contistación tuya no sé lo que pasa, no se se es por causa de sobre y papel que no se encuentra en (esa) o por sellos o por voluntad
> Y lo único que pido es que me contestes para saber como estáis
> si estais bien o estais mal pero yo lo quiero es que estais bien.

No culpéis a Juanita ni a Ben Alí. No era cosa de *ghosting*, por más que a sus tristes amantes se lo pareciera. Las cartas habían sido escritas, quizá, con las mismas ansias que estas suyas. Que, por lo demás, tampoco iban a llegar. Las iban a encontrar, más de medio siglo más tarde, los investigadores Josep Lluís Mateo Dieste y Nieves Muriel en las cajas del archivo de la Delegación de Asuntos Indígenas, que está en Alcalá de Henares. Concretamente, dentro de carpetas marcadas con una R.

R de «Rarezas».

En un libro deliciosamente titulado *A mi querido Abdelaziz... de tu Conchita*, estos autores explican que es así, como rarezas, como consideraban las autoridades coloniales a las relaciones afectivas entre mujeres españolas y hombres marroquíes —otras carpetas con esa misma señal eran las referidas a «pederastia» y a «invertidos»—. Y como las rarezas no eran algo que al franquismo le apeteciese consentir, entre 1936 y 1956 la DAI estuvo capacitada para actuar de oficio cada vez que sospechase de la existencia de una relación de este tipo. Actuar de oficio significaba controlar sus pasos e intervenir, en caso necesario, para poner fin al romance. Confiscando las cartas a mitad de camino, por ejemplo.

Era muy lógico que esas relaciones se dieran por la convivencia en la zona —no tan feliz para los amantes sin respuesta—, pero también a raíz del desplazamiento de las tropas marroquíes para participar en la guerra civil: soldaditos que volvían con una novia española conocida en el frente de Burgos o en el de Málaga o en el de Madrid. Pero permitirlas no era algo que entrase en los planes. Toda la retórica de la *hermandad* tenía un límite: nosotras. Las mujeres. Diferenciar a *las suyas* de *las nuestras* sí que era una frontera que no se podía saltar.

El mestizaje, que había sido un elemento clave en las políticas coloniales españolas y criollas en Latinoamérica, no se va a dar en el protectorado. Las relaciones amorosas entre comunidades recibían la reprobación de ambas partes: se trataba de proteger a las mujeres propias de los hombres del otro lado, a los que cada bando presentaba como amenaza. A partir de ahí, ciertas diferencias: desde el punto de vista de las autoridades, la relación entre un musulmán y una cristiana se consideraba una aberración equiparable a una violación; mientras que la opuesta podía llegar a justificarse como «consecuencia natural del hecho colonial». Lo que de ningún modo podía permitirse, en cualquier caso, era el matrimonio, que de producirse difuminaría demasiado las barreras invisibles entre comunidades.

En el margen de las cartas confiscadas, los funcionarios de la censura hacían anotaciones entre cuyas líneas se puede entender hasta qué punto esta parte aparentemente anecdótica de la normativa revela en realidad algunas de las grandes contradicciones y fisuras del sistema colonial. El trasfondo racista y cargado de resentimientos que subyacía a los discursos bienintencionados aflora en comentarios como: «Esta quiere que le hagan un morito». O: «Sin duda las relaciones con el musulmán habrán sido de mero pasatiempo». O: «Estima esta sección que es llegado el momento de poner coto a los desmanes del citado Yelul, aplicándole severas medidas y encajándolo en el sitio que por su moralidad y su insignificancia le corresponde».

Básicamente, no es tolerable que el hermano menor le robe la novia al primogénito. Las potencias coloniales consideraron siempre los cuerpos de las mujeres un trasunto del territorio nacional: su seducción era una mancha en el honor de la propia patria.

En paralelo, la situación de las mujeres de la sociedad colonizada funcionaba —en este y en casi todos los casos— como «barómetro de la civilización» y como elemento legitimador de la intervención colonial. (Hasta nuestros días, el *pinkwashing* sirve para justificar intervenciones políticas y militares en los países musulmanes). En el caso del protectorado, la opresión de las mujeres marroquíes era uno de los argumentos más utilizados para justificar la necesidad de una misión civilizadora. En síntesis, la representación de la mujer marroquí en el discurso colonial es una idealización orientalista, marcada por la sensualidad o incluso la lujuria. Y por el misterio: como en la parte de las mujeres de las casas musulmanas ningún español había podido entrar, proliferan las descripciones palaciegas, suntuosas. Es el mito del harén, que se situaba como opuesto al matrimonio occidental, centrado en la reproducción y con las mujeres como seres angelicales y ajenos al placer. La otra representación posible era la opuesta: la del «animal de carga», aplicable a las mujeres de clases populares, a las que se veía por las calles realizando oficios penosos.

No es que las opresiones no existiesen. Naturalmente que sí. No todo era imaginación orientalista: el contexto colonial también permitió conocer casos de mujeres que se refugiaban en Melilla huyendo de matrimonios impuestos o diversas formas de violencia, o que buscaban —no siempre con éxito— la protección de las autoridades españolas. Pero, fuera o no el caso, se trataba de mujeres a las que se victimizaba de antemano, entendiéndolas como sometidas a una opresión que, de paso, podía convertirse muy fácilmente en metáfora de la de todo su país.

Y, por otro lado, esas voces que presentaban al mundo musulmán como una gran cárcel de mujeres por liberar eran las mismas que, en España, se oponían a los intentos de sus conciudadanas por ganar espacios de libertad. La idea franquista de lo que debía ser una mujer venía marcada por la Sección Femenina, que defendía la femineidad abnegada de esposas y madres que aceptasen su sumisión, y quienes se alejaban de ese modelo sufrían las consecuencias.

En cuanto a las mujeres españolas que vivieron en Marruecos durante la época colonial, no hay muchos testimonios —no eran ellas quienes contaban las historias al volver a casa— pero se pueden esbozar algunas categorías. Por un lado, estaban las que formaban parte de las élites coloniales por proceder de familias de funcionarios civiles y militares. Por otro, las que integraban los contingentes de emigrantes que se asentaron progresivamente en el país y cuya situación económica era muy parecida a la de la sociedad marroquí. Más en los márgenes aún estaban algunas mujeres de origen muy humilde que desempeñaban distintas tareas en el entorno del Ejército, como las cantineras.

Fuera de estas categorías estaban, por otro lado, las mujeres situadas en los márgenes de la propia sociedad marroquí. Por un lado, las judías, que no despertaban esa misma atracción ambivalente que los supuestos harenes: lejos del estereotipo de sensualidad, a ellas se las pintaba como beldades muertas, mujeres frías movidas por intereses materiales. Por otro, las esclavas, en su mayoría negras, que a finales del XIX y aun comienzos del XX todavía se vendían en público para trabajar como sirvientas en casas marroquíes.

Y más en la periferia todavía, fuera de todo el paisaje de las relaciones explicitadas y reguladas, otros dos fenómenos en los que la cuestión del género se entrelaza con la acción colonial: la prostitución y las violaciones de guerra.

La prostitución existía antes de la colonización, pero se incrementó de manera notable con la llegada masiva de tropas, como es habitual en los contextos bélicos. El comercio sexual implicaba a mujeres marroquíes, españolas y de terceros países, en un sistema establecido de prostíbulos que se intentaban regular, aunque no para el bienestar de las mujeres, por supuesto, sino más bien para controlar cuestiones sanitarias y posibles conflictos.

En cuanto a las violaciones, en tiempo de guerra eran un elemento más del botín. Una encuesta llevada a cabo entre trescientas personas en el Rif en 1979 dice que jamás hubo violaciones en las guerras de la zona, algo que contradice a otros testimonios y levanta la pregunta de si el silencio es por inexistencia, por honor, por miedo, por vergüenza. A la inversa, las agresiones sexuales serán un tema recurrente también en relación con las *tropas moras*, a través del estereotipo —basado sin duda en hechos—

de los «moros violadores», que se convertiría en una de las mayores herramientas de pánico durante la guerra civil.

Por último, las relaciones homosexuales —masculinas; las que se dieran entre mujeres eran directamente invisibles e innombrables— también fueron perseguidas, incluso si ambas partes eran españolas. Claro que, en este caso, la situación no era tan diferente de la que se vivía en la España peninsular. Aunque con algunas particularidades. Un documento de octubre de 1945 recomendaba la «expulsión de los invertidos para los que Marruecos es un paraíso y por ello afluyen o permanecen en la zona sin ninguna razón que lo justifique». De nuevo el atributo de la lujuria, aquí en versión masculina, presentando la voluptuosidad y la depredación como características de los hombres marroquíes. Una vez más, las proyecciones orientalistas y las penurias de la realidad material tienen sus puntos de convergencia: lo que sí existía era un mercado sexual para los españoles que buscaban y encontraban en Marruecos la posibilidad de mantener relaciones con hombres, e incluso con niños.

R de «raseros dobles».

La acción colonial lleva siempre de una mano al capitalismo, y de la otra al patriarcado. Es algo que va más allá de las prácticas concretas, de cómo se articulen en cada caso las políticas relativas al género, a la familia, a la situación de las mujeres o a la regulación de los afectos. Está en el ADN de la dominación, y en su representación simbólica.

Cuando los colonizadores piensan en el país colonizado, la primera metáfora, la más inmediata que se les viene a la cabeza, es la de una mujer sometida.

[La placita de los esclavos]

En lo que te contaba en las páginas anteriores, no sé si habrás pasado por alto una palabra: *esclavas*.

En principio, en España, la esclavitud fue abolida en 1837. Pero esto solo aplicaba al territorio metropolitano. Durante el último tercio de siglo, su desaparición se fue extendiendo por lo que quedaba de las colonias americanas. Pero iba a reaparecer, como otro de esos fantasmas de las cosas mal resueltas, al llegar a las de África.

En el Marruecos del siglo XIX y principios del XX, la esclavitud existía. Personas —en su mayoría de origen subsahariano— que habían llegado a esa condición de las maneras más diversas (desde el botín de guerra hasta la compraventa o el regalo) seguían en ella como soldados del sultán, como trabajadores agrícolas o —sobre todo— como trabajadoras domésticas. Ellas eran quienes se ocupaban de las labores de las casas de las élites aliadas de los españoles, y hasta de la crianza de sus hijos.

En 1921, el Gobierno español fue instado por la Sociedad de Naciones a acabar con la esclavitud en Marruecos, pero, en esto también, en la práctica las autoridades españolas hacían la vista gorda.

Mira, Laura —me dice K. al pasar por una pequeña plaza triangular, una de esas que quedan casi escondidas en el callejeo de la medina—. *Esta es la placita de los esclavos. Aquí es donde se compraban.*

Estamos muy muy cerca de la casa del señor S.

Que está tan tan cerca del Palacio Real.

Antes casa del alto comisario, ya sabes.

[Lengua madrastra]

Cuando ya me quedaba poco para irme de la ciudad, me invitaron a dar una lectura de poesía en la universidad. La Universidad Abdelmalek Essaâdi de Tetuán está a las afueras, cerca de los pueblos con mar, y la manera más sencilla de llegar es en taxi colectivo. Mientras espero a que se llene para que podamos salir, me pregunto cómo hace la gente para no llegar tarde a clase todos los días.

Entre los edificios de la Facultad de Letras despampanan los hibiscos y las rosas y pasea tranquilamente un alumnado parsimonioso. Allí me espera N., profesora de literatura en castellano, y poeta también. Mientras esperamos a que el aula se vaya llenando —no debía de ir tan desencaminada mi duda del taxi—, me cuenta que en este trimestre tiene que enseñar medieval.

—¿Qué leeréis? —pregunto.

Empezarán por las jarchas. Luego, romances.

—Y el *Cantar de mio Cid*, por supuesto —me explica.

Ese «por supuesto» contrasta, en mi cabeza, con el hecho de que esos cantos vayan, básicamente, de matar *moros*. Pero N. me sigue contando. En su tesis estudió la influencia morisca en Cervantes y la presencia de este tema en el Quijote. Reivindica que la cuestión tendría que tener cabida en el programa educativo, al menos en la universidad.

—Una asignatura sobre la presencia de lo árabe en la literatura española —pide—. ¿No estaría bien?

A lo largo del día, N. sigue desgranando pedacitos de su vida. Es poco mayor que yo, es decir, solo ha conocido el Marruecos independiente. Sin embargo, toda su educación fue en castellano. La historia empieza con un abuelo que tuvo contacto con los españoles en la época colonial y mandó a sus hijos más pequeños a la escuela que estos habían fundado en la ciudad de Tetuán. Desde entonces, la familia se mantuvo en esa estela.

N. se ha casado recientemente, aún no tiene hijos, pero no duda que, cuando lleguen, también los mandará ahí. Nos cuenta que, de hecho, con su marido habla en castellano, aunque para él no es una lengua tan cómoda. Se conocieron virtualmente, y él tiraba de Google Translate para poder seguir el ritmo de la conversación. «No quería perderte», cuenta, coqueta, que le dijo. Y parece que no se equivocaba en la preocupación:

—Es mi lengua de expresión, ¿cómo podría tener una relación con alguien que no la hable?

Le pregunto si el español era también la lengua de su familia, la que hablaba con sus padres. Me explica que no, que ellos se manejan un poco en castellano, pero que en casa hablaban en dariya. Y me cuenta una anécdota: los horarios de comida del hogar donde creció eran los españoles, precisamente a causa de la escuela. En la suya salían a las dos de la tarde, mientras que los colegios marroquíes hacían una pausa de doce a dos, por las horas de rezo. De maneras así de sutiles se tejen las diferencias en un barrio, en una calle, entre las vidas.

Escuchando a N., pienso en cómo define el escritor ceutí Ahmed Ararou lo que es el castellano para él, que también lo ha elegido como idioma de expresión: una *lengua madrastra*. Un lazo que no es de sangre, pero sí de familia.

Hay otra imagen familiar que también le sirve a Ararou para ahondar en las ambivalencias de su relación con la lengua española. Cuenta cómo su amigo Batiji situaba su primera relación con el castellano en las «merecidas patizurras» de su padre, que se sucedían sin que dijese nada en árabe, pero cargadas de improperios en castellano. Así, en lo que resulta difícil no leer como una analogía cruda de una memoria más amplia, Batiji «decretó que la patada era la forma más desesperada de expresar el cariño paterno».

La cuestión de la lengua es otro de los grandes clásicos de la reflexión poscolonial. Evidentemente. Como explicó Audre Lorde, pensar en el idioma de la dominación es intentar desmontar la casa del amo con las herramientas de la casa del amo. Lo que pasa es que el tema no se resuelve de manera tan unívoca. Los martillos del amo pueden efectivamente echar abajo varias paredes de la casa del amo, y sus alicates sacarle unas cuantas puertas de los goznes. Por eso, el debate lleva mucho tiempo abierto y sin resolver, adaptado a los muy distintos contextos lingüísticos de cada país en el tiempo post-colonial.

En el caso de Marruecos, la reflexión se ha hecho sobre todo en relación con el francés, que siguió siendo después de la independencia una lengua fundamental en la vida pública del país, junto con el árabe. Los escritores que optaron por esta lengua de expresión —fuera por elección estratégica o por incapacidad de emplear el árabe al nivel que exigía un desempeño literario—, recurrieron a diferentes herramientas y mecanismos para habitarla de una manera fértil: desde las posturas más pragmáticas de una primera generación que aprovechaba para hacer llegar a la metrópoli sus «cuadernos de quejas» hasta los experimentos de vanguardia de quienes intentaban una «guerrilla» dentro del idioma o las reapropiaciones más políticas que tenían por referente movimientos como el de la Negritud.

Pero el caso del español no es para nada análogo. A duras penas logró imponerse como lengua ni siquiera durante el protectorado. La escolarización consiguió que se extendiera hasta cierto punto, pero su uso estaba lejos de ser generalizado. Además, aunque se pudiera utilizar para la comunicación cotidiana, el castellano no tenía en el imaginario popular un estatus tan establecido como lengua de cultura como el francés. Por otro lado, los marroquíes que tenían acceso a la escritura eran unos pocos privilegiados. Con el acceso a los entornos culturales pasaba tres cuartos de lo mismo. El mercado editorial español, precario en sí mismo, quedaba reservado a los escritores metropolitanos, por lo que muchas obras de este periodo ni siquiera llegan a ser editadas. Quienes escribían en castellano solo tenían la opción de los periódicos y revistas locales. Creadas, claro, por la administración colonial, lo que da lugar a su vez a unas condiciones muy determinadas. No nos vamos a encontrar entre los escritores marroquíes en castellano el carácter combativo de los autores anticoloniales de la Francofonía o la Commonwealth. En consonancia con todo lo que venimos explorando en este libro, su tono es otro, más cercano a un retrato costumbrista de un tiempo que, en cierto sentido, incluso se añora.

Dos de esas revistas de los comienzos son también fantasmas honorables de la ciudad. Se trata de *Al Motamid* y *Ketama*, fundadas respectivamente por los escritores españoles Trina Mercader y Jacinto López Gorgé. Trina llegó a Larache en 1936. Pronto formó parte del entorno cultural de la ciudad: conciertos, conferencias, exposiciones, destinados siempre a la población española desplazada. Impulsados por la administración colonial, este tipo de actos también eran un modo de que la metrópolis se pavonease ante el país colonizado, alardeando de una «superioridad cultural» cuyas puertas de acceso custodiaba con celo. «Esta situación artificial, producto del comportamiento político, daba lugar a un desprecio mutuo, que por ser mutuo nos equilibraba», recuerda en sus memorias. Por eso creó *Al Motamid*, como un espacio de creación y difusión de una cultura que sí apostase por el encuentro. En 1952, se trasladó a Tetuán, donde conoció a algunos de los jóvenes escritores de la ciudad, como Mohamed ibn Azzuz Hakim, Mohamed Bouanani y Mohamed Sabbag, que se incorporaron al proyecto. La aventura de *Al Motamid* terminó en 1956, próxima ya la independencia, con treinta y tres números publicados.

Tres años antes se había creado, también en Tetuán, la que estaba destinada a continuar su empeño durante algunos años más: *Ketama*. Esta nació de la insistencia del entonces profesor Jacinto López Gorgé, que llevaba años intentando que la Delegación de Asuntos Indígenas le autorizase a crear una nueva publicación. Lo consiguió cuando se fundó *Tamuda*, una revista científica destinada a recoger trabajos sobre distintos aspectos del propio protectorado: aceptaron la propuesta de un suplemento literario bilingüe, siempre y cuando fuese un espacio «de pura creación». Es decir: que no se metiera en líos.

Lo cumplió a medias. Por la parte española se atrevía con colaboradores muy alejados de los que a la administración franquista más le podían gustar: en ella se publicaron textos de Vicente Aleixandre, Juan Ramón Jiménez, Miguel Hernández, José Hierro, Gerardo Diego, Ángela Figuera Aymerich o Carmen Conde. En cuanto a la contribución de autores marroquíes, eran comparativamente pocos, pero fue en sus páginas donde encontraron un lugar los que se consideran los primeros textos de la literatura marroquí de expresión española.

Ambas revistas se presentaban como *hispano-marroquíes*, dentro del marco ya conocido de la *hermandad*. A la administración colonial esto no le molestaba: le venía hasta bien. Era otra manera de crear los lazos culturales que, a su vez, facilitaban el asentamiento español en Marruecos, al generar un sentimiento de pertenencia y de afecto —dentro de la excepcionalidad de las oportunidades— para autores y lectores. Otra iniciativa en este mismo sentido fue la creación en 1953 de los premios literarios «Marruecos» y «Al-Magrib». Claro que estos incorporaban una distinción reveladora: al primero podían presentarse los españoles residentes en el protectorado; al segundo, los marroquíes. Quizá se admitía que los «protegidos» pudieran escribir en español, pero, como mínimo, en otra categoría.

Entre estas primeras tentativas de literatura en español durante el protectorado y la consolidación de esta corriente iba a pasar casi medio siglo. Si no se había desarrollado una línea de escritura anticolonial en esta lengua, tampoco hubo un empuje mayor durante los años de la construcción nacional, en la que no tuvo ningún protagonismo. De hecho, más bien se vio relegada hasta su práctica desaparición. Y es que, en la zona norte del protectorado, la llegada del Marruecos independiente tuvo consecuencias paradójicas. La construcción nacional posterior a la independencia supuso la imposición de una lengua metropolitana, el francés, con la que no habían tenido contacto durante la etapa colonial. Así, más que descolonización, en lo lingüístico esta población sufrió una nueva y extemporánea imposición —la del francés, pero también la del árabe, en tanto las lenguas locales más extendidas eran las amazig—. En la nueva etapa, la zona se quedaba rezagada en un país que se estaba construyendo en idiomas y códigos que no les eran familiares.

En ese panorama, el castellano va a adquirir connotaciones de afecto, de resistencia, de diferenciación. Es sobre todo por eso por lo que algunos autores y autoras marroquíes la eligen aún hoy para su expresión literaria. Y por eso, también, la relación que reflejan con ella y con la historia a la que remite es diferente a la de los francófonos o angloparlantes, siempre más beligerante. Los autores marroquíes en castellano hablan de su lengua madrastra en un tono que tiene algo de reivindicación y algo de tristeza.

Es el caso de N., y de su tío, A., que es quien me la ha presentado. A. también es poeta, lo conocí hace unos años en un encuentro literario en Estrasburgo. Lo recuerdo bien porque aprovechó su recital en una pequeña librería para decir que lo dejaba. Que dejaba de escribir, vaya. Porque sentía que nadie le hacía ningún caso, ni en una parte ni en otra. Él, defensor incansable de la lengua española y de sus autores y de sus herencias, se sentía abandonado. Y eso que es un gran entusiasta. Estudioso también de Cervantes, ha montado en Tetuán una ruta para recorrer los lugares de la ciudad que se mencionan en sus obras —doce en total, algunos de ellos imaginarios—. Es un enamorado del castellano, que usa con exquisitez y precisión; y un activo defensor de su uso literario entre los autores marroquíes contemporáneos.

No es el único. Pese al abandono institucional y el cambio de hegemonías lingüísticas, algunos de los autores que habían empezado a escribir en castellano durante la época colonial lo siguieron haciendo después. Otros, más allá de escribir, centraron su esfuerzo también en crear departamentos de Lengua y Literatura Española en las universidades. En ellos empezaron a aparecer, más de treinta años después de la independencia, nuevos autores que utilizan la lengua de la que había sido la metrópolis de su país. Alimentado por los estudios académicos más que por un público lector propiamente dicho, irá naciendo así un pequeño fenómeno literario en el que revive, de una manera peculiar y tardía, la vieja y conocida idea de lo *hispano-marroquí*.

Pero si digo: Mohamed Mamún Taha, Abdelkader Uariachi, Mohamed Chakor, Aziza Bennani, Mohamed Bouissef Rekab, Abdellah Djbilou, Said Jedidi, Mohamed Sibari, Ahmed Sabir, Hossein Bouzineb o Mustafá Adila Karima Toufali, Aziz Tazi, Abderrahman el Fathi, Ahmed Mohamed Mgara, Rachida Gharrafi, Jalil Tribak, Larbi el Harti, Abdul-Latif Jatib, Mohamed Lachiri, Ahmed Daoudi, Mohamed Akalay, Mohamed Toufali..., ¿te suena alguno de esos nombres? ¿Has visto sus obras en alguna librería en Madrid, Barcelona o Sevilla?

En países como Francia o el Reino Unido, los autores de las antiguas colonias que optaron por escribir en la lengua de la metrópolis se han incorporado a sus cánones, son parte de los catálogos de las mayores editoriales, reciben premios, generan conversación.

En España, no.

Esta madrastra se parece un poco a las de los cuentos.

Y eso pese a que Marruecos es el lugar del mundo donde más ha invertido el Gobierno español en la difusión de la lengua. En la actualidad, existen diez centros de enseñanza españoles en diversas ciudades de todo el país, que funcionan con independencia del sistema educativo oficial y sirven también como nodo de difusión de la cultura y la lengua. Marruecos es también el país donde el Instituto Cervantes tiene más centros, siete en total. En el sistema educativo marroquí, el español, como lengua extranjera, se imparte en los tres niveles de secundaria, y algunos institutos ofrecen una especialidad en este idioma.

Tal vez por eso, y pese a la frustración de sus mayores, hay también jóvenes marroquíes que han recogido el testigo y siguen optando por escribir en español. Una noche estamos tomando té en la plaza Mechuar. En los cafés que la rodean —locales diminutos que se despliegan en enormes terrazas destartaladas—, lo que se hace, sobre todo, es jugar al parchís. Los tés a la menta descansan en una especie de ganchos metálicos para que las manos queden libres para lanzar dados y recorrer tableros a toda velocidad. Ese día, Y. ha vapuleado a D., un joven estudiante gaditano de intercambio al que da clases informales de árabe. Jugando cada uno con dos colores, han acabado la partida en un momento y con claro triunfo del jugador local. Encadenan cigarro con cigarro.

Un rato después llega otro Y., el escritor. Como A. y muchos de sus compañeros de oficio, habla un castellano que, de tan cuidado, resulta casi anacrónico. Sus expresiones inusuales, su sintaxis intrincada. No sé cómo lo hará con el trabajo: es en un call center español deslocalizado. Uno de esos que responden a cualquier hora de cualquier día a llamadas de toda clase: desde borrachos al 112 o pedidos para Burger King. No me lo imagino respondiendo con su vocabulario del Siglo de Oro.

Y. hace turnos de día y de noche: demasiadas horas. Y cuando libra, escribe. Pero estos días tiene un poco más de tiempo: por cometer un error en una de esas llamadas, lo han mandado a casa tres días sin sueldo. Así funciona la cosa.

Aunque en cierto modo le viene hasta bien, porque así podemos celebrar. Hay motivos: acaba de salir su nuevo libro. Es una novela, ambientada en el Marruecos del protectorado, que acaba de publicar en España. En una de esas editoriales que cobran a sus autores. Está ilusionado, pero también impaciente: aún no ha podido ver el libro impreso, solo unas fotos.

La distribuidora, le han explicado, no cruza el Estrecho. Así que los libros están en un almacén de Algeciras hasta que el primo de un amigo, que es transportista, los pueda pasar.

Los imagino allí, dentro de sus cajas en una nave del puerto. Esperando.

Brindar, brindamos, no obstante: un nuevo libro siempre es un nuevo libro.

Se escuchan el almuédano y las cigüeñas, suenan los dados en los cubiletes y las voces de los hombres del café cantan casa y cuántas comen.

Cae, un siglo más, la noche sobre la zona.

TÁNGER

[mitos, nazis y mar al fondo]

[Mirar el mar]

Tras el arco de piedra se abre el mirador. Es Bab el Bahr, la puerta del mar, a la que se llega tras subir las empinadas cuestas de la medina y la casba de Tánger. Un paseo estrecho recorre por fuera el trazado de la muralla como un largo alféizar. Abajo se despliega el puerto nuevo, un mosaico de luces al atardecer. Y allá al fondo, al otro lado, se recorta la costa: sí, eso que se ve en los días despejados es la ciudad de Tarifa.

Hay varios chicos sentados en el murete, un grupo de chicas haciéndose un selfi. Y muchas muchas personas simplemente mirando al mar. No son turistas, o no la mayoría. Mirar al mar es una afición corriente en esta ciudad. No solo desde Bab el Bahr. Se mira al mar cuando baja el calor y la gente se agolpa en la Terraza de los Perezosos, con sus cañones apuntando hacia la otra orilla como en un *por si acaso* de siglos. Se mira al mar desde el Café Hafa, cuya fama hace extenderse cada vez más el emporio de terrazas en las que se sirven té, pasteles y harira con todas las sillas piscineras de plástico orientadas también hacia las mismas vistas. Se mira al mar, con parsimonia de siglos se mira al mar, desde las tumbas fenicias: una explanada en la que familias, pandillas y solitarios dejan pasar la tarde sentados en torno a los huecos tallados en piedra de los antiguos sepulcros. Se mira al mar —ese mismo que separa a Y. de sus libros— desde todas partes, en esta ciudad.

Imagínate cómo será. Estar ahí, día tras día, contemplando un horizonte tan cercano, y que parece ofrecer algo. Imagínate que tienes un amor al otro lado, por ejemplo. O un hermano mayor. O una promesa de posibilidades que has escuchado pasar de boca en boca durante toda tu vida. Parece fácil que esa visión cotidiana, perezosa, paseante, omnipresente, acabe por convertirse en algún modo de obsesión.

Desde el otro lado, claro, se ve el reflejo de esto mismo: también en las costas andaluzas, los días despejados, la gente se pone la mano de visera y mira el mar. Pero no hace falta explicar que los sueños no brillan de igual modo a los dos lados del espejo. No tendría por qué ser así, pero la historia, el ping-pong del poder, los juegos de monedas han ido configurando una diferencia de posibilidades separada por esos pocos kilómetros de agua.

Me han contado que, últimamente, hay más gente joven bajando a echar el rato en la Terraza de los Perezosos.

Porque, desde allí, el Tinder pilla Tarifa.

[Tánger no es Tánger]

Aunque resulta que también yo llevo mucho tiempo mirando ese trozo de mar. Mientras estoy escribiendo este libro, mi amiga A. —otra A. diferente, no con la que paseo cementerios, sino una con la que llevo compartiendo camino cerca de veinte años— hace un hallazgo en una mudanza. Se trata de algo que escribí en mi primer año como estudiante de Periodismo —así es ella, generosa y visionaria albacea de cosas que a las demás ni se nos habría ocurrido que pudiera tener sentido guardar—.

Era 2005, yo tenía dieciocho años y uno de nuestros profesores había organizado un viaje a Marruecos. Años y reflexiones después, me hago muchas preguntas sobre el porqué de aquel periplo que proponía anualmente al alumnado, y que no dejaba de ser un recorrido por la cara más oficial del país. La imagen que sacábamos de él una cincuentena de periodistas del futuro era una muy concreta. Bien jugado. Pero en aquel momento yo no tenía herramientas para pensar nada de todo eso: en aquel momento, yo lo que quería era viajar. Me esmeré en ser una de las elegidas y en la primavera de aquel curso de descubrimientos me vi por fin subida a un ferri que cruzaba el Estrecho.

«Deben quedar unas dos horas para llegar. Me apoyo en la barandilla, miro abajo, al azul siempre inescrutable del asfalto marino». Lo que A. encontró haciendo cajas era el diario de viaje que aquel profesor nos propuso hacer a la vuelta, como trabajo final para su asignatura. «Los barcos se cruzan y, de lejos, los cargueros y los ferris parecen goletas, naos, carabelas, los barcos de cuentos lejanos». Mi escritura es a la vez ingenua y pretenciosa, y me pongo colorada al leerla ahora, desde el futuro. Pero también sonrío al reconocer el asombro radical de aquella persona que llegaba por primera vez a un lugar que —no podía sospecharlo entonces— acabaría por hacérsele tan familiar.

«Para mí, Tánger es aquel primer cuadro de plaza, desierta y escalonada, llenándose poco a poco de gatos y de niños. Las farolas miden cuánta luz darnos para que no se rompa el silencio, los árboles inmóviles alumbran también el misterio». Una de las cosas que más sonrojo me producen en la lectura de esa carta en el tiempo es verme como presa de esa misma fascinación exotizante que, tiempo después, me produce bastante repelús. Pero intento no ser demasiado dura con aquella Laura: al fin y al cabo, Fascinación Problemática podría ser uno de los nombres de Tánger.

Y es que, de algún modo, Tánger no es Tánger. Es otra cosa. Tánger es todo lo que has escuchado de ella antes de ir, un legado de historias, una idea recibida que apenas si deja mirar lo que hay. Tánger es la Casablanca de la película: su espionaje y su glamur. Pero también el profundo desasosiego de *El cielo protector*; las historias de miseria y crimen de los puertos del realismo sucio. «Bowles, Delacroix, Matisse, los fantasmas de todos los que se quedaron a buscar la libertad me saludan, pasan rápido, se levantan el sombrero con un guiño», dice por supuesto aquel diario mío. Pero por más que me dé rabia releerme, ese escrito viejo y primerizo es un buen rastro que seguir para entender lo que casi todos y todas tenemos en mente cuando llegamos a Tánger por primera vez: un mito.

La imagen de excepcionalidad ambivalente que caracteriza a esta ciudad tiene, en un primer momento, los pies plantados en la realidad. La historia de Tánger se desgaja de la del resto del país, en cierto modo, desde su mismo origen. Su posición geográfica en el Estrecho hizo de ella, desde siempre, un enclave estratégico. «La puerta de África» fue, desde antiguo, un cruce de caminos, un centro económico en el que, con el paso de los siglos, distintas poblaciones fueron instalando colonias y legaciones que convivían y comerciaban y peleaban y pleiteaban y construían, con todo ello, una ciudad distinta de otras de la zona, con edificaciones de estilo europeo que contrastaban con las calles estrechas y las puertas de herradura de la ciudad tradicional. Igual que los edificios se mezclaban las costumbres: las formas de vida europeas coexistían puerta con puerta con las de musulmanes y judíos.

Este estatus de capital diplomática oficiosa se institucionalizó en 1923, cuando las potencias firmaron el Estatuto Internacional de Tánger. Francia, España y el Reino Unido primero; y más adelante también Italia, Portugal, Bélgica y los Países Bajos pusieron con este acuerdo negro sobre blanco lo que venía siendo un hecho desde siglos atrás. La gestión de la ciudad, que hasta entonces dependía de las legaciones extranjeras, pasaba a articularse en unas estructuras de gobierno propias, sobrevoladas por una gerencia internacional. Además, se establecían una serie de códigos —civil, de comercio, penal— para regular su normativa. Una estructura política y administrativa inventada *ad hoc* para la gestión de una ciudad cuyo carácter «especial» quedó consignado por ley.

Las particularidades de su sistema, por otra parte, tendían hacia lo liberal en todos los sentidos. Por un lado, Tánger era una suerte de paraíso fiscal, laxa en impuestos y en normas para la actividad económica. Por otro, su estatus neutral la convertía en un espacio privilegiado para encuentros clandestinos y operaciones delicadas de todos los bandos de todos los países. En las costumbres y formas de vida, por último, la manga también era ancha: con tantas culturas y tantas morales viviendo puerta con puerta, los mandatos acababan por diluirse un poco para todas.

Ese es el terreno en el que caen las semillas y la leyenda tangerina empieza a germinar.

«Nos bajamos en una plaza cualquiera de la ciudad vieja para que nos expliquen qué es una casba y qué una medina. Hay una casa en la esquina, blanca sucia, cerrada. Un par de tortuosas callejas más abajo vivió una actriz que ensanchó los límites del empedrado para que pudiera pasar su Rolls Royce». Me sorprende —o no— encontrar esta nota en mi viejo diario porque ese es uno de los paseos que sigo haciendo, veinte años más tarde, cada vez que voy a Tánger. No era una actriz, sin embargo, sino una aristócrata norteamericana llamada Barbara Hutton. Siempre me gusta llevar los pasos hasta el muro de la que fue su mansión, sobre el que aún hoy cuelgan a borbotones las buganvillas.

De Barbara Hutton dicen que sus fiestas eran apoteósicas: que recibía a sus invitados sentada en un trono de oro y luciendo la tiara de esmeraldas de Catalina la Grande. El palacete se llama Sidi Hosni y cuentan también que se lo arrebató a otro posible comprador: Franco. Parece ser que ambos se habían encaprichado de la casa, pero que ella ofreció un millón de pesetas más. Se ve especialmente bien desde las ventanas del Café Baba, otro enclave de la ruta mitómana de la ciudad porque se supone que allí se fumaban sus porros los Rolling Stones.

Cuánto haya de exactitud en estas historias no está muy claro. Pero es así como se riega la leyenda de Tánger.

El contexto de la ciudad internacional atrajo a ella a multitud de personajes de todo tipo: negociantes y contrabandistas, espías y exiliados, vagabundos y vividores, conspiradores y diplomáticos. Tánger tenía algo para todo el mundo. Proliferaron los hoteles, los balnearios, los bares, los casinos. Las fiestas. Las drogas.

Y… los artistas.

Paul y Jane Bowles, Tennessee Williams, Truman Capote, Gertrude Stein, Gore Vidal, Allen Ginsberg, William Burroughs, Ernest Hemingway, Jack Kerouac, Jean Genet, Roland Barthes. El mito de una ciudad libre, abierta, cosmopolita y sin fronteras atrajo a escritores, pintores, músicos, que encontraban allí una luz hermosa y una algarabía estimulante. Es así como se abona la leyenda de Tánger. Sus obras no solo reflejan, sino que *crean* el mito de la ciudad: alguien alimenta la fantasía en una novela, otro llega buscándola, la encuentra, la pinta o la canta o la cuenta, y así la alimenta una vez más.

Cada cual aporta su anhelo y su proyección. La ciudad es fruto de la imaginación colectiva. Incluso la gente hará por parecerse a lo que se espera de ella. Poco importa si el Tánger del mito no existía de antemano: creándose en cada recreación, se hizo real, como en una gran prestidigitación, un truco de magia bien logrado, una magnífica *performance*.

Y hasta hoy. Aún en 2023, casi setenta años después de que la ciudad se incorporase al Marruecos independiente, perdiendo su carácter de internacional y todas sus particularidades en ese sentido, es imposible en Tánger no encontrarse a personajes que parecen seguir viviendo en aquella leyenda y reviviéndola. Escritores, bohemios, soñadores de diverso pelaje que llegan a la ciudad en busca de una fantasía, vestidos para la ocasión. Viajeros de corazón roto o fervorosos buscadores de libertad. En cafés que siguen reproduciendo una escenografía de película, cuentan historias que nunca puedes llegar a saber del todo si son verdad o no.

Es así como sigue floreciendo, ajena al tiempo, la leyenda de Tánger.

Pero pasa una cosa.

En todas esas obras, ¿dónde estaban los tangerinos y tangerinas *de verdad*? ¿Cómo se dibujaban o describían, qué papeles cumplían en ese mundo de fiestas y excesos? ¿Cuál era su ciudad, dentro de la ciudad? Encerrados en hoteles y cafés, los artistas de Tánger apenas se mezclaban con la Tánger que estaba allí antes, con la Tánger marroquí y popular. La rozaban casi solo como una parte más del *atrezzo* de sus fantasías. Aunque, naturalmente, la ciudad seguía haciendo su vida, a su ritmo, en paralelo. Tocada, claro, por la onda expansiva de todo aquello. Pero también, en cierto modo, ajena a su influjo.

También por eso, Tánger no es Tánger. Tampoco ahora. Las guías turísticas y la imagen con la que se vende la ciudad buscan los rastros de la mitomanía, no la realidad contemporánea.

Pero ocurre que la ciudad, pese a todo, se impone. Sigue latiendo, evidentemente, debajo de todas las capas de pintura.

No es solo una opinión, es un rastro que también encuentro en aquel diario de mi primer viaje. Como en un fogonazo genuino, en mitad de tanta idea que traía de casa, escribí:

> El autobús serpentea un rato más tarde por los cerros que rodean la ciudad. Es un barrio de ricos y de turistas. Son chalés, blancos, nuevos, exagerados, me parecen estar imitando ser árabes igual que se imitaría en Marbella o en algún resort alemán; todos tienen inmensas parabólicas que se abren como bocas de altavoces vociferantes, cerniéndose sobre el aire. De pronto, a la derecha y abajo, una explanada de terrazas blancas que relucen con la luz de poniente me pega un grito. Todos nos callamos, miramos atardecer sobre esa primera imagen del país real, sobre la ropa tendida y las gaviotas que planean; mientras se suceden los chalés y el guía cuenta quién vive en ellos. Es en ese momento cuando cruzo la frontera, entro en Marruecos.

No lo sabías bien, Laura del pasado.

No lo sabías bien.

[Hacer su parte]

Conozco a Y. en Madrid, este verano. Bueno, en realidad, la desvirtualizo. Conocerla, la conozco de antes: llevo meses escuchando fielmente su pódcast, que me entusiasma. Se llama *La Guardia Mora*. Su descripción en redes y plataformas dice: «El pódcast que te informa desde la p**a periferia». Sus episodios son conversaciones llenas de humor, pero también de inteligencia, que repasan la historia y la actualidad de las relaciones entre España y Marruecos. Cuando lo descubro, corro a contárselo a A. —la que encuentra cosas en cajas—. «¡Hemos estado haciendo lo mismo todo este tiempo!», celebro, exultante por el encuentro de una hermanita de búsquedas. Ella —que además de albacea visionaria es una tía listísima— me responde: «No. No estáis haciendo lo mismo. Estáis haciendo cada una su parte».

Dentro de las retóricas que hemos heredado para hablar del pasado que nuestros dos países tienen en común hay una expresión que sobrevive como un mantra, colándose hasta inconscientemente en formulaciones de todo tipo: la idea de «memoria compartida». Sin embargo, para compartir algo hay que estar a la misma altura, poder mirarse a los ojos. Si no, «compartir» se convierte, una vez más, en un eufemismo que esconde violencias.

He encontrado una manera más precisa de rondar ese pasado: la idea de «memoria cruzada». Le tomo prestado el término a Miguel Cardina, un investigador de Coimbra que hace también su parte estudiando lo que le toca, a saber, las guerras coloniales de Portugal. Tuve ocasión de entrevistarlo hace unos años y, desde entonces, llevo conmigo su manera de explicarlo: «Tenemos el desafío de descolonizar la memoria, y entendemos que es importante hacerlo en articulación con las memorias del otro lado. Ese es un desafío que lanzar a la memoria pública: investigar las otras memorias, las otras narrativas, el modo en que esas narrativas están hechas de palabras y silencios, están atravesadas por el poder».

El reto, explica y comparto, es atender a la inevitable doble vertiente de la memoria no en un toma y daca de versiones o responsabilidades, sino desde un planteamiento que intente de verdad que del encuentro salga algo nuevo —como en las buenas asambleas, de las que sales con una idea distinta a la que llevabas al llegar—. Buscar genuinamente un modo de pensar que no reproduzca los viejos patrones, sino que integre los distintos vectores de la memoria en una geometría distinta. Uno que entienda que ninguna de las partes es tampoco homogénea y que busque desde esa pluralidad y ese dinamismo puntos desde los que sea posible conversar. Pero entendiendo también que las conversaciones no siempre son ni fáciles ni agradables, y que no se resuelven con concesiones.

En la ciudad de Tánger esas conversaciones están abiertas siempre. La historia común, la posición fronteriza, la cercanía y sus visiones configuran —más allá de las formulaciones interesadas— una identidad con particularidades que también necesita encontrar su nombre. En paralelo a la *tangerinidad* colonial y bohemia del gran mito, cerca de ella, pero también distinta, hay otra que sigue en disputa y en construcción permanente, habitada día a día de manera más consciente o menos por los tangerinos y tangerinas de hoy. Una forma de ser o de estar, una identidad o una idiosincrasia. Hay quienes han intentado condensarla en un nombre, haciendo bandera de esa diferencia difícil de atrapar. Pienso por ejemplo en el poeta Farid Othman-Bentria Ramos, que tituló una antología con el nombre de *Estrecheños*, acuñando un gentilicio posible para quienes, como él, no pueden ni quieren identificarse con una sola orilla.

Unas semanas después de conocerla, visito a Y. en Tánger. Ella vive en Estados Unidos desde hace años, y aprovecha lo más que puede los veranos para hacer acopio de sol y vida social a un lado y al otro del Estrecho de marras. Agradezco profundamente la hospitalidad porque, de su mano, esta ciudad en la que he estado tantas veces se abre en nuevas capas.

Una capa: Y. me cita en un bar del centro al que no he ido nunca. Está cerca de la Terraza de los Perezosos —y de los cañones y del Tinder—, pero algo escondido, como pasa con muchos de los establecimientos que venden alcohol. Hay que subir a la primera planta de un edificio y, una vez allí, pensar un par de veces que te has equivocado, antes de llegar a tu destino. Una primera sala muestra un ambiente que me suena: en Marruecos, en general, en los bares donde se bebe también hay prostitución. Es el caso. Terciopelos y luz baja, botellas de vino. Pero Y. me ha dicho que salga a la terraza, donde, por el contrario, se junta gente joven, activista, cultureta. Aún es temprano para eso, sin embargo. Estoy casi sola. Mientras la espero —viene de hacer trámites en emigración, así que tardará entre una hora e infinitas— me voy desplazando a mesas más esquinadas a medida que los rayos de sol van alcanzando mi lado de la cristalera y los sillones de escay. Imparables goterones de sudor caen desde mi cabeza a las páginas del libro que intento leer. Es *Mujeres en ruta. La emancipación a través del viaje*, de Lucie Azema. «Mientras los hombres cuentan aventuras que nunca vivieron, las mujeres viven aventuras que nunca relatarán», subrayo. Luego hago una foto con esa página en primer plano y, de fondo, un botellín, un cenicero de cristal grueso a rombos y una tapa de pescadilla rebozada —perejil, un gajo de limón—. No llego a subirla a Instagram: Y. aparece dando la vuelta a la esquina de la terracilla, quitándose las gafas de sol con una gran sonrisa. «¡Estás en Tánger, prima, qué fuerte!». Pasa la tarde y, a medida que nos ponemos al día, botellín a botellín llegamos hasta la ronda final de las tapitas con las que los acompañan. La última es algo que solo en ese sitio he visto poner para acompañar a la bebida: fruta.

Otra capa: interior, noche. No soy la única que ha llegado a la ciudad en esos días. Hay otros amigos de Y. por allí, así que, para juntarnos y presentarnos también a más gente, organiza un encuentro en el restaurante de una de sus primas. El entorno es el que ambas comparten: fueron estudiantes del colegio español, y ese es el mundo de sus amistades de adolescencia. También de parte de las que hicieron luego: en la mesa, algunos españoles de mediana edad que llegaron a la ciudad por negocios y se quedaron ya por unas cuantas décadas. Sus esposas no han venido al encuentro. Uno de ellos me explica que allí, en Tánger, la inmobiliaria es una fuente inagotable para los inversores: «Fíjate al pasear por la costa, verás muchas obras inacabadas. Los edificios no llegan a terminarse nunca, pero nadie te pone pegas para empezar uno más». Uno de ellos se ha echado, hace poco, una novia marroquí bastante joven. No hablan árabe. Sus hijos no van, paradójicamente, al colegio español, sino al americano. La exmujer de uno de ellos, que está en España, trabaja para un político vinculado a la extrema derecha. La prima de Y. nos agasaja sin parar con platos fusión y sostiene la noche con desparpajo y anécdotas de juventud. Suenan Shakira y Rosalía. En todas las mesas, gente guapa, gente a la moda, gente pasándolo bien.

Capa: a la mañana siguiente dejamos reposar nuestra resaca un rato antes de reencontrarnos en lo alto de la casba, cerca de Bab el Bahr. Hemos quedado con otra amiga de Y., pero no del colegio, más bien de los bares. Esta amiga, K., es actriz, y esa mañana tiene trabajo con una asociación, organizando actividades para niños y niñas del barrio. Nos sentamos en un trocito de césped cerca de la muralla. Las niñas y niños van llegando poco a poco, solos o en grupitos, arrastrando hermanos pequeños por la manga del chándal. Se acercan, remolonean. Empiezan los juegos: *a la zapatilla por detrás*, canciones y corros, una versión en dariya del *Simon Says*. Además de la amiga de Y. hay otras dos monitoras: una mujer mayor que pelea contra las adicciones, y une chique que compagina estos trabajos con su intento de hacerse un hueco como cantante. Reparten galletas y botellas de agua, plátanos y chocolatinas. Todo el mundo se entera solo a medias de los juegos, yo también: pierdo estrepitosamente en uno que implica reaccionar rápido y con números (¡tan difíciles en todos los idiomas!). Hay sombra y placidez. Pasamos una mañana estupenda.

Otra capa secreta a plena luz me la muestra el Café Baba cuando por primera vez no entro en él como la turista que inevitablemente soy cuando voy por mi cuenta. Vamos a encontrarnos con L., la hermana de K., que ha vuelto a Tánger hace poco tras vivir siete años en España. Es deslumbrantemente guapa, de esas presencias que hacen difícil no quedarse mirando. Me doy cuenta de que, bajo la camiseta de tirantes, no lleva sujetador. Yo, que en verano en España tampoco lo uso, siempre me lo pongo cuando viajo a Marruecos, por no sé qué pudor. Me siento algo idiota al darme cuenta. No sé si lo de que los Rolling fumaban porros en ese bar será verdad o no, pero ese día hay un grupo de chicos que duermen su buen amarillo en una esquina, apoyados contra la desconchada pared azul. L. nos cuenta pinceladas de su vida: historias de enorme dureza y violencia hiladas con un espíritu positivo un poco *new age*. Nos dice que ahora anda viendo qué hacer. Igual volver a España, igual no. Quiere escribir un libro. Bueno, en realidad, una trilogía.

Una noche estamos en la azotea de un amigo, con otro más. Vemos caer el sol sobre el Estrecho y las gaviotas planear sobre los tejados. Se nos antojan unas cervezas. Alguien conoce dos lugares de la ciudad donde se puede comprar alcohol a cualquier hora, para llevar. A través de una *app* llamamos a un coche. Vamos las dos chicas, no sé muy bien por qué. Nos recoge en la puerta. Le contamos al conductor el destino y el plan. Nos lleva. Entramos en el bakalito. Cogemos cervezas como para una noche larga. Nos las meten en una bolsa oscura. Subimos de vuelta al coche. Nos lleva de vuelta. Habrán pasado menos de veinte minutos. Ya casi no hay luz sobre los puertos. Las gaviotas siguen planeando. Volvemos a sentarnos bajo el toldillo de colores. La noche, en efecto, larga sí que va a ser.

Otra capa, otro café: el de pasar las tardes. Capa, capa que de ningún modo habría visto si no. Es uno de esos antiguos, de aire francés y té a la menta a litros, con todas las sillas mirando en la misma dirección, en las que normalmente solo se sientan hombres. Con una salvedad: en este, media terraza sí que muestra el perfil habitual de eso que una amiga llama *bigotes' bar*; pero la otra media está tomada por chicos y chicas LGTBI. Como delimitada por una frontera invisible, esa mitad de bar es un lugar seguro, misteriosamente regido por normas propias. En la mesa central, un grupo al que cada vez se suma más gente parece mover los hilos de ese espacio claramente destinado a ver y dejarse ver. Me siento junto a K., que charla tranquilamente con un chico muy joven al que parece estar haciendo pedagogía sobre cómo arreglar un romance que se le ha torcido. A su lado, con las manos cruzadas en una pose elegantísima, une chique a quien llaman Lalla Salma por lo mucho que se parece a la exmujer del rey. Tengo la sensación de estar viendo un espacio sobre todo gay y travesti, así que pregunto a una de las compañeras de mesa si para las mujeres lesbianas y bisexuales ese también es un sitio de encuentro, o si hay otros. Me mira como preguntándose si estoy ciega. Enarca una ceja y hace con ella un gesto discreto hacia dos, tres, cuatro puntos de la terraza. Por supuesto que las mujeres están ahí. Soy yo la que no ve nada. De pronto, otra capa cae y modos de expresión discreta que siempre estuvieron delante de mis ojos se me hacen evidentes como luz.

A la capa última, corazón de la cebolla, nos lleva la música. A., le monitore de la mañana, aparece en el café transmutada en diva. Esa noche trabaja: canta en un sitio. Y, según parece, hacer la previa pasando a buscar a las amistades por la terraza donde estamos es una pequeña rutina de las noches así. Llega, saluda por acá y por allá, se pasea entre las mesas petaquita en mano, despliega voz y pluma en las escaleras del café sin que ninguno de los machos del otro lado de la frontera invisible abra la boca. Para cuando emprende camino hacia el restaurante donde tiene la actuación programada, ya nos lleva a media terraza detrás como una flautista de Hamelín versión *vogue*.

El restaurante donde canta es otro templo del terciopelo y el escay y la luz baja. Las mesas se apiñan en torno a una tarimita, ganando espacio como con la seguridad de que la noche será un éxito. Parecerían dispuestas para cenar, pero el ambiente es de bar de fiesta: comer solo es un trámite para acompañar al vino. Llega y llega y llega gente a nuestro grupo. A. canta: vozarrón de coplera, caderas ágiles, pandereta en alto, sonrisa amplia, repartiendo atenciones por aquí y por allá. Su energía es imparable; no suelta su reinado —por lo demás indiscutible— en toda la noche. Se fuma mucho. Se bebe mucho. Se ríe, se baila, se aplaude, se pasea, se liga mucho. Es importante recordar en este punto que, en Marruecos, la homosexualidad y el adulterio —entendido como cualquier relación fuera del marco del matrimonio— son a día de hoy delito penal. Hacía tiempo que no estaba en una fiesta en la que la alegría y el placer pareciesen algo tan urgente, tan vital, tan innegable.

Escribo estas escenas —esta cebolla viva— conjurando un miedo. Sé que hay en ellas palabras delicadas: sexo, drogas, clichés de la buena y la mala vida. Temo de verdad que me posea algún fantasma de los Bowles y los Capotes y los que los siguieron y me ponga a rizar el enésimo rizo del mito. Pero, al mismo tiempo, eso es lo que vi, lo que viví. Eso es lo que había.

Supongo que varias cosas pueden ser verdad a la vez; y que los mitos y las fantasías también se van haciendo con las calles y los cuerpos.

En todo caso, durante los días de mi visita a Y., en cada nueva capa y cada nuevo encuentro no podía evitar pensar que las personas que tenía delante eran las interlocutoras ideales de este libro. Mis *otros* cruzados para la memoria, las personas con las que es necesario tener esas conversaciones tal vez difíciles, pero aún ineludibles, del pasado sin resolver. Esa sensación me daba ganas, pero también vértigo, pudor, vergüenza, sensación de que toda seguridad se me escapaba entre las manos.

Intentaba entonces —intento ahora— agarrarme a mi pequeño mantra:

Recuerda, se trata (solo) de hacer tu parte.

Nada menos.

Nada más.

[Hidalgos de un imperio que ya no existe]

Hacer mi parte es también desentrañar de qué manera la Fascinación Problemática de Tánger tiene una vertiente específica que es una obsesión española. Una que llegó a desembocar en uno de los episodios más rocambolescos de la relación de Franco con la Alemania nazi.

En la época del protectorado, la población extranjera de Tánger era de unas diez mil personas (de un total de cuarenta y cinco mil), de las que unas siete mil eran españolas. El grueso de ese poblamiento había llegado tras la guerra de 1860, y sobre todo en la década de 1880. No se trataba solo de diplomáticos, negociantes y artistas —que también—, sino que había asimismo una población relativamente amplia de obreros, labradores y marineros que habían emigrado allí. Para completar el cuadro, además de la emigración por razones económicas, la ciudad había sido un refugio para liberales durante la época de Fernando VII.

Una de las personas que más ha estudiado la historia y modos de vida de los españoles de Tánger es el arabista Bernabé López García. En uno de sus últimos libros, *El frente de Tánger*, se ocupa concretamente de la particular y significativa deriva de la situación en la ciudad durante la guerra civil. Ese tipo de investigaciones también son un modo de ver lo que late por debajo del mito, la corriente subterránea y opacada por las capas más brillantes.

Lo que cuenta en su libro Bernabé es que, en los años de la guerra, Tánger quedó aislada, como un reducto aparentemente neutral porque así lo exigía su estatus internacional. Pero —ninguna sorpresa— en realidad, más que neutral, era una ciudad dividida: la mayoría de la población apoyaba a la República;

pero una minoría poderosa se situó temprana e inequívocamente del lado de los golpistas. En torno a la medina y en la zona cercana al puerto, en las callejas de los barrios más populares, hacían su vida y se encontraban los republicanos, habitantes de un reducto que se llegó a conocer como «la pequeña Rusia». Algo más arriba, el ancho Boulevard Pasteur y sus calles aledañas eran la ruta de paseo de los franquistas. Los caminos se cruzaban en el Zoco Chico, esa plaza aún hoy vivísima de la que Bernabé cuenta que se convirtió en escenario de enfrentamientos violentos entre los dos bandos: del café Fuentes al Café Central —que aún existen y están siempre atestados de turistas— volaban los insultos y hasta los puñetazos. A veces, los marineros alemanes que bajaban de sus barcos se unían a la pelea, ya sabemos a favor de quién.

Pero, como en todas partes y casos, decir «dos bandos» tiene el peligro de esconder la central cuestión del poder. Los republicanos eran más y tenían la legitimidad de su parte, pero los franquistas tenían más dinero, mejor posición social, control de las instituciones y apoyo de la Iglesia y de las fuerzas armadas. Además, la ciudad no solo estaba cercada por las tropas golpistas por todos sus flancos, sino que además los consulados de Italia y Portugal, con sendos gobiernos fascistas, les daban su apoyo. Tánger en teoría debía ser neutral, pero los franquistas desfilaban en uniforme por la calle mientras los republicanos celebraban sus actos a puerta cerrada y sentían miedo.

Cuando la guerra terminó, y tras el reconocimiento del gobierno de Franco por Francia e Inglaterra, llegó la persecución directa. Los republicanos más visibles y destacados fueron expulsados de la ciudad por las nuevas autoridades. Pero la historia no terminó ahí. A Franco no le bastaba con que la parte española de la ciudad fuese suya. Quería que lo fuera la ciudad entera.

Poco a poco, que Tánger pasase a formar parte del protectorado español se convirtió en una obsesión para el nuevo régimen.

Para los franquistas, el estatus vigente era otra «espina colonial» clavada en la honra, como las viejas perdidas posiciones latinoamericanas. Como apuntan Gustau Nerín y Alfred Bosch, «Tánger fue para los nacionalfalangistas lo que Trieste para los fascistas o Danzig para los nazis». Es una cita de *El imperio que nunca existió. La aventura colonial discutida en Hendaya*, un libro de investigación que se lee como una novela y que tira del hilo del poco conocido episodio de cuando Franco se vino un poquito arriba con todo esto.

El régimen aprovechó para dar el paso un momento sibilinamente propicio: el 14 de junio de 1940, el mismo día de la entrada de las tropas alemanas en París, aprovechando que Francia no estaba como para resistirse, las tropas franquistas ocuparon la ciudad. «Mientras la poderosa Wehrmacht apisonaba los adoquines de un París vencido, las babuchas rifeñas pisaban, bajo bandera española, el polvo de Tánger», escriben Nerín y Bosch como pie de sendas fotos que yuxtaponen. En una, un grupo de hombres con traje de los Regulares, fusil al hombro y piernas mutiladas posan delante del Café Fuentes. En la otra, otros desfilan con bicicletas agarradas por el manillar bajo, efectivamente, el Arco de Triunfo de los Campos Elíseos.

En principio, el movimiento se presentó como una actuación provisional, pero era la primera conquista del franquismo en muchos años, y se podía presentar además como una victoria histórica sobre un territorio largamente reivindicado. La honra, la reconquista, la recuperación, una vez más.

Tánger formó parte del protectorado español de Marruecos durante cinco años, hasta 1945. La organización y las costumbres de la ciudad lo reflejaron: se disolvió la administración internacional, se puso al mando a militares, se introdujo la peseta como moneda y el castellano como lengua, se aplicaron mecanismos financieros y fiscales más favorables a España, se rebautizaron calles. Y, de paso, se trató de instaurar una moral nacionalcatólica en una ciudad con mucha población liberal.

Mi historia favorita de entre las que rescatan Nerín y Bosch es la de los bañadores: en el Tánger español se instauró la obligación de que fuesen de cuerpo entero. Espías, contrabandistas, nazis y todo tipo de personajes problemáticos pululaban por la ciudad, pero… sin mostrar piel, que eso era lo importante.

La españolidad de Tánger les vino muy bien a las potencias del Eje, porque se convirtió en una base logística oficiosa para sus operaciones. Mirar lo que ocurría en y con esta ciudad en los años de la supuesta neutralidad revienta las costuras de ese relato. Desde septiembre de 1940, los contactos del franquismo con los nazis son directos y sostenidos, con África como uno de los temas centrales de las conversaciones. Tras varias reuniones entre emisarios de ambos países, en octubre se plantea la posibilidad de que Franco y Hitler se encuentren directamente. La cita sería el 23 de octubre en Hendaya, frontera de España con la entonces Francia de Vichy. En este encuentro, que pasaría a la historia por ser el único que mantuvieron los dos dictadores, la cuestión africana tiene mucha mucha importancia.

Y es que si algo tienen las obsesiones es que no conocen límite. Ocupar la ciudad de Tánger tampoco había sido suficiente para Franco. Más bien fue el bocadito que despertó el hambre dormida de un plan de expansión acorde a la voluntad imperial que el franquismo llevaba en su ADN. La idea de base era que los acuerdos protectorales con Francia habían sido poco menos que un robo, y que había que recuperar terreno. El franquismo quería que Marruecos entero fuese colonia suya, pero también recuperar Gibraltar y hacerse con la ciudad de Orán en Argelia, además de ampliar posiciones en el Sáhara y en Guinea. Los cartógrafos militares preparaban mapas incluso de Mauritania. Y se esperaba que la victoria nazi, si llegaba, generase un momento de oportunidad para estas ambiciones.

Eso tenía en la cabeza la delegación española que atravesaba aquel día de 1940 los escasos veinte kilómetros que llevan desde

San Sebastián a Hendaya. Bueno, eso, y un nerviosismo creciente: iban tarde. No mucho, apenas ocho minutos de desajuste por problemas de un sistema ferroviario aún no del todo recuperado de la guerra. Pero si algo no querían era enfadar a los puntuales alemanes que los esperaban en el andén donde las vías cambian de ancho, engalanado con banderas. Cuando llegaron, Hitler ya estaba allí, de pie junto a la escalerilla con su ministro de Exteriores, Joachim Von Ribbentrop. Con Franco viajaban su cuñado y ministro homólogo, Ramón Serrano Suñer, y otros cuatro hombres de su entorno cercano, pero solo los respectivos ministros —además de sendos intérpretes— fueron invitados a pasar al vagón-restaurante del tren Erika, en el que habían llegado los alemanes.

La entrevista duró siete horas y no sirvió de nada. Para nadie. Franco tenía muchas aspiraciones. De Alemania quería suministros militares, agrícolas y de combustible, pero también, quizá sobre todo, promesas sobre sus aspiraciones territoriales en África. Dicen las crónicas que se escribieron luego —con el boca a boca de lo que contaron algunos de los presentes— que, mientras Franco explicaba largamente las particularidades del protectorado, Hitler bostezaba.

Porque, por su parte, Alemania lo único que quería de ese encuentro era saber de una bendita vez si España iba a entrar en la guerra o no. Poco más. Acceso a Gibraltar, si acaso; o una isla canaria en la que establecer bases militares —ay, fantasma de los veranos futuros que te apareces aquí para señalar la ironía de que los alemanes sigan hoy tratando de hacerse con islas canarias, pero más bien comprándolas—. Esa reunión que Franco se planteaba como decisiva —cuenta su hija Carmen en sus memorias que ella y su madre rezaron con especial ahínco aquella noche— para Hitler era apenas exploratoria. Al día siguiente se iba a reunir con Philippe Pétain para hablar más o menos de lo mismo. La conclusión de la doble ronda acabó por ser que Vichy defendería mejor el Magreb que España.

De la reunión de Hendaya solo salió un protocolo secreto en el que España decía que entraría en la guerra cuando lo considerara oportuno, y Alemania, que se le tendría en cuenta cuando llegase un posible reparto de África una vez terminada la guerra. Nada. Papel mojado por el chirimiri del País Vasco francés. Los franquistas regresaron a Madrid traqueteando por sus vías estrechas y prepararon el relato que se repetiría en adelante: que Franco había ido al encuentro con la firme determinación de no alcanzar ningún acuerdo, para evitarle a España otra guerra.

A raíz de lo que le contaron de la reunión, el ministro de propaganda nazi, Joseph Goebbels, escribió aquel día en su diario, sobre los españoles: «Son hidalgos de un imperio que ya no existe».

Con el final de la Segunda Guerra Mundial, la etapa española de Tánger terminó. Los acuerdos posbélicos establecieron que se recuperase su carácter de ciudad internacional. Los esfuerzos del franquismo en ese tránsito se centraron en impedir que la humillación fuera total: es decir, en impedir que la Unión Soviética consiguiese demasiado. Finalmente, con la llegada de la independencia, los nacionalistas marroquíes se opusieron a cualquier situación especial para la ciudad, y consiguieron su objetivo: se firmó la soberanía del sultán sobre la zona, aunque manteniendo los establecimientos culturales, científicos y hospitalarios internacionales. En las décadas siguientes, buena parte de las comunidades extranjeras, entre ellas la española, fueron abandonando la ciudad. El tiempo de excepcionalidad de Tánger había terminado, y su historia se reincorporaba al paso de la del resto del país.

En cuanto a las ambiciones imperiales franquistas, no volvieron a encontrar una ventana de oportunidad: darían sus últimos coletazos más adelante en Ifni y el Sáhara, pero cualquier atisbo de posibilidad para la idea de extender la zona del protectorado norte murió en Hendaya.

En la entrada de Wikipedia sobre esta reunión se recoge una coda curiosa. Algún buen samaritano de internet se ha ocupado de añadir que en octubre de 2006 se examinaron los negativos de las fotografías tomadas por la agencia EFE en el encuentro. El examen mostró que al menos tres de las imágenes que aparecieron en prensa en aquellos días estaban retocadas. De la siguiente manera, según dice:

- Se cambió el rostro de Franco (que en los negativos aparece con los ojos cerrados) por el que aparece en otra fotografía tomada en otra ocasión, donde figura con los ojos abiertos.
- Se borró la Cruz del Águila alemana que lucía Franco y se puso en su lugar la Medalla Militar española.
- Se recortaron las figuras de Hitler y de Franco y se pegaron sobre otra del andén de la estación de Hendaya de modo que (al contrario que en el negativo) no quedara de relieve la diferencia de estatura entre ambos.

Coqueterías de hidalgo, supongo.

[¿Cómo se dice *patera*?]

En 1992 España vive una fantasía de abundancia. Recién entrada en la Unión Europea, es el año de las Olimpiadas de Barcelona, de la Expo de Sevilla. El del quinto centenario de la conquista de Granada y del desembarco de la expedición de Colón en América.

Es también el año de la primera llegada de un grupo multitudinario de inmigrantes magrebíes a la costa española peninsular, concretamente a Almería: una patera en la que viajaban unas trescientas personas, una veintena de las cuales murieron en la travesía.

Una de las reacciones es un artículo del escritor tangerino de expresión francesa Tahar Ben Jelloun que se publica unos días después en el diario *El País.* Se titula «¿Cómo se dice *boat people* en árabe?» y recorre, medio ficcionándola, la vida de uno de los hombres que viajaban en esa barca, Yunes. Su infancia en el barrio tangerino de Beni Makada, sus intentos legales de pasar a España, el intento desesperado con *coyotes* del agua, su desgracia final.

En varios momentos del texto, Yunes mira al Estrecho. «Vista desde abajo, España parece inmensa. Sus pies son de barro. Da la espalda; mira al Norte. Haría bien en volverse de vez en cuando para ver si el Magreb le habla».

Cerca de las últimas líneas, Ben Jelloun dice: «Es posible que esa barca de desdicha se convierta en un fantasma que se aparezca en las noches de celebración de 1992».

No sé si el fantasma se apareció o no —yo tenía apenas seis años entonces—, pero, si lo hizo, nadie le escuchó tampoco. No lo bastante, al menos, como para aguar la fiesta.

Más de treinta años más tarde, aquella primera imagen se ha multiplicado y se multiplica cada día en otras barcas, en otras vidas, en otras ramificaciones de la desigualdad y sus cartografías.

¿Cómo dicen las voces de Tánger «mirar el mar»?

TETUÁN (III)

[al final]

[Los últimos días]

Los últimos días en la ciudad amasan un tiempo extraño. No importa cuánto hayas aprovechado cada uno de los anteriores: en estos relucen como joyas perdidas las cosas pendientes. Lugares que deseaba visitar y no he pisado, personas a las que debía conocer y no he llamado, comidas por probar, excursiones por hacer. Pero al atolondre de las misiones sin cumplir se le superpone el gustoso pasar de unas horas que también quiero atesorar:

Grandes, lentos desayunos en mis cafés favoritos.

Paseos por los lugares de la rutina y los hallazgos.

Tardes de despedida *hasta que nos volvamos a ver, inshallah.*

Además, aparte de los relojes extraños que me laten a mí por dentro, en Tetuán también están pasando cosas esos días: la ciudad se prepara para la visita del rey. Salvo por el pequeño detalle de que nadie sabe a ciencia cierta si va a venir o no.

Así funciona la cosa con Mohamed VI. Tiene palacios en las distintas ciudades del reino y, a veces, los visita. Cuando hay avisos o indicios de que eso va a pasar, los palacios en cuestión se preparan: aposentos, despensas, garitas se ponen a punto para que todo esté listo en caso de que sí. En esos días, todo en las calles hace sospechar, pero nadie parece poder dar una respuesta convincente. El mejor dato lo trae A. —la del cementerio, no la de las cajas— un día al regresar de la universidad: dice que la carretera olía a flores durante todo el trayecto.

Flores están poniendo también por la avenida, y luces como de Navidad. Delante del palacio está la llamada plaza Mechuar, antes plaza Feddan, antes plaza de España, que es algo así como el centro vacío de la ciudad. Se trata de un espacio elíptico muy amplio, con una suerte de mosaico en el medio y un perímetro marcado por altas columnas con azulejos y palmeras bien cuidadas, tras cuya línea se suceden los cafetines con terrazas donde los amigos escritores pasan las tardes jugando al parchís. El palacio, blanco, con un amplio portalón, ocupa todo su lado este, colindante con la muralla de la medina. Aunque la principal característica de la plaza es que siempre está desierta. Completamente delimitada por vallas de seguridad, el paso está prohibido. Solo se puede observar desde fuera. El palacio parece, así, más lejos de lo que está. Más imponente.

Esos días, sin embargo, hay por toda la plaza un revuelo de camiones y gente con traje. *¿Están siempre esos guardias con uniforme de gala ahí?* —nos preguntamos—. Otra gente, algunas veces, hace también preguntas así, mirando a los lados de reojo en los paseos. Aunque nunca demasiadas. Nosotras manejamos la hipótesis de que todo esto sea un enorme *por si acaso*. También la de que hacer como que viene sin que sea cierto a lo mejor consigue exactamente el mismo efecto que si viniera de verdad.

Más cosas: esos días también nos cruzamos a cada rato por la ciudad a un grupo especial de viajeros que la tiene algo revolucionada. K., el casero, por ejemplo, está muy atareado ocupándose de ellos. Se trata de *los que regresan*. Es puente en España, y A., que ha ido al aeropuerto a buscar a unas amistades que vienen también a visitarla, vuelve contando —parece la portadora oficial de las noticias raras en estos días— que medio vuelo lo llenaba esta comunidad. Ocurre también con cierta frecuencia en otras ciudades como Larache o Alcazarquivir: el desembarco de hombres y mujeres que vivieron allí durante el protectorado y regresan de vez en cuando a rememorar los viejos tiempos. Se organizan a través de asociaciones que, además de coincidir en estos viajes, mantienen el vínculo a pesar de las décadas montando comidas periódicas como los grupos de antiguos alumnos de los institutos, o presentaciones de libros que tienen que ver con su vivencia en el protectorado.

Nos los encontramos constantemente en los bares y en las calles. Pasean y hablan alto. Se nota su emoción. Van a la Casa España, que ahora no es de España; a la iglesia de Nuestra Señora de las Victorias, ya menos victoriosa; a los que fueron sus colegios; al cementerio donde tienen a sus muertos. Recorren, nostálgicos, los lugares de su memoria, como si estos pudieran devolverles también un tiempo que en sus vidas es bello porque es el de la juventud y tiene el sabor que tienen las cosas antes de romperse.

Porque, claro, hubo un momento en el que los colonos tuvieron que irse. Y la feria cada uno la recuerda según le fue en ella.

No puedo evitar acordarme de una escena de *Las inocentes oquedades de Tetuán*, una novela de Mohamed Bouissef Rekab, escritor marroquí en castellano. En ella, uno de los protagonistas es el señor Paz, que se ve obligado a abandonar sus negocios y sus propiedades pocos años después de la independencia. Este personaje encarna un sentimiento de tristeza por la descolonización que la voz narradora parece compartir, o al menos comprender: «El señor Paz afirmó, decidido, que él no pensaba regresar a Tetuán nunca más (…) Me han echado de ahí y no pienso volver a visitar ese sitio mientras viva. Sufriría mucho al ver "mi" edificio, "mi" casa de seguros, "mi" villa al final de mi vida… en manos ajenas». Y, sin embargo, pocas páginas más adelante confiesa que el colonizador puede irse de la colonia, pero quizá la colonia no se va del todo del colonizador: «Marruecos me persigue. Nunca podré dejar de sentirlo en las entrañas». Un sentimiento que se encuentra a menudo también en los testimonios de muchos de los españoles de carne y hueso que tuvieron vidas parecidas a las de esa ficción, como los que nos cruzamos esos días por la ciudad.

Todo esto parece muy claro cuando se ve desde fuera, pero me pasa lo de siempre: me miro a mí misma y no tengo más remedio que echarme a reír. ¿No estoy yo también, en estos últimos días de estancia en Marruecos, repasando recuerdos de otros viajes, registrando los efectos del tiempo, idealizando lo que se resiste a cambiar, idealizando a mi antojo memorias que revisitaré en el futuro?

Es una trampa peligrosa, la nostalgia. Caer en ella es muy fácil. Una apenas se da cuenta de cuándo está resbalando, resbalando, resbalando, a puntito ya.

[De nacionalismos y percheros]

Entre las cosas que habían quedado pendientes y que acumulo en los planes de los últimos días hay varios museos. Uno de ellos es el Museo del Nacionalismo y la Resistencia. Está en la casa destartalada de un antiguo diplomático, en lo alto de la medina. Su colección la forman fotos enmarcadas y llenas de polvo, ajados carteles en árabe y en español, documentos de archivo metidos en vitrinas. No cobran entrada y un bedel que parece llevar allí desde los mismos tiempos que muestra el museo me deja pasear a mi aire mientras dormita con la cabeza apoyada sobre una mesita escolar situada junto a la puerta. Las oficinas y las salas se mezclan, nunca tengo muy claro si donde estoy entrando es realmente un lugar al que pueda entrar.

En el grupo de mensajería conmigo misma que tengo en el móvil para las cosas que no quiero olvidar anoto un listado del contenido que se expone. Es este:

- El recorrido diplomático del dueño de la casa.
- La primera visita de Mohamed V a Tetuán.
- Una galería de fotos del protectorado, sobre todo de los años de la República.
- Muchos documentos sobre la Oficina del Magreb en El Cairo.
- En las vitrinas, armas, pero también un teléfono y una gramola.
- Una sala grande sobre la dinastía alauí, en cuyo centro una mesa entera se dedica a la batalla de Wad Ras.
- Y otra, no tan grande, sobre las figuras de los resistentes, en la que hay alguna que otra foto del movimiento de liberación y unos pocos retratos.

En cuanto a los retratos, el de Abdelkrim está al lado de un perchero y casi no se ve. Un poco más notorios son los de Ahmed El Raisuni y Abdeljalek Torres.

No te preocupes si no te suenan. Vamos con ello ahora.

Solemos pensar en los movimientos anticoloniales y nacionalistas —como en tantas cosas— a partir de unos moldes prefijados, como si fuesen fenómenos que siempre toman la misma forma: la beligerancia abierta contra la potencia ocupante, la lucha armada o la guerra, el binarismo de posiciones. Pero no solo ni siempre funcionan así. Probablemente sean más habituales, de hecho, sus formas más sibilinas y ambivalentes —girando, girando, girando por la historia, ¿recuerdas?—.

En el norte de Marruecos, la lucha contra los ocupantes comenzó a nacer en la zona rural antes incluso que en las ciudades. Mientras que las élites urbanas, a menudo de ascendencia andalusí, se habían avenido en muchos casos a negociar con las autoridades españolas (recordemos a la familia del señor S., aunque eso nos haga encoger los deditos dentro del calcetín), los jefes de las cabilas entendían a los españoles como enemigos y al Gobierno del jalifa como un cómplice a su servicio. Pero eso no quiere decir que lo hiciesen desde el punto de vista de un nacionalismo o protonacionalismo marroquí (recordemos ahora a Abdelkrim y su argumento de los holandeses y los ingleses). Lo que esta gente hacía era defender su territorio, sus minas, sus pastos comunales, sus modos de vida, de unos intrusos que parecían creerse con derecho al expolio.

Se trataba de movimientos desarticulados entre sí que las autoridades coloniales en ocasiones combatían y otras veces utilizaban como bisagra para acceder al control del territorio. A esta época es a la que pertenecen figuras como Ahmed El Raisuni, que lideró una resistencia parecida a la de El Jatabi, pero en otra zona, la de Yebala. Su vida está llena de peripecias bien entretenidas en las que la línea entre la lucha y el bandidaje es a veces difusa. Episodios como los secuestros del periodista Walter Burton Harris y el empresario Ion Perdicaris lo han convertido en perfecto protagonista de varias novelas y películas. Aunque probablemente en el museo no está detrás de un perchero más bien porque en lugar de dedicarse a montar repúblicas independientes, en general optó por resolver los asuntos aceptando como posible la vía de negociar, fuese con el sultán o con los españoles. Ha pasado a la historia como un hombre astuto, pragmático, capaz de adaptarse a las circunstancias. De hecho, en la guerra del Rif sus hombres lucharon del lado español.

En 1925, las tropas de Abdelkrim entraron en su palacio, mataron a buena parte de su guardia y lo capturaron. Nunca más se supo de él, y aunque la idea más extendida es que lo mataron, también hay rumores que dicen que siguió viviendo, escondido en alguna parte.

Es a partir del tratado de establecimiento del protectorado cuando la reivindicación *en tanto que* marroquíes empieza a despuntar. Esto no quiere decir que no hubiese un sentimiento nacional previo: incluso los europeos eran conscientes de que el sentido de pertenencia a una entidad común era una de las características de la población marroquí, aunque no fuera al modo en que lo entendemos hoy, sino a través de un entramado de lealtades que mantenían la cohesión social. Es decir, que la construcción nacionalista no iba a operar, como en otros países, sobre una *tabula rasa*, sino a partir de una serie de realidades que ya estaban ahí. Este movimiento era más urbano, más burgués, y en cierto modo preocupaba más a las autoridades coloniales.

Aunque, pese a la voluntad bélica de los africanistas, a partir de Annual la política colonial española en Marruecos se pareció más que nada a un *si no puedes con ellos, únete a ellos.* Más negociar que guerrear. En una entrevista de Beigbeder con un capitán francés que recoge María Rosa de Madariaga en uno de sus libros, él mismo lo explica: «El método de ustedes [el de los franceses] es mejor, pero para emplearlo hay que ser fuerte. Las circunstancias me obligan a acomodarme a todas las tendencias políticas que se manifiestan en mi Zona y a adular al nacionalismo marroquí, a falta de poder dominarlo». Mientras en la otra zona del protectorado la actividad nacionalista era fuertemente reprimida, en el lado español se permitían las reuniones, la publicación de prensa en árabe y hasta se tramitaban algunas peticiones de cambios sociopolíticos.

En Tetuán existía desde comienzos de los años 1920 un entorno que operaba en este sentido. En 1924 se había creado la escuela Ahlía, un centro educativo de carácter nacionalista. Quien estaba detrás era Abdesalam Bennuna, un hombre procedente de un entorno de clase social alta y origen morisco, relacionado con nacionalistas de otros países, pero que también había desempeñado —y seguía desempeñando— distintos cargos en instituciones de la administración colonial. En ese mismo contexto, pero en una generación más joven, empezó a destacar la figura de Abdeljalek Torres, recién regresado de cursar sus estudios en El Cairo. Torres fue el redactor jefe del primer periódico de claro tono político en árabe del protectorado, *El Hayat*, creado en 1934. Entre ambos hombres mediaba un profundo cambio de época. Cuentan que Bennuna era reservado y prudente, que vestía con ropas tradicionales y que le preocupaba mantener siempre su dignidad. Mientras que Torres, extrovertido y vehemente, prefería un armario de trajes europeos y uniformes de inspiración fascista que lucía cuando hacía discursos enardecidos ante las multitudes que poco a poco se aglutinaban a su alrededor.

El movimiento creció rápidamente, bajo la permisividad de las autoridades españolas. En 1930 nació en Tetuán la primera organización de la zona norte, la Agrupación Nacionalista. La conexión con los militantes del sur se empezó a hacer más intensa a partir de las protestas contra el llamado *dahír bereber*, un decreto promulgado en mayo de ese año en el protectorado francés como última expresión de una política que segregaba a la población amazig de la árabe (algo que no ocurría del mismo modo en la zona española). Las reuniones entre nacionalistas de ambos lados se hicieron aún más frecuentes después de la visita a Tetuán y Tánger del libanés Chekib Arslan, uno de los ideólogos del panarabismo.

A las autoridades francesas les molestaba bastante la laxitud de las españolas al permitir este tipo de encuentros, pero para España la estrategia funcionaba: recibía críticas mucho más moderadas que la potencia vecina, y podía seguir tirando de la retórica de *protección* y *hermandad* sin retorcer muy notoriamente el pensamiento. Retórica que, por cierto, también adoptaron los propios nacionalistas: estirando al máximo la ambivalencia, su discurso incorporó la idea de *potencia protectora*, en relación a la cual se situaban no en una posición de beligerancia, sino de negociación.

Su ambición, en un primer momento, era limitada: reclamaban reformas como la mejora de la enseñanza, ayudas para los campesinos o mayor participación de la población local en la administración a través de nuevos organismos. Se podía llegar a plantear una senda que llevase en el futuro a la concesión de un estatuto de autonomía, pero no más: el nacionalismo del protectorado norte se oponía de hecho a las posturas abandonistas, consciente de que, si España se iba del territorio…, lo más probable era que Francia ocupase su lugar.

En uno de los discursos de su visita, Chekib Arslan apuntó, de hecho, a una comparación que plantea otra de esas ucronías sugerentes: según las expectativas del momento, los marroquíes podrían conseguir «un Gobierno y un Parlamento responsables como los de Cataluña».

En el nada casual año de 1936, Torres obtiene permiso para fundar el Partido de la Reforma Nacional (PRN). En las fotos de sus reuniones, un despliegue de uniformes de estilo fascista y saludos con la mano en alto. En septiembre visita en Sevilla a Queipo de Llano e interviene en árabe en su programa de radio, ensalzando el consabido *pasado compartido* y su contemporánea derivada de fraternidad. Desde su oficina de propaganda en Madrid, el PRN difundía la idea de «Franco protector del islam».

Torres tampoco está detrás del perchero en el museo.

De hecho, la calle de mi casa con fantasmas en la medina de Tetuán es la calle Torres.

Lo que pasa es que luego termina la guerra y llega el momento en que los franquistas empiezan a recular en las promesas —bastones de oro, mejores rosas del rosal— que habían hecho a las élites marroquíes cuando necesitaban llevarse a su gente como carne de cañón para las tropas. Y, para entonces, Torres y su partido se habían hecho demasiado fuertes para su gusto. La táctica pasó entonces a ser el *divide y vencerás:* la administración colonial comenzó a estimular la creación de otros partidos nacionalistas, como rivales para neutralizar el éxito del PRN. El más importante fue el Partido de Unidad Marroquí. Al frente estaba Mekki El Nasiri, un militante que había sido acogido y apoyado por Torres cuando fue expulsado de la zona francesa por su actividad subversiva. En julio de 1940 El Nasiri escribió una carta a Franco recordándole las promesas incumplidas de 1936. Siguieron sin cumplirse, pero, a cambio del acercamiento, recibió subvenciones y facilidades para continuar con su actividad.

Lo que tenía que pasar pasó: efectivamente, los dos partidos comenzaron a pelearse. Beigbeder oscilaba en sus favores al uno y al otro y, para liar aún más la cosa, llegó incluso a crear algún partido más. Mientras, la actividad nacionalista de la zona sur se intensificaba. En 1944 se creó el Partido Istiqlal (Independencia), cuyos éxitos, conseguidos por una vía más beligerante, empezaron a dar a los militantes del norte razones para dudar de su estrategia colaboracionista. En 1947 se fundó un Bloque Nacionalista que agrupaba a los cuatro principales partidos —dos de cada protectorado— y a diversas organizaciones que les servían para coordinarse con los movimientos anticoloniales de otros países del Magreb.

Ante este runrún, la política española empezó a volverse más represiva, sobre todo a partir de 1948, cuando se produjeron en Tetuán disturbios a raíz de una manifestación organizada por Torres. El tiempo de las concesiones había terminado. Las autoridades coloniales comenzaron a aplicar un sistema policiaco y de la sospecha en el que todo atisbo de nacionalismo era perseguido. Pero ya era demasiado tarde: hay preguntas que una vez que se han visto, no se pueden dejar de ver. El deseo de independencia ya no sería negociable.

No os lo voy a ocultar: antes de irme del Museo del Nacionalismo y la Resistencia de Tetuán, compruebo que el bedel sigue dormitando en el piso de abajo y muevo ligeramente el perchero, para que se vea un poquito mejor el retrato de Abdelkrim.

[Y Franco perdió a su hijo]

El 21 de enero de 1954 probablemente también había flores en la plaza de España —luego plaza Feddan, ahora plaza Mechuar—. Y, desde luego, en Tetuán entero había nervios y alboroto. Se celebraba una ceremonia a la que habían acudido las más importantes personalidades del protectorado —autoridades civiles, militares y religiosas, tanto españolas como marroquíes—. Y también mucha gente de a pie: unas veinticinco mil personas abarrotaban el hipódromo de la ciudad para asistir a un gran acto político en torno a la figura del que sería el último alto comisario español de la zona, Rafael García-Valiño.

La estrella del día, junto al alto comisario, era un papel. Un documento del que se le había hecho entrega esa mañana y en el que cuatrocientas treinta autoridades locales firmaban un texto de plena adhesión a la administración colonial y a Franco. En él se pedía que el protectorado español se separase, al menos circunstancialmente, del Marruecos francés.

Las noticias y las comunicaciones oficiales transmitieron la idea de que el documento y el acto habían sido organizados a iniciativa de esas personas firmantes: cadíes y caídes, representantes de cabilas, zagüías y gremios, cargos marroquíes del entramado español. Pero no fue exactamente así. El acto fue más bien el enésimo tejemaneje de las élites españolas para intentar atar lo mejor posible el paso hacia una nueva época cuyo galope ya se escuchaba llegar por el horizonte.

Porque, aunque el deseo de independencia no sea negociable, sus condiciones sí que lo pueden ser.

Cuando García-Valiño ocupó, en 1951, su puesto como alto comisario, la situación de los nacionalistas era de ascenso.

Ya había nacido el Bloque Nacionalista con organizaciones de ambas zonas, aunque sus reivindicaciones se dirigían fundamentalmente a Francia. En su manifiesto fundacional, de hecho, no se hacía ninguna alusión al protectorado español. Pero esto ya no era necesariamente bueno para la administración colonial: le ahorraba problemas, sí, pero cuando los países colonizados iniciaban su proceso hacia la independencia, lo que las potencias colonizadoras podían hacer era intentar asegurarse privilegios para cuando el poder cambiase de manos. Pero para eso era necesario cumplir un papel relevante durante el camino. A eso había estado jugando España con su protección de nacionalistas con los que, en cierto sentido, compartía intereses. Pero esos nacionalistas no estaban pintando tanto en el panorama completo como los que peleaban en Casablanca o Rabat, donde se estaba decidiendo realmente la partida del nuevo tiempo.

En 1953, el Gobierno francés depuso al sultán Mohamed V (abuelo del actual rey Mohamed VI) y aupó al trono a su tío Muley Arafa, mucho más manejable por ellos. En la zona española, esta decisión unilateral suscitó desconcierto e irritación. Fue entonces cuando se empezó a tramar el acto del hipódromo, como modo de justificar con suficiente apoyo que el jalifa se desmarcase del nombramiento del nuevo sultán y asumiese plenos poderes en el norte: una baza con la que el franquismo colonial esperaba ganar fuerza y también tiempo.

Así se llegó hasta esa gran puesta en escena en la que García-Valiño desempeñó el papel de acoger una petición ajena y se comprometió a transmitírsela a Franco, aprovechando de paso para cosechar unos cuantos vivas para el régimen. En efecto, unos días después el dictador recibió en el Pardo a una delegación marroquí a la que prometió ser «leal», como en los viejos tiempos, estableciendo así un paralelismo entre la ayuda que ellos le habían prestado en el momento de la guerra civil y la que él les iba a proporcionar ahora. También el alto comisario había hablado en términos parecidos en su discurso en Tetuán, equiparando 1936 y 1953 como momentos de «amenaza de destrucción» para cada una de las naciones.

Pero ahí mismo residía la contradicción que ya no iba a resistir la tensión mucho más tiempo. Se ponía en circulación un fantasma nuevo: el de la unidad nacional marroquí. Pero los desunidos eran Francia y España. Los nacionalistas marroquíes seguían queriendo todos lo mismo.

Exiliado en Córcega tras la maniobra francesa, Mohamed V ganaba más y más presencia simbólica: una noche de 1955, miles de marroquíes llegaron a ver su rostro reflejado en la superficie de la luna. ¿Qué podía ser si no una señal para luchar por su regreso? En realidad, algunos testimonios dicen que se habían estado repartiendo octavillas con su retrato por la plaza Busbir de Casablanca unas horas antes de que alguien gritase: «¡Mirad a la luna! ¡Se ve la cara del Sultán!» y la agitación empezase a extenderse. Como *performance* al menos es más imaginativa que la del hipódromo español.

Pero los nacionalistas de la zona francesa no se limitaban a incitar alucinaciones colectivas: entre el verano de 1954 y el de 1955 llevaron a cabo setecientos ochenta y cuatro atentados, cuatrocientas setenta y siete explosiones, mil cuatrocientos treinta incendios y trescientos treinta y un sabotajes. En octubre se permitió el regreso de Mohamed V, que desde ahí caminó suavemente el corto tramo que faltaba para alcanzar la meta de la independencia. A diferencia de otros países vecinos del ámbito francófono, esta no llegó a través de la guerra. Todo ocurrió más bien en pasillos y viajes diplomáticos. En 1956 se firmó una declaración franco-marroquí que ratificaba el fin del protectorado.

España protestaba e intentaba sus manejos, pero no tenía mucho margen. El carácter de subarriendo que tenía para ella el acuerdo del protectorado tal y como se había firmado la dejaba fuera de las negociaciones: solo Francia había firmado aquel tratado con el sultán, solo Francia tenía que rescindirlo. Y ya lo había hecho.

El Gobierno de Franco dio carta blanca al alto comisario para la secesión, y empezaron a correr por Tetuán los rumores de que el jalifa, presionado por las autoridades españolas, se iba a pronunciar en ese sentido. Pero ese tiro también salió por la culata: en un escenario con otros horizontes, las élites colaboradoras ya no tenían tanto predicamento. La gente salió a la calle en manifestaciones que exigían el reconocimiento de la independencia también por parte de la administración franquista.

Ese día, en la plaza de España —luego plaza Feddan, ahora plaza Mechuar— lo que hubo fueron bombas lacrimógenas, garrotazos y pedradas. Once muertos y una veintena de heridos. Intentos de asaltar la casa del alto comisario. Noticias de que en Larache y Alcazarquivir estaba pasando algo parecido.

Desde Madrid, Franco reculó en lo dicho antes, dejando a García-Valiño a los pies de los caballos: dijo que él nunca había apoyado su política antifrancesa y le acusó de haber amparado a un ejército de liberación nacional «que como es lógico más tarde se volvió contra nosotros». Donde dije *digo*, empezaba la etapa de negociar ya solo para salvar algunos muebles. Fue breve: el tratado de independencia del norte se cerró en las conversaciones hispano-marroquíes del 7 de abril de 1956, pero de los relatos de quienes asistieron se desprende que para el momento de ese encuentro ya todo estaba acordado y repartido. Escribió, por ejemplo, Fernando Valderrama —asesor jefe de la Alta Comisaría para temas de educación y cultura—:

> Recuerdo que fue una ceremonia sencilla, amistosa y emotiva. Fue una conversación más que un acto solemne. Era en realidad, un grupo de amigos que ponía al día una situación. Se sirvió un té, como en toda reunión familiar. Y entre sorbos

de té y perfume de hierbabuena y azahar, fue pasando a manos marroquíes totalmente aquello que antes había sido compartido.

El protectorado había muerto definitivamente.

(Re)nacía, también en el norte, el reino de Marruecos.

Aunque el cierre no fue muy satisfactorio ni en términos materiales ni narrativos, la independencia de Marruecos no tuvo grandes repercusiones en la opinión pública española. Pese a que los militares vieron el desenlace del que había sido su coto privado como prematuro e impuesto, en realidad nadie deseaba nuevas guerras ni seguir manteniendo el coste —en todos los sentidos— de un negociado que solo beneficiaba a unos pocos.

Bueno, o casi nadie.

Tras la firma de la independencia, Mohamed V acudió a una recepción en El Pardo en la que los «hermanos» debían celebrar juntos la independencia. Como quien va a despedirse de los abuelos antes de emanciparse. Muchos años después, un personaje del entorno del monarca marroquí contó en sus memorias que, en mitad de la fiesta, Franco desapareció. Algunos de sus invitados se pusieron a buscarlo, y lo encontraron finalmente llorando en una habitación. Cuando le preguntaron qué le pasaba, el dictador respondió que ese día había perdido a un hijo. No debían ser muy espabilados los dos capitanes generales —uno español y otro marroquí— que le habían encontrado, porque le recordaron que no tenía hijos varones.

—No habéis comprendido nada —parece ser que respondió—. Mi hijo es Marruecos y hoy lo he perdido.

[Malas notas en francés]

Los malos cierres no solo dejan cabos sueltos para quienes antes agarraban el poder. La torpe gestión de la descolonización por parte de España —con el interés más puesto en los traspasos entre élites que en un verdadero proceso de transición— tuvo también consecuencias negativas para los marroquíes, ya independientes, del norte.

Recuerdo como si hubiera sido hace un momento algo que me dijo una de las primeras personas con las que hablé sobre el protectorado en toda mi vida. Fue en mi primer viaje a Tetuán. Se llamaba B. y yo nunca antes había escuchado una postura como la suya: «Para nosotros, la independencia fue una segunda colonización».

Ahora ya casi me he acostumbrado a que «estábamos mejor con el protectorado» sea una constante en las conversaciones que mantengo, sobre todo con gente mayor: una aparente contradicción que no deja de sorprenderme, pero que tiene sus razones.

Estoy en la antigua estación, uno de los edificios más representativos de Tetuán. Es una gran presencia blanca y verde, un resto de *art déco* con cierto aire de castillo que destaca en la zona de la ciudad que inicia la bajada desde la parte histórica hacia la moderna, como varado en un mar de rotondas y nudos de asfalto. Fue una de las construcciones importantes de la época del protectorado, principio y fin de la línea ferroviaria que unía a esta ciudad con Ceuta. Es un clásico de las propagandas coloniales lo de presumir de *haber llevado el ferrocarril* a los sitios.

Hoy la antigua estación alberga el Centro de Arte Moderno, otro de esos museos que se me habían quedado pendientes y que llego a visitar *in extremis* durante mis últimos días en la ciudad. Tiene una colección interesante, muy útil además para entender el devenir de la pintura marroquí desde el protectorado hasta hoy. Allí pienso, entre otras cosas, que, con todos los intentos que hiciera la tradición orientalista, hubo que esperar hasta la llegada del impresionismo para poder pintar bien una medina, su bullicio en constante transformación. Pero, en realidad, mientras paseo por las salas, en lo que más pienso de todo es en los trenes. En los fantasmas —una vez más, sí— de los trenes.

Es por algo que me ha contado I., aquella amiga pintora que puso el primer pósit en el experimento de memoria que hice en mis primeros días en Tetuán. Charlando con ella sobre este libro, me cuenta algunas historias de lo que pasó después de la independencia en su familia. Cómo no obtuvieron casi nada en un reparto de tierras que privilegió a marroquíes que venían de otras partes. Cómo muchos de sus parientes emigraron a Europa en distintos momentos de las últimas décadas. Cómo es un tabú que otra cosa que pasa con muchos de sus parientes es que han tenido o tienen problemas de salud mental: desde los más mayores, que sufrían en silencio las consecuencias de los traumas de las guerras, hasta los más jóvenes, que lo hacen ahora con las de la emigración o la pobreza.

Resume la situación con una imagen:

—Si es que cuando se fueron, los españoles se llevaron hasta los trenes.

Se ve que la propaganda de *llevar el ferrocarril a los sitios* no requiere ni siquiera dejarlo allí después. Me acuerdo de otra historia que cuenta esto mismo. Es el cuento «La tía Aicha», del escritor ceutí Mohamed Lahchiri, que lo vivió desde el otro extremo de las vías. Recuerda «un tren cuyo paso diario alimentaba los sueños de unos niños ceutíes de la barriada del Príncipe Alfonso». Y que, un día de 1958, «dejó de pasar, y solo quedaron las vías y las historias de padres y abuelos —militares del Ejército español— que lo habían cogido alguna vez para ir a Tetuán, en busca de pan, durante una famosa hambruna que había azotado la zona, causada por alguna sequía, en algún año después de la guerra de España». En ese relato (en relatos como ese), España no es sobre todo quien había llevado a Marruecos la guerra, sino el tren y el pan, y su partida, lo que lo había devuelto a la miseria.

Muchos de los autores marroquíes que escriben en castellano tienen algún cuento o algún pasaje sobre temas parecidos. Escribe Said Jedidi, por ejemplo:

> El protectorado cultural o idiosincrático siguió durante más de un lustro: los tetuaníes seguían prefiriendo todas las mañanas el *Diario de África* (...) Los suplementos deportivos de los lunes acaparaban todas las atenciones y los norteños vivían con la mirada convergida los domingos hacia el Chamartín o hacia el Camp Nou (...) Había quienes presumían de sacar malas notas en francés.

«Sacar malas notas en francés»: una de las madres del cordero. Por ahí iba también algo que me contaba B. cuando hablaba de esa «segunda colonización» que vino tras la independencia. Pero, en su recuerdo, las malas notas en francés no eran motivo de orgullo, sino de preocupación: «En las escuelas en francés, nuestros hijos se quedaban rezagados».

Hoy, de Tetuán a cualquier parte se viaja en autobús o en taxi compartido. Porque nadie volvió luego a poner un tren sobre aquellas vías: nada de facilidades para los levantiscos habitantes de esas montañas. Y es que, ante las injusticias que sentían en la estructuración y reparto de poder de la nueva etapa, los y las tetuaníes no se quedaron quietos ni calladas. Sobre todo durante los llamados *años de plomo* del reinado de Hasán II —que heredó el trono de su padre en 1961 y ejerció en las décadas siguientes un poder represivo y sanguinario—, la resistencia rifeña volvió a la acción. En los años ochenta tuvieron lugar las llamadas «revueltas del hambre», con huelgas y levantamientos populares que fueron combatidos con muchísima violencia.

Es en ese momento cuando se cerró al paso la antigua plaza de España, luego plaza Feddan, hoy plaza Mechuar. Antes no era una elipse vacía, una superficie desierta con un gran centro de mosaicos. Antes era un parque con un templete en medio y bancos alrededor, un lugar de encuentro adornado con plantas en el que se desplegaban los puestos de un mercado. Pero, en 1988, eso se acabó. Alegando razones de seguridad, la plaza Feddan, antes plaza de España, desde entonces plaza Mechuar, se destruyó y se blindó para uso exclusivo de palacio. Un palacio casi siempre vacío, cuya principal utilidad es probablemente servir de recordatorio de un poder que expulsa a la gente del centro de sus propias vidas.

Y la desplaza a otro sitio.

En 2016, ya durante el reinado de Mohamed VI, la vieja plaza se reconstruyó unas cuantas calles más allá. Se volvió a elevar el templete, se recolocaron los bancos, el espacio se reconstruyó casi tal cual. Se le dio, eso sí, un nuevo nombre: Feddan Park. Aunque A. y yo preferimos referirnos a él como «la Feddan falsa». Desde la Feddan falsa se tienen unas vistas estupendas de la medina y el cuartel de los Regulares. En medio de la explanada, el templete se ilumina por la noche, y debajo hay un enorme parking subterráneo. Las familias y las parejas pasean y se hacen fotos. Si quieren, pueden subirlas a Instagram etiquetando a @feddanparktetouan, y la cuenta a veces las postea. A un lado hay un café bastante chic donde camareros con traje sirven zumos y pasteles. No son los más sabrosos de la ciudad, pero el ambiente del sitio es agradable. Hay muchas mujeres solas y en grupos, y por eso yo también voy ahí a veces. Se llama Café Granada, por cierto. Cuando pido la merienda titubeando en mi pobre dariya que poco a poco mejora, siempre siempre siempre me responden en francés.

[La historia sin trascender]

En 2012 se cumplieron —claro— cien años del comienzo del protectorado. Con motivo de ese centenario, y auspiciado por el Ministerio español de Asuntos Exteriores y Cooperación, se editó uno de los estudios más amplios y pretendidamente hondos sobre ese periodo. Tres volúmenes, agrupados bajo el título de *La historia trascendida*, en los que se recogían investigaciones y testimonios, documentos e imágenes personales, relatos y memorias. Más de mil quinientas páginas que miraban a ese pasado desde el punto de vista jurídico, socioeconómico, demográfico, científico, cultural.

En el libro puede haber textos más interesantes y menos, pero las mil quinientas páginas están atravesadas por un mismo problema: el sello de Iberdrola como patrocinador de la publicación.

Iberdrola es uno de los principales inversores españoles en Marruecos. Aún en 2023 selló una alianza con la Corporación Financiera Internacional, que forma parte del grupo del Banco Mundial, por la que será una de las empresas calificadas para la transformación energética que llevará al país hacia las energías limpias y la descarbonización. En el momento en que escribo estas líneas, la compañía está en la fase final de competición para la adjudicación del proyecto Noor Midelt II, una gran planta fotovoltaica que supondrá una inversión superior a los quinientos millones de euros. Noor Midelt I lo consiguió EDF, la empresa eléctrica nacional de Francia.

La parte dedicada a *La historia trascendida* en su web dice cosas como:

> (...) una obra divulgativa que trata en profundidad y de forma amena la influencia que cada país tuvo sobre el otro (...) nace con el objetivo de trasladar al lector a la época más significativa de la presencia española en el norte de África (...) se recorren los diferentes periodos cronológicos en los que se desarrolló la obra de España en el Protectorado de Marruecos (...) pretende esbozar la trascendencia de la actuación humana en campos tan diversos como la educación, la literatura, la pintura, la diplomacia o la política, sin olvidar la mención a los muchos héroes de las campañas militares.

Me pregunto, de verdad me pregunto, qué hay realmente detrás de ese título de *historia trascendida*. ¿Historia trascendida en el sentido de que se trata de aquello que trascendió, por encima de todo lo que quedó oculto? ¿O historia trascendida en el sentido de superada, dejada atrás? Lo cierto es que cualquiera de las dos opciones se ajusta bastante bien al modo en que España se ha relacionado con ese colonialismo que el libro pretendía abordar.

Después de la independencia, las tropas permanecieron en el territorio algunos años: las últimas unidades lo abandonaron en agosto de 1961. Muchas de las familias españolas que habían llegado a hacer su vida allí tardaron todavía más, algo diferente a lo que pasó en otros países cuyas independencias llegaron de forma más abrupta o más conflictiva. Esta realidad iba a tener, inevitablemente, una incidencia en cómo sería contada, recordada y perpetuada más adelante esa «historia de convivencia». Como escribiría décadas más tarde el autor marroquí judío León Cohen Mesonero,

> en 1956, el Protectorado real no desaparece, sino que la mayoría de los españoles y extranjeros así como los sefardíes, permanecieron en Marruecos por razones diversas: unos porque su trabajo seguía allí y otros porque tenían sus propiedades, y

> los más porque no sabían adónde ir (...) La salida fue escalonada a lo largo de diez o quince años aproximadamente, y no sería desacertado contemplarla, pasado el tiempo, como una salida por simpatía: si la familia del piso de al lado se había ido, uno debía también marcharse; y así casi todos se fueron yendo, sin prisa pero sin pausa. Más tarde vendrían, por este orden, la sensación de desarraigo, el exilio interior y la vuelta desde la nostalgia o la recreación de un tiempo perdido.

La nostalgia puede ser comprensible en una vida, pero el problema es cuando se vuelve colectiva. Institucional, incluso.

En uno de los textos introductorios de *La historia trascendida*, el ministro español de Asuntos Exteriores del momento, José Manuel García Margallo, habla de «asumir nuestras diferencias como algo enriquecedor» y de «superar recelos anacrónicos». Su homólogo marroquí, Saad Dine El Otmani, dice que la publicación sirve para «reconciliarnos con el pasado», por más que —¿no será *porque*? — no aborde temas (siempre según sus palabras) como «la implicación de los marroquíes en la guerra civil española, los excesos de la guerra del Rif, los sucesos de la batalla de Annual y otras cuestiones que podrían ser objeto de discrepancia».

El coordinador de la obra es Manuel Aragón Reyes, un catedrático de Derecho Constitucional y magistrado emérito del Tribunal Constitucional de España. En su introducción a la obra, se refiere a la colonización de Marruecos como «la acción española en aquel territorio». No cabe que sea un desliz, porque lo explica: que esta acción no se puede entender «como un "colonialismo rapaz y exacerbado" (como a veces se ha hecho) ni tampoco como un "colonialismo bondadoso" (como a veces también se ha dicho). Principalmente porque aquella no fue, en sentido estricto, una situación colonial». Aunque, al mismo tiempo, se justifica también el componente bélico: «que no siempre fuera una acción "protectora" es algo que entra dentro de lo normal si se abandona el "buenismo" a la hora de juzgar el pasado».

La introducción también explica que los libros se plantearon desde «una pluralidad de enfoques, "nacionales" y "sectoriales", [y] también una pluralidad de valoraciones». Lo que se lee entre líneas de eso es que los distintos relatos son equivalentes, todos válidos, y que la tarea de decidir sobre ellos corresponde a quien lee. Una perspectiva que se ha quedado un poco atrás a estas alturas del siglo y del desarrollo teórico, pero que encaja sin embargo a las mil maravillas con la manera en que la Cultura de la Transición ha hablado del pasado en España. La equivalencia entre versiones, la lógica de la reconciliación. Cualquier día de estos sale el tema en un anuncio de Campofrío.

Este libro, este viaje, están poblados de fantasmas. Aparecen por todas partes: en las casas, en las estaciones, en los relatos, en mí misma. Siempre que los veo, pienso en aquello que decía la filósofa María Zambrano:

> Se teme de la memoria el que se presente para que se reproduzca lo pasado, es decir, algo de lo pasado que no ha de volver a suceder. Y para que no suceda, se piensa que hay que olvidarlo. Hay que condenar lo pasado para que no vuelva a pasar. La verdad es todo lo contrario. Lo pasado condenado —condenado a no pasar, a desvanecerse como si no hubiera existido— se convierte en un fantasma. Y los fantasmas, ya se sabe, vuelven. Solo no vuelve lo pasado rescatado, clarificado por la conciencia; lo pasado de donde ha salido una palabra de verdad (...) Pues la tragedia no se repite. Cuando se repite es porque es la misma, porque el umbral de la fatalidad no ha sido traspasado.

A lo mejor lo que está pendiente de *trascender* es cierto modo de contar y contarse las cosas.

[La batalla de Tetuán]

Casi ciento sesenta años después de que Fortuny llegase a Tetuán, en esa misma ciudad otro artista está trabajando en algo. Se llama Amine Asselman y nació allí en 1989. Tiene ahora mismo treinta años, algo menos que Marià cuando murió. Y ha tomado su *gran cuadro* por lienzo.

Lo trabaja en formato digital, con Photoshop. Sobre los montes y el campamento y los caballos y los soldados del viejo óleo superpone fotografías extraídas de noticias recogidas en internet.

Fotografías de las porteadoras marroquíes que pasan mercancías de contrabando a través de las fronteras de Ceuta y Melilla; y fotografías de los gendarmes y los guardias civiles que, desde cada lado, lo controlan o lo supervisan o lo impiden o no lo impiden.

Casi ciento sesenta años más tarde, esa es, cada día, la *batalla*.

SIDI IFNI

[bonus track]

[Suerte Loca]

Según se baja por el Boulevard Moulay Youssef, antigua calle Alonso Fernández de Lugo, el Suerte Loca se ve durante todo el camino, como encajonado al fondo de la cuesta. En realidad, está pensado para que se aprecie desde el otro lado, desde la parte baja y final de la ciudad, desde la carretera que lleva a la playa y al morabito. Desde esa perspectiva, el viejo hotel no está encajonado en ninguna parte, sino que corona apacible una colinita: parece un raro pájaro sentado allí, con sus paredes encaladas y sus destellos azules y las ventanas abriéndose como picos hambrientos sobre el terraplén.

Pero yo llego desde arriba, desde el centro. La calle está despejada y solo una moto aparcada delante de la puerta, junto a una palmera chata, da una pista del siglo en el que estamos. *Crêperie, restaurante, café*: los anuncios invitan a entrar con la llamada de ese mismo añil mediterráneo de las barandas y las celosías de tantos pueblos, pero las puertas están cerradas.

En la fachada frontal, a modo de cartel principal, hay media tabla de surf de madera clara, algo comida en los bordes por el óxido del mar. Manuscrito en pintura negra con una letra escolar, cuidadosa, su nombre: «Hotel Suerte Loca». Y al lado, con grafía distinta y algo más pequeña, una aclaración: «since 1936».

Quizá todo lo que quiero contar sobre Ifni ya está dicho ahí.

[Ocho españolistas sobre un tejado]

No sé si será la presión atmosférica, el nivel del mar o esa bruma que por las mañanas tiñe de gris los antiguos cuarteles, pero al llegar a Sidi Ifni la sensación de irrealidad se impone de manera casi inmediata, como si un yinn le hubiese entrado a una en el cuerpo con la tarea de poner algo de distancia entre las cosas y la mirada. El camino hasta allí contribuye al efecto. Verde chumbera, naranja caliza, camellos, arganes, curvas. El taxi colectivo traquetea durante un par de horas por un paisaje en el que solo las casas dispersas dan, de vez en cuando, una mínima noción de no estar en otro planeta.

Viajo con G. Nuestra relación dura ya unos cuantos años, y nace de lo mismo que este libro. G. fue mi profesor y luego mi director de tesis. Cuando me faltaba poco para defenderla, un día me escribió para contarme que, haciendo una limpieza del correo, se había encontrado con el apabullante dato de que desde 2012 nos hemos mandado más de tres mil quinientos. La mayoría de ellos van sobre lo mismo que estas páginas.

G. es un gran gran conocedor de Marruecos. Lleva más de cuarenta años viajando a menudo por el país y estudiándolo desde distintos puntos de vista. Y, sin embargo, no ha estado nunca en el lugar al que vamos. Eso puede dar medida de lo recóndito y poco prioritario que resulta este sitio para todo el mundo. El año pasado, en otro viaje, unos amigos nos iban a llevar allí, pero al final surgió cualquier otra cosa y no lo hicimos. Se nos había quedado clavada la espinita y queríamos sacárnosla, así que esta primavera nos organizamos para venir directos, sin mayor excusa.

Lo de directos, por supuesto, es un decir. El viaje es todo lo contrario a eso. Llevamos unas cuantas horas de periplo hacia el sur desde Agadir. Hemos hecho cambio de taxi a mitad de camino en Tiznit, una ciudad de mercado en cuyo aparcamiento me sorprendió la gran organización de los conductores: frente al guirigay con el que se distribuye habitualmente a la gente por vehículos y destinos, allí lo tenían todo pautado, con cuadrantes y una especie de capataz que pasea por entre las filas asegurándose de que el orden se cumpla.

Disfrutamos del trayecto charlando, aunque en algún momento el mareo nos puede y miramos por la ventana en silencio. Al fondo se intuye una franja azul como promesa de algo. De algo cierto: tras un repecho, la vista se abre para mostrar el mar en toda su amplitud. Aún faltan unos kilómetros para ver también, recortada contra la costa, una ciudad con pinta de estar esperando el abordaje. «¡Ahí está!», decimos, con ese tono de haber encontrado un tesoro perdido por el que se reconoce a los peregrinos. Pero no, por ahora la promesa no se cumple. Esa primera ciudad es Mirleft, un enclave más moderno, más turístico y menos cargado de leyendas que nuestro destino.

Seguimos rodando entre curvas durante un rato, y la llegada a Sidi Ifni resulta en realidad mucho menos vistosa. Tras subir una cuesta, de pronto nos encontramos casi en medio de Colominas, un barrio popular, de aire inacabado, que se construyó en los últimos años de ocupación española de la zona. Una bici derrapa en mitad de una nube de polvo, un anciano con chilaba marrón baja por el arcén hacia la glorieta que une las dos partes de la ciudad.

Apenas una hora más tarde estamos caminando por el centro histórico.

Colonizar es también un modo de hacerse con el tiempo. Acelerarlo, robarlo, cambiar su textura o hasta su modo de transcurrir, convirtiendo los círculos en rectas y los ciclos en flechas. En Ifni, el tiempo está sencillamente detenido. En torno a la plaza principal del pueblo —llamada hoy plaza de Hasán II, antes plaza de España, como de costumbre— y en sus inmediaciones hay un total de once edificios que siguen siendo propiedad de España. Algunos han encontrado nuevos usos, en una suerte de préstamo para albergar instituciones de distinto tipo. Pero varios otros permanecen en estado de abandono. Ni se devolvieron a Marruecos ni se utilizan tampoco para nada. Simplemente se dejan caer, habitados por insectos y hierbajos.

Uno de los más llamativos es la antigua pagaduría, la casa de recolección de impuestos del tiempo colonial. En lo alto de su fachada en ruinas, sobre un pórtico *art déco*, aún se puede ver, aunque descolorido, un escudo tallado en piedra que muestra el aguilucho con las alas desplegadas.

Encima hay una balconada. En 2016, ocho activistas se subieron a esa balconada con banderas rojigualdas y ganas de protestar. Resulta que el Estado marroquí había decidido hacer por una vez algo útil con ese edificio que se cae a pedazos, usándolo como sede de un festival cultural. Aprovechando la ocasión, esos ocho hombres, hijos todos de militares que sirvieron con el Ejército franquista, intentaron conseguir oídos para sus proclamas de *españolidad.* Fundamentalmente pedían que se les concediera la nacionalidad de la bandera bajo la que habían ido a la guerra sus padres. Pero tenían también otras demandas más patrimoniales, más colectivas, como la recuperación y protección de los monumentos históricos de la etapa colonial, la desclasificación de documentos de esa misma época y el fomento de la cultura y la lengua española en la ciudad.

La policía marroquí trepó por el mismo camino que ellos, los detuvo, y los extemporáneos patriotas acabaron cumpliendo entre ocho meses y un año de prisión por rebelión, entre otros cargos. Los ocho tenían nombres y apellidos marroquíes, y entre veintitrés y cuarenta y cuatro años de edad: es decir, no habían vivido nunca bajo esa bandera que acusan a la policía de su país de haber ultrajado en el transcurso de la detención. Su reivindicación, no obstante, no era nueva: la mayoría de ellos había pertenecido a la Asociación Memoria y Derechos de Ifni, que un tribunal marroquí disolvió en 2015 por considerarla una amenaza para la integridad territorial del país. Me pregunto cuántos nacionalistas españoles sabrán de estos posibles aliados tantos kilómetros al sur. Me pregunto si oirán lo que están pidiendo.

Si los ocho españolistas ifneños tuvieron tiempo de mirar a su alrededor desde lo alto de la balconada de la pagaduría, habrán visto un paisaje bastante adecuado para afirmarse en sus proclamas. El edificio de al lado, si se gira la mirada en sentido contrario a las agujas del reloj, es una de las reminiscencias más curiosas del tiempo colonial en la ciudad: la iglesia de la Santa Cruz. Su campanario recuerda a las torres de las casbas que se ven al atravesar los desiertos del sur del país, pero en la fachada, bajo cierta luz, todavía se puede ver una ligera sombra como huella del lugar donde estuvo colgada la cruz. Hoy el edificio funciona como tribunal de primera instancia —de manera provisional, hasta que se construya uno moderno—. Los bancos siguen en fila como para una misa, pero en el altar ahora hay una tribuna.

Un poco más allá está la antigua casa del gobernador, con sus balconadas de madera y sus torreones, que hoy es la residencia oficial del rey de Marruecos en Ifni —otro palacio que se pondrá de vez en cuando a punto por si llega, revolucionando por un rato toda la ciudad—. A su lado, la antigua Secretaría General, que está en ruinas, con todos los huecos de la planta baja cegados para que no entre nadie. Los antiguos juzgados son ahora una vivienda privada; y lo mismo ocurre con las que fueron viviendas de mandos militares y las de la Legión —¿quién habrá podido hacer esa compra, cómo y cuándo sucedería?—. La antigua comandancia de Marina es ahora el Hotel Marina.

Aunque lo más llamativo llegaría en caso de poder aguzar la vista lo bastante como para ver los nombres de las calles. Porque aquí la toponimia franquista no resiste solo en el habla: también sigue en los muros. Aunque haya debajo otras placas nuevas, con la nomenclatura contemporánea, se conservan también las antiguas, de modo que al dar la vuelta a una esquina una puede encontrarse con la calle del General Mola, la de los Tiradores de Tetuán o las de Oviedo, Santander, Toledo o Castilla la Vieja.

O con la Escuela Carrero Blanco, por ejemplo.

Todo en Ifni hace pensar en una extraña coda. La historia colonial es, allí, muy tardía. Fue el último territorio conquistado: la expedición que lo marcó como parte del mapa de posesiones españolas llegó en 1934, durante la Segunda República. Y se *conserva* también hasta muy tarde: aunque casi nadie la recuerde, en 1957 comienza la guerra de Ifni, que duraría hasta el año siguiente, cuando Franco firmó la retrocesión del territorio a Marruecos. Fue la última guerra que libró España; en ella murieron o desaparecieron más de trescientas personas y hubo más de quinientos heridos. Pero tampoco entonces acabó el cuento: la ciudad de Sidi Ifni permaneció asediada durante diez años. No se entregó a Marruecos hasta 1969.

Repito: 1969.

Repito: casi nadie se acuerda de esto.

Mentira: quiero decir que casi nadie se acuerda de esto *en España.* En Ifni, a nadie se le ha olvidado.

Bajo los tejadillos del antiguo Cine Avenida, no muy lejos de la plaza, H. ha instalado su *oficina*. Viste una chilaba planchadísima y una gorra que pone Versace en letras demasiado grandes como para que sea verdad. Nos ofrece *churros*. Tienen forma de buñuelo, pero saben, efectivamente, a churro. Los va sacando de una bolsa de papel como las de las ferias, mientras nos muestra su *españolidad* recitando de memoria nombres de ríos, montes, provincias, al más puro estilo de la enciclopedia Álvarez. Tiene setenta y pocos años, afirma —aparenta muchos menos—, y un fuerte orgullo de ser *hispanófono*. Es de esa generación que tenía unos catorce o quince años cuando terminó la colonización española. «Nos quedamos un poco como... ¿quién ha apagado la luz?», dice. Y también: «Siempre estoy aquí en la oficina, pasad cuando queráis». Se ve que le encanta contar historias. Su compañero de mesa, menos hablador, pone música latina a volumen alto en un radiocasete.

Mientras doblamos la esquina hacia la calle del Alférez Ruiz, aún le escuchamos decir: «Otros vienen aquí a conocer; los españoles, a recordar».

[Mis abuelos bajo el mando de los vuestros]

Conocemos a J. junto a la Barandilla. La Barandilla —así, en castellano, claro— es el paseo que baja desde el centro de la ciudad hasta la playa, salvando el acantilado con amplias rampas y escaleras de piedra. Tiene un pasamanos señorial, pintado —cómo no— de azul y blanco, en el que las mujeres se apoyan por la mañana, cuando vuelven de dejar a los niños en la escuela, y los hombres a cualquier hora, después de cualquier café.

J. va a llevar el mismo atuendo todos y cada uno de los días que nos lo encontremos: camisa y corbata —a veces con chaqueta, a veces con jersey—, zapato negro impoluto y una mochila de monte cargada de libros para ilustrar todo lo que nos explique. Su elegancia también tiene algo de espiral en el tiempo: para ir a la Barandilla, la gente solía ponerse mona porque era, básicamente, el lugar de cortejar. «No te pones tan guapo para ver el mar», cuenta que decía su madre, o quizá la madre de cualquiera.

J., que es un erudito, adora la historia de Ifni, y adora encontrar interlocutores a los que contársela. De unos cuarenta años, hace poco que ha regresado a su ciudad natal, después de vivir en España una temporada. Mantiene el vínculo con Madrid por un doctorado a medio acabar y, aunque es muy discreto, a veces se le escapa un aire de echar de menos algunas cosas. Aunque sabe lo que quiere hacer aquí, cuando consiga los títulos necesarios: «Seré el primero que dé clase de español en Ifni desde 1969».

«Vamos a empezar por ahí, ¿no? Porque ahí empezó todo», dice luego, señalando a la playa. Y emprendemos camino hacia *ahí*, Barandilla abajo.

Ifni es otro de esos lugares que parecen tener siempre un pie en la verdad y otro en la mentira, en los que nunca sabes si puedes creerte del todo nada de lo que te cuenten. Y parece ser que eso es así desde sus propios orígenes, enraizados más en el mito que en cualquier otra cosa. La colonización por parte de España de ese punto aparentemente azaroso del mapa se debe a un rumor antiguo. Allá por 1476, el navegante Diego García de Herrera levantó en algún punto de esa costa un fortín al que puso el nombre de Santa Cruz de Mar Pequeña. Iba enviado por los Reyes Católicos, para variar; y el fortín corrió una suerte no muy buena por ataques de piratas, tribus vecinas y demás familia, para variar también. Duró unos cincuenta años, y luego cayó en el olvido: España tenía posesiones más interesantes de las que ocuparse, al otro lado del océano.

Pero cuando empezó el reparto colonial decimonónico, alguien debió recordar que había visto en algún documento una referencia a aquel puesto en el que una vez ondeó la bandera española. No hacía falta mucho más que eso para trazar una frontera: en el tratado con el que se puso fin a la guerra de Tetuán, España sumó Santa Cruz del Mar Pequeña a lo que le tocaba. Y la ubicó, a ojo de buen cubero, en algún punto de la costa acantilada que tienen enfrente las islas Canarias. Pero no se hizo nada más que marcarla en el mapa, en realidad. No se envió a una tropa, no se elevó una casa. Se *tenía*, simplemente. Por lo que pudiera pasar. Para que no la tuviera otro.

Será en 1934 cuando se decida finalmente hacer algo al respecto, y esta no deja de ser una de las paradojas algo difíciles de encajar que conlleva abrir esta caja negra: la última expedición africanista no la manda ni el absolutismo ni Primo de Rivera ni Franco. La última expedición africanista la envía Alejandro Lerroux en los últimos meses de la Segunda República. El encargado de llevarla a cabo fue el coronel Fernando Capaz, un africanista que había ganado su prestigio durante la *pacificación* del Rif, cuando su buena mano negociadora le había hecho ganarse a un buen número de cabilas. Su encargo era repetir la estrategia en el sur.

Y, ciertamente, lo que en el norte había tardado décadas y había causado un enorme y sostenido derramamiento de sangre, en el sur se resolvió en unos días y sin batalla alguna. El trabajo ya venía siendo hecho. La población de la zona, la tribu de los Ait Baamrane, era comerciante, y acudía a los mercados del norte. Allí no solo se intercambiaban mercancías, también se trapicheaba con territorios, poder y promesas. Quizá no fuese tanto que Capaz tuviese un fabuloso carisma y supiera conquistar a los líderes tribales nada más llegar, en un par de reuniones: tal vez es que iba ya con el negocio resuelto.

En todo caso, lo supo vender bien también en los pasillos del regreso. Su llegada a las costas ifneñas ha pasado a la historia como una expedición heroica y casi luminosa, un cuentito de hombres capaces de vencer al mar. Uno de los cronistas de esa llegada fue el escritor Manuel Chaves Nogales, que también arribó en un cárabo a la playa que nos enseñaba J. Su misión no era conquistar, sino contarlo: cubría la noticia para el diario *Ahora*. En sus crónicas, reeditadas recientemente bajo el título de *Ifni, la última aventura colonial española*, el sevillano destaca sobre todo dos cosas: lo inhóspito del lugar, y que se pudiera ocupar sin pegar un solo tiro. Que ambas cosas resulten en realidad bastante coherentes entre sí no se dice ni entre líneas.

«Esta nueva provincia española de Ifni no es gran cosa» —describe al llegar, tras un buen rato de mareo atlántico—. «Una faja de terreno de sesenta kilómetros de larga por veinticinco de ancha (unos quinientos kilómetros cuadrados), surcada por cinco o seis riachuelos, casi todos sin agua; una costa dura e inaccesible, que el mar bate con furia, pegándole dentelladas y haciéndole unos socavones impresionantes; unos poblados moros, el mayor de quince casas; tierra pobre; pocos árboles».

Era abril. Cuando el 13 de octubre de ese mismo año un desfile militar recorrió Oviedo tras la represión de las revueltas de la zona minera asturiana, era un *moro* ifneño quien llevaba el pendón, en un triste presagio de lo que iba a venir luego.

Y es que la voluntad de hacerse con Ifni nunca fue comercial, ni demográfica. Fue militar. En una triste paradoja, lo que España emplazó en aquellos arenales desiertos conquistados sin un solo tiro por la última expedición colonial republicana fue un campamento de seis tabores de tiradores, una guarnición de unos mil indígenas sin ningún soldado peninsular, que acabarían por resultar paradójicamente cruciales para las maniobras del franquismo. Después de la guerra, aquel territorio, que apenas producía algo más que higos chumbos y que ocasionaba gastos considerables al Tesoro, volvió a caer en un tranquilo olvido, más allá de ciertos tira y aflojas recurrentes por la reivindicación de un corredor que lo uniese con Cabo Juby por la costa.

J., sin embargo, no se mete en ninguno de esos berenjenales cuando nos cuenta la historia de la ciudad. «Yo sé que en España tenéis muchos problemas todavía con esto de la memoria —dice— y yo no estoy con ningún bando. Cada uno sabrá».

Lo que sí hace es explicarnos el extrañísimo urbanismo de Sidi Ifni, que revela perfectamente ese carácter más de campamento militar que de capital de provincia. Desde la ventanilla de un avión —o en Google Maps—, lo que se ve es un pequeño cúmulo de edificios situado entre dos explanadas vacías. Y esto no es muy distinto de lo que debían de ver los militares españoles destinados allí en los años treinta o cuarenta del siglo XX cuando se dispusieran a aterrizar. La ciudad está encajada entre dos amplios espacios deshabitados: un aeródromo al sur y las propiedades del cuartel de Tiradores al norte. Por el este la flanquea una pequeña cadena montañosa.

«Aquí debería haber una ciudad», masculla J. mientras recorremos, bajo la solanera, los seis mil metros cuadrados de aeródromo abandonado. No se resigna a que Sidi Ifni no haya podido crecer de manera más orgánica, más lógica. Al fin y al cabo, cada día tiene que recorrer ese mismo secarral para llegar al instituto donde trabaja. Chaves Nogales también recoge en sus crónicas que una de las primeras cosas que se hicieron en los días de la toma de posesión de la zona fue quitar las piedras de esa explanada para que pudieran aterrizar los aviones. «El coronel puso la mano sobre el hombro a un indígena y le dijo: "Tú serás el jefe del aeródromo"», relata. J. cuenta lo mismo de otra manera: «Esto se lo curraron mis abuelos bajo el mando de los vuestros».

Después de preparar las instalaciones militares, empezó el reclutamiento. Dicen las crónicas que, solo el primer día, trescientos hombres de las tribus imaziguen de los Ait Baamrane pasaron a hacerse con sus fusiles. Según Chaves Nogales, el coronel conseguía convencer a los ifneños para alistarse «contándoles primero un cuento de hadas y luego un cuento de miedo». Con el proceso de urbanización posterior, se llamaría también a acudir a tribus colindantes, y, además, los españoles llevaron allí como colonos a habitantes de otras zonas del país. Se realizaban, incluso, estudios etnológicos destinados a encontrar los mejores soldados para cada caso, para cada puesto, para cada situación: una frente de tal forma denota mejores aptitudes para Infantería; tales costumbres son más adecuadas para entrar a la Marina. J. recorre las fotos y dibujos de alguno de los libros que saca de su mochila de monte, lee con curiosidad las medidas y las anotaciones: tamaños de cráneo, pruebas médicas hechas sin consentimiento, juicios de valor. «Nos estudiaron, ¿eh?».

Hoy ya no aterrizan aviones en el viejo aeródromo, pero sigue siendo territorio militar, aunque marroquí: donde solía estar el escudo de la Falange, ahora hay uno de la monarquía alauí. No se permite que lo atraviesen vehículos, salvo por dos excepciones: la carga y descarga de camiones para el mercado semanal a un lado; y, al otro, el paso del coche del gobernador provincial entre su casa y el edificio de la Administración en el que tiene su despacho, para lo que han trazado incluso una carreterita. Bueno, dos excepciones y un ejercicio de picaresca: el antiguo aeropuerto militar también sirve hoy como campo de prácticas para una autoescuela.

Nuestro paseo acaba de vuelta en la plaza de España, actual plaza Hasán II. Nos detenemos un rato a mirar los bancos de azulejos con motivos de la época de los Reyes Católicos y las pérgolas de madera con celosías entre las palmeras datileras y las araucarias. J. nos invita a fijarnos en la estatua que está en el centro. Parece que le falta algo. Y así es: en lo alto en principio tuvo un busto, el del coronel Capaz, pero se descabezó tras la reincorporación del territorio a Marruecos. Se dejó, sin embargo, la peana: una estructura de piedra con forma de águila franquista. Probablemente al último conquistador español, aquel republicano que negociaba bien, pero no vio venir a qué le iba a ser útil su hazaña, que lo bajasen de ahí no le habría parecido mal.

[*Euphorbia capacia*]

Mientras caminamos por el terraplén polvoriento del aeródromo, J. de vez en cuando se detiene delante de alguna de las escasas plantas que nos encontramos. A ojos forasteros, todas son parecidas: algo entre cactus y crasa, con cortecillas rugosas y pinchos donde una esperaría encontrar flores. Él las mira en detalle, recoge algunas, a veces quiebra un tallo para comprobar la textura de la savia.

Poco después de la conquista del territorio, en 1935, la Junta para la Ampliación de Estudios e Investigaciones Científicas de la República envió a la zona de Ifni una comisión científica. Eran cuatro personas. Recorrieron playas, cerros, tomando notas y haciendo bocetos. El resultado es un documento de *Datos botánicos del territorio de Ifni*, que recoge también la crónica de la expedición. Asimismo, los exploradores se llevaron una muestra de las plantas al Jardín Botánico de Madrid, para ampliar la colección de especímenes presentes en los territorios españoles.

J. ha estudiado ese herbario. Y tiene un sueño: reproducirlo. Dice que ese trabajo no se ha vuelto a hacer, y que estaría bien renovarlo. Así que está intentando montar de nuevo el herbario, y cuando lo acabe tiene pensado enviarlo también al Botánico de Madrid. Le haría ilusión que estuviera allí.

Pensamos, sin embargo, que a lo mejor a algunos de los nombres de las plantas convendría darles una vueltita. Esa de hojas aplastadas y flor pequeña y blanca que parece crecer mágicamente entre la arena, por ejemplo, se llama *Lerrouxia ifniensis* en honor al presidente de la República que envió la expedición.

Claro que también es verdad que lo de los nombres a veces lo hace por sí misma la gente, hasta sin intención. A la *Euphorbia capacia*, nombrada así por el conquistador, popularmente se la conoce como *mala leche*. Por la savia blanca y pegajosa que sale al partir el tallo. Dicen.

[Si un ovni llegara a un desierto]

Después de establecer sus cuarteles y su aeródromo, los españoles recién llegados a Ifni tuvieron que hacer brotar de la nada arenosa un lugar donde les pudiera resultar agradable vivir. Al fin y al cabo, aquellos a quienes les tocase quedarse allí por una temporada pronto recibirían a sus mujeres, a sus hijos y algunos baúles llenos de cosas con las que remedar, en la medida de lo posible, la vida que tenían en la península.

Mirando de nuevo el óvalo de la plaza central de la ciudad, se me antoja la huella de un platillo volante que hubiese aterrizado allí con la intención de reproducir a su alrededor el mundo del que venía. *¿Qué es lo fundamental para que esto sea una ciudad de las nuestras?*, se habrían preguntado los conquistadores al descender de la aeronave. Una iglesia, un mercado, una escuela, un banco. Una pagaduría, un ayuntamiento, un tribunal. Un hospital y un dispensario. Como en una maqueta, los edificios que marcan los puntales económicos y sociales de la sociedad española del momento se levantan rápidamente sobre un plano en cuadrícula.

Se construyen en el mismo estilo: *art déco aerodinámico*, esa variante de moda a finales de los años treinta en la que los edificios, a base de líneas curvas, ladrillos de vidrio y ojos de buey, acababan por tener un aire de barcos. Se rodean de palmeras y buganvillas, se cubren de cal como es costumbre en algunas zonas del sur de España. En torno a la plaza se abren tres bares: el Twist Club —hoy casi derruido— era la sala de baile más famosa de la ciudad; el club de oficiales, un rincón selecto por cuya escalera de estilo imperial solo podían subir quienes ostentaran determinadas medallas; y el casino de suboficiales, un limbo para quienes ni podían acceder a lo uno ni querían resignarse a lo otro.

Este ovni recién aterrizado tenía claro que, para reconstruir un mundo, tan importantes como los edificios eran las normas, las costumbres, los guardianes delante de cada puerta.

Lo que pasa con las ciudades es que, planificación aparte, siguen también creciendo a su antojo, como las hierbas salvajes en los jardines. Durante los años de la colonización, Sidi Ifni llegó a tener cincuenta mil habitantes. La zona central y diseñada *ad hoc* la ocupaba la parte europea de la población, unas ocho mil personas. Pero en torno a ella se fue desarrollando el que hoy en día se sigue llamando *barrio moro*. Este desarrollo tiene algo de anomalía: normalmente las poblaciones existían antes de la llegada de los colonizadores, estos las ocupaban y construían un ensanche a su alrededor. Aquí ocurre a la inversa. Son los habitantes de las tribus de la zona quienes, en el momento de sedentarizarse, van construyendo un campamento algo más permanente de lo habitual en torno a ese centro levantado artificialmente por los recién llegados.

En el *barrio moro* la lógica es otra. Las callejas son estrechas, las casas se cierran sobre sí mismas al estilo árabe y el trazado laberíntico disuade de entrar a esos invasores que, en todo caso, tampoco tenían especial interés en hacerlo. Salvo para determinadas fotos, claro. J. nos cuenta que es sonada la anécdota del día que el gobernador acudió a la inauguración de la mezquita. Su presencia venía revestida de toda esa retórica de respeto a las costumbres ajenas, particularmente en lo religioso, con la que se andamiaba el discurso colonial español. Pero olvidó cumplir con una de las principales a la hora de entrar en un templo musulmán: en las imágenes de la ceremonia, sus zapatos brillantes destacan entre los pies de toda una congregación descalza.

Otra cosa que pasa también en las ciudades es que siempre tienen una parte oculta. Más abajo del *barrio moro*, más lejos de la plaza premeditada, estaba el último barrio: el de los soldados. Los soldados pobres, se entiende. Allí acudían cuando podían salir del campamento militar, para visitar los chamizos con vocación de bar en los que, como ocurre siempre en los lugares de la violencia y el expolio, pronto apareció también la prostitución. Ahora sí, y aunque en diferido y más bien por la vía de hacer la vista gorda, el ovni aterrizado en el desierto había cumplido la misión de reproducir, con lo visible y con lo oculto, todo un modo de vida.

[La última guerra de España]

Navego por YouTube saltando de vídeo del No-Do en vídeo del No-Do. En este país —España, quiero decir ahora— que aún conserva leyes de secretos oficiales del tiempo de la dictadura, y en el que ni siquiera los archivos disponibles son fáciles de encontrar ni asequibles económicamente, los ejercicios de Robin Hood de la memoria que ha ido haciendo alguna gente a través de la red se agradecen especialmente. Aunque, cuando se hacen búsquedas como esta —«No-Do guerra Ifni», «última guerra España Marruecos»—, los resultados son más bien desasosegantes. «Joer Nuestros auténticos héroes todos ellos Han llenado unas paginas de gloria y sangre derramada A un país que sigue sin estar a la altura de sus hijos más valiosos», dice un tal Marc en el primer comentario del primer vídeo que me aparece entre los resultados.

Se trata de un montaje que toma fragmentos de diversos programas del noticiero cinematográfico franquista de 1957 y 1958 en los que se habla de la guerra de Ifni, que tenía lugar en ese momento. Está en una cuenta en la que no hay subidas muchas otras cosas. Además de varios vídeos de encuentros en los que se recrean combates medievales, hay uno sobre el aniversario de la Sección Femenina, otro de una recepción en El Pardo a veteranos anticomunistas de las guerras europeas y otro más de aniversario, en este caso el de los veinte años de la Falange. Todos se subieron —rescatados de donde fuera que los rescató ese usuario que en su avatar viste casco romano— entre 2018 y 2019.

La de Ifni, esa a la que se llama a veces «la última guerra de Franco», y otras muchas veces «la guerra olvidada», quizá se podría llamar también «el *bonus track*». Cuando la mayor parte de potencias europeas ya habían entendido que debían asumir la independencia de sus antiguas colonias —si no por convencimiento, al menos por aparentar—, España se las arregló para permanecer empecinada en conservar parte de las suyas cerca de veinte años más. Esa parte fueron, justamente, sus territorios del desierto: Ifni y el Sáhara Occidental.

Pero rebobinemos un momento. Desde su fundación en 1934, la ciudad de Sidi Ifni llevó una vida apacible. Apacible como lo son los cuarteles cuyos soldados mueren lejos. Durante la dictadura fue algo así como el plantel de extras que habitaban las imágenes propagandísticas que permitían sostener la idea de imperio, tan querida por el régimen. «La ciudad de las flores», la llaman en el No-Do. Para regarlas, dejaban seco el río y en las casas la gente no tenía qué beber, nos cuenta J.

Si la parte norte era la *zona*, esto era el *territorio*. Uno de los libros favoritos de G. sobre esta parte de Marruecos lleva ese título: *Territorio*. Son las memorias del traductor Miguel Sáenz, que pasó allí su infancia. «Durante los once años más o menos que permanecimos allí, nos dedicamos a sostener, contra viento y marea, que el lugar y sus habitantes no tenían nada de exótico, que todo era de lo más normal (aunque apenas hubiera agua, el siroco nos visitara al menos una vez año y las plagas de langosta abundaran) —escribe—. Sin embargo, la realidad se burlaba a diario de nuestros esfuerzos».

Territorio: suena en efecto a lugar al que ir a estudiar *Euphorbia capacias* y costumbres insólitas.

Pero también suena a lugar pensado desde la guerra. El territorio situado en torno a Sidi Ifni está jalonado de restos de antiguas posiciones militares, dispuestas en un semicírculo de unos seis kilómetros que rodea la ciudad. Punteadas por cactus panzudos, muchas de ellas son poco más que barracones, aunque en algunos de los puestos de vanguardia sí se intuyen los restos de elementos que apuntan a una elaboración mayor, como un mural del escudo de los Regulares hecho con pequeñas piedras, cada vez más maltrecho por la costumbre de los visitantes de llevarse como recuerdo un pedacito.

La aparente apacibilidad de la penúltima colonia española empezó a romperse en 1956, cuando Marruecos obtuvo su independencia. En los acuerdos en los que España la reconoció, tres territorios quedaron fuera: Ceuta, Melilla e Ifni —el Sáhara Occidental, en ese momento, no se consideraba parte de la misma historia—. Pero una cosa es el papel, y otra, lo que en realidad estaba pasando. La gente de Ifni se sentía tan apelada por el proceso de independencia como la de cualquier otro punto de ese mapa que hoy lleva el nombre de Marruecos. El rey Mohamed V alimentaba ese sentimiento en sus discursos, asegurando que ejercería su soberanía tanto en el norte como en el sur del país. España hacía como si nada de eso fuera con ella.

La reivindicación comenzó a tomar un cariz más serio con las primeras ofensivas del Ejército de Liberación de Marruecos (ELM), una guerrilla creada por los nacionalistas de la zona francesa. El ELM tenía una marcada vertiente de izquierdas que al rey recién convertido en jefe de Estado le venía bien redirigir hacia el exterior, dentro de una campaña de recuperación de territorios bajo la idea de Gran Marruecos. La batalla por Ifni se convirtió en punta de lanza de ese empeño. A la acción bélica, el Gobierno marroquí sumó una campaña política ante los organismos internacionales para preparar la anexión de este territorio y, de paso, ir tanteando algo similar con relación al Sáhara.

El primer puesto español que atacó el ELM en el *territorio* estaba en un lugar que se llama Tabelcut, junto a una playa recogida sobre la que el sol cae haciendo brillos dorados en el atardecer del día que la visito. Dicen que era un puesto tranquilo, al que los guardias civiles llevaban a sus familias a pasar el día cuando les tocaba guardia. Los pillaron desprevenidos. Aguantaron apenas veinticuatro horas. En general, todo cayó muy rápido porque no había sido construido con una lógica defensiva, sino de ostentación. Una vez más, España no había tenido en cuenta en sus planes que la población local pudiera no estar de acuerdo con su presencia allí.

Salto a otro No-Do. Sobre la imagen detalle de una caja de balas, la habitual voz estridente del locutor se queja de lo que le parece una traición: ¡las armas capturadas a la guerrilla habían sido fundidas en Toledo en 1956 y entregadas a Marruecos como prueba de buena voluntad! Tengo la sensación de asistir al momento inaugural de una pequeña tradición en las relaciones hispano-marroquíes: el vecino del norte le vende armas al del sur, y luego se queja de que las use.

El caso es que con los ataques del ELM dio comienzo, el 22 de junio de 1957, la guerra de Ifni, que duró hasta el año siguiente. La contienda rebasó las fronteras estrictas del protectorado, y muchos enfrentamientos se dieron ya en la zona del Sáhara Occidental. Por otro lado, el ELM apuró sus incursiones hasta posiciones francesas en Mauritania y Argelia, con una estrategia lenta pero constante, haciendo rendirse puestos uno por uno y sin exponerse demasiado. Ese era justo el tipo de desequilibrio que la potencia vecina no estaba dispuesta a permitir, y respondió con bombardeos. España no quería problemas con Marruecos, pero era consciente al mismo tiempo de que si los franceses perdían Mauritania, el Sáhara también estaría perdido. Así que se empezó a fraguar una colaboración entre ambos países.

Al pueblo español, entretanto, todo esto le quedaba lejísimos. La de Ifni fue una guerra silenciada, disimulada. Las batallas africanas no despertaban precisamente el mejor de los recuerdos, y en todo caso Franco consideraba (para variar) que esta era una «guerra chica» que acabaría pronto, pero no podía tampoco desembarazarse de ella, así que optó por usar lo discursivo para hacerla parecer algo diferente de lo que era en realidad. El 10 de enero de 1958, un real decreto convirtió a Ifni y al Sáhara en sendas provincias del Estado español —una táctica que imitaba a la llevada a cabo por el dictador portugués Salazar para conservar Mozambique y Angola; o por Francia, que de hecho sigue teniendo en la actualidad «departamentos de ultramar» que nunca llegaron a independizarse—. Se trata de un momento determinante en la medida en que con ello ambos territorios quedan nítidamente diferenciados entre sí. Entre 1946 y 1958 existió, de hecho, una unidad administrativa específica (la llamada África Occidental Española, AOE, dependiente de la subsecretaría de Presidencia), bajo cuya jurisdicción caían Ifni, Cabo Juby y el Sáhara, que quedaban, así, desligados del protectorado de Marruecos.

No deja de ser raro estar en guerra contra tus propias provincias, así que la maquinaria propagandística tenía que hacer su parte. Otro vídeo del No-Do: en la Nochevieja del 57 al 58, unos días antes de esa declaración, una pequeña *troupe* de artistas se baja de un avión a hélice en la explanada del aeródromo militar. Se viene una noche de fiesta. Carmen Sevilla baila en un tablao ejerciendo de madrina de la segunda división de paracaidistas y uno de ellos salta espontáneo a acompañarla. Cientos de hombres miran a Marisol Reyes, «la novia de Madrid», sentados en el suelo con los ojos muy abiertos. «Gila, el gran humorista, despierta la risa de los héroes en este paréntesis gozoso». Fantaseo con que haya hecho el chiste de la guerra, aunque no lo creo —«tenemos un follón con esto de la guerra que no nos aclaramos», imagínate—. Delante ondea una bandera de la Legión.

En el año entrante, la colaboración en ciernes entre España y Francia se consumó en la operación Teide-Écouvillon —o Huracán, según otro nombre—. Fue una cruenta maniobra en la que participaron más de cien aviones, casi veinte mil soldados y cientos de piezas artilleras que arrasaron con metralla y con armas ilegales como fósforo blanco la zona más caliente, los territorios limítrofes entre Ifni y el Sáhara Occidental, a uno y otro lado de la frontera. Quienes sobrevivieron aún recuerdan con horror aquellos ataques. Con ellos quedó demarcada de manera firme la frontera, conocida como Línea Roja, cerca del pueblo de Tan Tan.

Pero la masacre también marcó otro límite: el de lo que todos los implicados estaban dispuestos a seguir soportando. Se pasó a la negociación: en los acuerdos de Angra de Cintra, firmados en abril de 1958, la guerra se dio por terminada. Sobre ese particular, en los vídeos de YouTube los comentarios sobre el asunto se suceden, en su línea:

«España nunca tuvo que entregar el sidi ifni siempre fue español nuestra sangre fue derramada con mucho valor y nunca se rindieron y dieron con todo el honor a nuestro pais lo que era nuestro».

«La vergüenza más grande que puede sentir un español de bien, y si se a sido un Regular de quinta distinguido y ascendido, ya no digo más».

«En esos tiempos habia cojones no como ahora».

«A RECUPERAR SIDI IFNI, DE LOS CABEZA DE TOHALLA!!!».

[La mejor peluquera de 1992]

Sinceramente, llegado un punto, estoy hasta el mismísimo moño de historias de hombres. De hablar con hombres, de leer a hombres, de tanta guerra y tanto cabildeo y tanto vídeo militar de YouTube y tantos cojones sobre la mesa todo el rato.

Expreso con vehemencia mi necesidad de encontrar, para esta historia, fuentes que sean mujeres.

G. y J. mueven sus hilos por todo Sidi Ifni para ayudarme a conseguirlo, pero no es tan fácil. Como suele pasar en estos casos —y esto es parte del problema, por no decir una de las madres del cordero—, las mujeres a menudo no quieren, no queremos hablar. Responden que lo que saben no importa, o que hablan mal la lengua, o que no se acuerdan de nada, o que para qué.

Es así como acabo cortándome el pelo.

Porque la primera mujer que accede a charlar un rato conmigo es H., y H. es peluquera. Su salón está en un primer piso, tras subir unas enroscadas escaleras desde un portal pequeño. Hay muchísimas cosas allí dentro. Sillas de plástico con cojincillos apilados encima, sillones giratorios, taburetes que se suben y se bajan con una palanca. Secadores y más secadores y cepillos de púas y planchas y botes de laca y toda clase de cables de todos los colores saliendo de los cajones de un mueble largo de madera que ocupa toda la pared de un lado, bajo varios espejos colocados de tal modo que casi parecen uno corrido. Al fondo, como en un apartadito azulejado en blanco está el lavabo. H. pone agua a calentar en una *kettle* y se cambia: los hombres ya se han ido, así que se descubre la cabeza y deja a la vista las pantorrillas. Ahora que puedo verlo, su look me parece muy moderno para una mujer de su edad: falda de colores por debajo de las rodillas, un jersey fino rosa, sandalias abiertas.

Ella me mira a mí con bastante menos aprobación. Mientras va dejando caer muy poco a poco sobre mi cabeza el agua que ha calentado en la *kettle*, me deja claro que, a su entender, estaría muchísimo mejor de rubia.

Es reticente a contarme casi nada que tenga que ver con el pasado. No lo achaco al miedo, ni tampoco a la sospecha: creo que es más bien la actitud de alguien que ha aprendido que mantener privado lo privado es fundamental para poder hacer tranquilamente la propia vida. Es una mujer de setenta y pico años que vive sola, que no depende de nadie. No, no va a irse a vivir con sus hijos a Europa. Sí, se separó del padre hace mucho. Sí, está muy bien así.

Y por supuesto que recuerda *aquel tiempo*, pero *no tiene nada que contar*. Apenas, con sacacorchos y a frases cortas, algunas pinceladas. Iba a la escuela de niñas que sigue estando allí detrás del parque. Las maestras eran de la Sección Femenina. Se le daba bien hacer cosas con las manos, así que a los doce años ya tenía un título de maestra de bordado, con especialidad en calado canario. Aunque a peinar y maquillar aprendió sola, fijándose. ¿Fijándose en quién? En la mujer del comandante en cuya casa servía, que tenía muchas *cosas* y a veces se las dejaba usar.

Fue precisamente la mujer del comandante la que le puso su primer salón. Y a partir de entonces se dedicó siempre a esto. Con mucho éxito, me cuenta orgullosa, señalando a la pared. Hay un diploma que lo acredita: fue la ganadora del premio a la mejor peluquera de la región de Guelmim en 1992. Ella lo dice en presente: *soy* la mejor peluquera de Guelmim de 1992. Estoy de acuerdo. Eso no prescribe, como los cargos militares.

Pienso que es el mismo año en el que, desde muchos kilómetros más al norte, salía hacia Almería la primera patera ocupada por un grupo muy grande de personas que naufragaría ante las costas españolas.

Cuando salimos del salón y nos sentamos a tomar café en una terraza de mitad de la calle, H. mira con curiosidad mi tabaco, de liar. Yo también miro con curiosidad el suyo: un cigarrillo largo, como de otra época, que coge con delicadeza con una mano maltratada por los químicos, pero de dedos delgados y gestos elegantes. No es habitual que las mujeres fumen en público, en un lugar como Sidi Ifni. Me parece que disfruta de cada calada. Permanecemos en silencio, sonriéndonos, hasta que llegan los hombres.

Una de mis fotos favoritas de todo ese viaje, la hizo G. justo después. Estamos en mitad de una calle adoquinada, con edificios a medio construir al fondo. H. está en el medio, vuelve a llevar puesta su melfa, que sujeta con la mano izquierda. Solo se le ven los ojos. A un lado tiene a J., como siempre con su ropa bien planchada; lleva mascarilla y gafas de sol. Al otro lado estoy yo. Voy vestida con ropa ancha y cómoda, mi típico atuendo de no llamar la atención en los viajes. Y mi pelo, que sigue sin ser rubio, está peinado con anchas, voluminosas, bien marcadas ondas estilo Barbie.

[Diez años extra]

Mi pelo empieza a volver a su natural rizado a la mañana siguiente, gracias a que la ciudad amanece tomada por la bruma. Es algo habitual en Ifni. La gente dice: «Viene el muro». Y se ve llegar, desde el mar, una masa de niebla densa que se instala entre los edificios —y yo diría que también en el ánimo—. Parece aquella Nada que iniciaba la amenaza en *La historia interminable* —traducida al castellano, por cierto, por Miguel Sáenz, el autor de *Territorio*: ¿se acordaría de ese muro al toparse con la niebla de la novela?—.

Cuando se va despejando, iniciamos la excursión. Atravesamos el aeródromo para llegar a las afueras de la ciudad. Desde unos kilómetros antes empieza a intuirse, recortada al fondo contra el mar, una silueta. Podría ser el dragón del cuento batallando contra la niebla. Pero no, es un esqueleto de hierro, una de esas ruinas industriales que dejan entender que en algún tiempo se auguró para un lugar un futuro más esplendoroso del que acabó teniendo. Se trata de un inmenso teleférico que se construyó en 1967 para resolver el problema que le presentaba a la ciudad el contar con un puerto muy difícil. Los barcos no podían acercarse a la costa poco profunda de los alrededores de Sidi Ifni, así que su carga desembarcaba con unas pinzas que se la llevaban colgando de esos enormes hilos de hierro que hoy siguen enmarcando, oxidados y amenazantes, el extremo sur de la ciudad.

En las fotos antiguas resulta casi mágica la imagen de automóviles, contenedores, cabinas de pasajeros flotando sobre el agua entre los ojos de dos inmensas agujas: una anclada en un islote artificial contra el que rompen las olas atlánticas; la otra, con los pies bien plantados en lo que hoy es una especie de garaje medio derruido. Dentro de este descansan, suspendidos aún en el aire como en el tiempo, los dos vagones rojos que solían hacer ese recorrido. Los pilares sobre los que se elevan las agujas se llaman, respectivamente, Virgen de la Paloma y Virgen del Carmen.

Cuando la guerra de Ifni terminó en 1958 y se firmaron aquellos acuerdos de Angra de Cintra, se dio otra de esas anomalías que vienen punteando toda esta historia. La ciudad de Sidi Ifni, la capital del *territorio*, no se entregó. Permaneció bajo asedio durante diez años. No pasó a formar parte de Marruecos hasta 1969, cuando se intercambió por el derecho de pesca en sus aguas territoriales. Es en ese tiempo de descuento cuando se construye este teleférico. Como apunta G. mientras contemplamos desde abajo su inmensidad oxidada, no deja de ser curiosa la desubicada megalomanía de proyectar algo así apenas dos años antes de tener que abandonar un lugar. Como si esa posibilidad ni se les hubiera pasado por la cabeza.

Según recuerdan los viejos de la ciudad, el tiempo del asedio no fue demasiado violento ni impactante para las vidas cotidianas. El día a día transcurría de manera más o menos normal, más allá de la carestía de algunos productos. La convivencia entre españoles e ifneños se mantenía cordial: desde luego, no era una situación de guerra. Entre líneas del modo de contar la historia se deja leer que a los habitantes de la ciudad asediada tampoco les venía del todo mal el *impasse*: tuvieron una década para labrarse una imagen de resistencia que pudiera compensar las acusaciones de connivencia con los ocupantes que les caían encima de vez en cuando por no haber sido parte del momento inicial de la independencia marroquí.

Durante ese tiempo se sucedieron entre España y Marruecos conversaciones, negociaciones y debates que atañían siempre también a otras cuestiones de soberanía en disputa entre ambos países: Ceuta y Melilla, pero, sobre todo, el Sáhara Occidental, que en esa década ya sí empezó a convertirse en un problema. Durante esas conversaciones, el destino de ambos territorios —Ifni y el Sáhara— se entendía como ligado, porque así lo presentaba Marruecos, dentro de su estrategia del Gran Magreb. Hasán II y Franco se reunieron en diversas ocasiones, sobre todo a partir de 1963, sin lograr alcanzar un acuerdo.

Pero el alauí se dio cuenta de que el entorno de Franco estaba dividido. Uno de los mayores opositores a los intereses marroquíes era el ministro de Presidencia, Luis Carrero Blanco, que no tenía la menor intención de renunciar a esos territorios, como sí estaban dispuestos a conceder otros miembros del gabinete. Así que Hasán II buscó mediadores. Entre ellos, Juan Carlos de Borbón, por entonces protegido de Franco, que sería fundamental en el desarrollo de esta historia. En los siguientes años, a las discusiones internas se sumaron las tensiones con Argelia, las injerencias de Estados Unidos, el impacto de la guerra de Palestina en 1967 y, sobre todo, las presiones de la ONU, que para finales de la década de 1960 ya no podía permitir la resistencia a descolonizar los pocos territorios que quedaban por independizarse.

Entre 1967 y 1968 se empezaron a encontrar puntos de acuerdo. Carrero Blanco —y con él, Franco— accedió a negociar con un cambio de términos: que se separasen los dos asuntos, Ifni y el Sáhara. Del primero sí que estaba dispuesto a hablar; el segundo quedaba para más adelante. A partir de ese momento, la clave de bóveda de las conversaciones pasó a ser otro tema: la nacionalidad de los habitantes de Ifni. Marruecos consideraba que nunca habían dejado de ser súbditos del Sultán. España pretendía que pudiesen permanecer como españoles. Finalmente se planteó un tiempo de tres meses para que quien quisiera pudiese renunciar a la nacionalidad marroquí y adquirir la española: de aquellos polvos vienen los extemporáneos patriotas que se subieron en 2016 al tejado de la pagaduría.

Pero el caso es que el final de esta historia estaba encaminado. Su último capítulo se publicaba en el BOE el 4 de enero de 1969 con un nombre cuanto menos curioso: Tratado de Retrocesión de Ifni. De nuevo parece un juego con el tiempo, como si algo fuera devuelto a un estado anterior: «El Estado Español retrocede al Reino de Marruecos el territorio que este le había previamente cedido» en 1860. Doce artículos y un protocolo anejo establecían las condiciones. Marruecos se quedó la ciudad; España, amplias prebendas para explotar la pesca de sus aguas circundantes. Aparte de la cláusula relativa a los tres meses de prórroga para solicitar la nacionalidad española, todas las disposiciones especiales tenían que ver con el cambio de moneda, salvo una, que aseguraba la buena continuidad en el uso del faro. La necesidad de luz en la noche no distingue pertenencias.

Cuando el Tratado de Retrocesión se votó en las Cortes, en abril de 1969, se ganó con doscientos noventa y cinco votos a favor, pero hubo sesenta y seis en contra, veinticinco abstenciones… y nada menos que ciento cincuenta ausencias. El enclave no aportaba ya casi nada: no tenía relevancia estratégica, era improductivo y hasta caro (porque vivía de subvenciones en un 80 %). Pero argumentar la cesión era difícil precisamente porque ponía en jaque todo lo que se había esgrimido hasta entonces para defender que se mantuviera: su supuesta españolidad, apuntalada en un relato que se remontaba hasta los Reyes Católicos. Con este desenlace, Marruecos quedaba definitivamente perdido para un régimen que había apoyado en su conquista buena parte de su honor y de su mitología. De la que llegó a ser su provincia cincuenta y cuatro, en España no quedó mucho más que una memoria velada por el secretismo.

En el paseo de vuelta, J. nos cuenta cómo siguió esta historia para quienes se quedaron. Al hilo de algunos de los edificios que nos encontramos, insiste siempre en una idea: cuando España hizo entrega a Marruecos de posesiones concretas como inmuebles y terrenos, primó un uso pragmático de los espacios por el cual cada elemento pasaba a manos análogas. El hospital siguió siendo un hospital, las escuelas siguieron siendo escuelas. El que había sido un parque de talleres y automóviles lo siguió siendo, aunque los vehículos militares dejaron paso a esas tartanas que continúan circulando por las carreteras de los países del sur cuando llegan con la reventa de lo que deja de estar homologado en Europa. El faro siguió siendo un faro, como sabemos. El antiguo ayuntamiento es aún ayuntamiento para el nuevo Estado. En la fachada del edificio de Correos se conserva la placa de piedra de los buzones originales junto a los modernos.

El Cine Avenida, el que está detrás de la *oficina* de H., sin embargo, no pasó a ningunas manos, sino que se cerró. Hoy es uno de esos edificios que no tienen uso definido: esa tarde está ocupado por un grupo de teatro juvenil que se ha tomado por su mano la justicia de las concesiones y ensaya sobre su escenario. En un recibidor desmoronado en el que aún se intuye la estructura de una barra *art déco*, es fácil imaginar cómo serían las veladas en aquel lugar al que los musulmanes solo podían entrar los sábados, y que se cerraba otros días para que los oficiales estuviesen más tranquilos.

Un improvisado guía que anda por allí nos lleva escaleras arriba, hasta una pequeña sala: la de proyección. Hay grandes máquinas llenas de polvo, cintas medio desenrolladas y medio rotas desparramadas entre telarañas. Y al fondo, un cuartito.

En el cuartito, amontonados en desorden, lo que hay son, a tutiplén, carátulas y carteles de películas eróticas europeas antiguas.

Me voy de allí riéndome para mis adentros al pensar en qué buenas maneras encontraban los españoles de pasar el aburrimiento del asedio. Pero todavía queda un girito de guion. Cuando indago un poco me encuentro con que esas películas son de principios de los años setenta. La ocupación española de la ciudad duró hasta 1969. Y el cine cerró entonces. ¿Quién sería entonces el misterioso proyeccionista que hacía pases de *Caresses à domicile* y *Docteur Goudenzi* en una sala abandonada de una ciudad en la que recién terminaban diez años de asedio? ¿Quién su público?

¿Y cómo es que sigue todo eso ahí?

[Hola, guapa]

Cuando acaba el día, con G. solemos bajar a un bar que hay en primera línea de playa, con vistas al morabito de Sidi Ali. Allí trabaja N. Es imposible saber cuántas horas tiene su jornada. Todas, probablemente. Pases cuando pases, allí está, con su camisa superblanca y sus ganas de charlar. «Hola, guapa». El local tiene un patio amplio, con fuentes y sofacitos. Cuando el sol se esconde tras el mar tranquilo, empieza la hora punta. Las mesas se van llenando de hombres solos o en grupos, y sobre ellas se acumulan poco a poco los botellines de Spéciale. Unos cuantos policías secretos, unos cuantos funcionarios jubilados o no, algún que otro turista. Mujeres, solo extranjeras, que yo haya visto. «Hola, guapa». Para cuando cae la noche, la terraza se ha llenado, o casi, y bulle con ese aire de borrachera contenida pero densa, característico de algunos lugares en los que se ha sufrido mucho.

Durante el resto del día, el bar está algo más tranquilo, con apenas algunos parroquianos dejando pasar el tiempo. Es entonces cuando N. tiene más ocasión para charlar. No habrán pasado ni diez minutos de conversación cuando nos confiesa que su plan es coger, en cuanto pueda, una patera para llegar a Canarias. Allí espera encontrar trabajo y, por supuesto, una chica guapa. Por eso guarda tan cuidadosamente en el móvil los números de todas las que se va encontrando. Aunque lo que quiere, sobre todo, es salir de allí, salir de Sidi Ifni. Porque en Sidi Ifni, nos dice, pensar en el futuro es imposible.

Solo un día me lo encuentro fuera del bar. Está paseando un perro enorme por la Barandilla. Es por la mañana, no demasiado temprano, tal vez las diez o las once. Pero a juzgar por las calles parecería que acabase de amanecer: no se ve ni un alma. Solo al perrazo de N. corriendo por entre las rotondas. Una vez más, se siente el peso de ese tiempo detenido. Nadie madruga en un lugar donde no hay nada que hacer. En ese vacío se respiran la falta de perspectivas, la desocupación, la certeza de que allí no pasa nada desde hace mucho.

Cuando el asedio español terminó, Ifni era un lugar arrasado que debía incorporarse a un tren en marcha. Con pocos recursos, era difícil de integrar en el mapa de un Marruecos que, década y media después de la independencia, ya tenía organizados sus repartos. La pesca a la que aún se tenía derecho era difícil de aprovechar por la pobreza de los equipamientos, y algo similar pasaba con la agricultura.

Pero quedaba un recurso disponible.

El hotel en cuyo bar trabaja N. no es, ni mucho menos, el único de la ciudad. De hecho, al pasear por ella se ven muchos muchos más de los que parece probable que se puedan ocupar en un lugar con tan poco tránsito. Su amplia playa y su clima amable ofrecían desde el principio una promesa para el turismo. ¿Os acordáis del Suerte Loca? «Since 1936», decía la anotación manuscrita sobre su tabla de surf, y era cierto. En el año en el que empezó la guerra civil, a una pareja de españoles les pareció que un modo bueno de librarse de ella era abrir un alojamiento en aquel erial recién conquistado. Primero funcionó como hospedaje para los oficiales del Ejército destinados a la nueva colonia, luego aguantó las décadas extra y los avatares finales del territorio, y hoy en día sigue abierto. Lo regentan los hijos de unos antiguos empleados, a quienes los propietarios traspasaron el negocio cuando volvieron a España en 1969. Desde sus ventanas se ve la antigua piscina General Tutor, una construcción canónicamente colonial, con sus azulejos blanquiazules y su arquito de entrada, que hoy es una piscina municipal. Junto a ella hay un gran gran camping. Completamente vacío.

Como también parecen estarlo buena parte de los hoteles que bordean la playa y salpican la ciudad, y que en su duermevela atestiguan que en algún momento Sidi Ifni se auguró a sí misma tiempos mejores.

Ese momento fue el inmediatamente posterior a su tardía independencia. El fin del asedio supuso como es lógico una apertura, y aquel territorio lejano y hasta entonces desconocido tenía una propuesta de virginidad viajera que atraía, sobre todo, a *hippies* que en aquellos tiempos estaban bastante enamorados de Marruecos. Por eso el camping, por eso todos esos alojamientos con un aire *new age.*

Pero la promesa iba a durar poco. Que las negociaciones políticas desligaran la cuestión de Ifni de la del Sáhara no quiere decir que la realidad también lo hiciera. Cuando, unos años más tarde, la cosa se complicó en la última colonia española, la onda expansiva de las tensiones y las violencias alcanzó al *territorio.* Como capital de la provincia limítrofe con aquel territorio, Sidi Ifni volvía a ser importante como enclave militar. Además, recordemos, estaba preparada para ello: un aeródromo, cuarteles, una ciudad concebida de hecho para el uso militar. Dentro del paso de mano en mano de los espacios y los recursos que tuvo lugar tras los acuerdos de 1969, lo relativo a las fuerzas y cuerpos de seguridad del Estado no fue una excepción. Todo lo que había sido propiedad de la policía, la Guardia Civil o el Ejército españoles durante el tiempo colonial pasó sin solución de continuidad a sus homólogos marroquíes en la nueva etapa. Y era mucho. Para una ciudad en la que no pasa aparentemente nada, hay realmente *mucha mucha policía.* Y, como todos los fantasmas y las historias detenidas de la ciudad, ellos también están a la espera de que algo estalle. Quizá por eso pasan las horas en el bar de N., acumulando botellas de Spéciale sobre la mesa.

Y ejerciendo, de paso, una —no tan— discreta vigilancia. Porque bien pudiera ser que esos extranjeros que pasan por Ifni no sea a Ifni a donde hayan venido en realidad. Bien pudiera ser que esos extranjeros estén en realidad de camino hacia un destino un poquito más abajo, hacia esas *provincias del sur* de las que llegan los problemas.

Como ahora, por ejemplo: se acerca a nuestra mesa N. —«hola, guapa»—, que viene a traernos otra ronda de cervezas. No la hemos pedido. Nos indica que nos invita un hombre que está sentado al fondo. No es la primera vez que lo hace. Nos guiña el ojo. Preguntamos y confirmamos: es policía. A veces la vigilancia toma formas así.

El final de la historia de Sidi Ifni da muchas claves para entender lo que va a pasar unos años más tarde en el Sáhara, pero es que incluso algo en el aire de la ciudad parece también complejizar el asunto. Pienso que desde que entramos en esta zona, desde la primera parada en una gasolinera, me llamó la atención ver la gran cantidad de mujeres que no vestían la ropa tradicional marroquí, sino melfa, como hacen las saharauis. Pienso también en algo que nos contaba el otro H. en su oficina con churros bajo los tejadillos del Cine Avenida: que después del final del asedio, muchos ifneños se mudaron a Villa Cisneros —la actual Dajla, en el Sáhara Occidental— porque allí había mucha más pesca —esa pesca que ya no podían aprovechar en su propia ciudad tras el tratado de retrocesión—. Eso fue antes de que Marruecos empezase su política de ocupación en aquel territorio.

Pienso en que el día anterior vimos parado un autobús de línea con destino a El Aaiún frente al mercado: era ya muy tarde y tenía por delante unas diez horas de camino antes de llegar allí. Pienso en que todos aquellos hoteles que abrieron con sueños turísticos al final del asedio vieron truncado su plan cuando las noticias de los altercados en el sur empezaron a hacer que en la ciudad hubiera, efectivamente, *mucha mucha policía*: convivir con ella no es el plan preferido de los *hippies*, que se fueron a buscar otras playas.

Pienso en si esto de Ifni también se podrá llamar *abandono*, pienso en el poco tiempo que media entre 1969 y 1975, pienso en cómo puede aniquilar la sensación de identidad de un pueblo un asedio de diez años —por más que se vista de convivencia—. Pienso que, para tirar del enredo de la madeja saharaui, aquí hay un cabo importante. Y que un olvido tan profundo como este rara vez es casual.

Pienso que para entender más no cabe sino continuar el viaje.

[El sueño]

La última noche que paso en Sidi Ifni, sueño que llegamos a la frontera y es una raya de tiza pintada en el suelo. La atravesamos medio camuflados en el coche hasta que alguien nos pilla y nos hace dar la vuelta.

[Resaca]

No sé si será la presión atmosférica, el nivel del mar o la resaca de la enorme cantidad de cerveza que rueda por esta ciudad como en una extraña herencia de décadas de inacción, pero al marchar de Sidi Ifni la sensación de irrealidad permanece durante días.

Como si se hubiera quedado pegado de algún modo a la piel su extraño tiempo.

TARFAYA

[interludio]

El camino hacia el sur atraviesa otro territorio del que sí que nadie habla casi nunca, en toda esta historia: Cabo Juby, el Protectorado Sur. De aquel mapa colonial en dos colores que se pintó tras el acuerdo colonial franco-español, por ahora hemos paseado por dos de los trozos naranjas. Toda la primera parte de este libro, sus seis primeros capítulos, sucede en la franja naranja del norte. El *territorio* de Ifni, del que acabamos de salir, es el bocadito naranja situado en la parte central. Y ahora nos vamos hacia la tercera de las zonas pintadas en ese color, la que está abajo.

Traducida a paisaje, esa franja naranja del sur son kilómetros de aparente nada. Casi cuarenta mil kilómetros cuadrados habitados en la época colonial por unas diez mil personas. La última ciudad por la que pasamos es Guelmim. Entramos en ella por un arco de adobe difuminado por la niebla. Es una ciudad de cruce: antaño mercado de camellos, era el lugar en que se encontraban para comerciar las caravanas. Durante la época de auge nacionalista, su carácter remoto la convirtió en un centro de rebeldías: allí tuvieron sus sedes el partido Istiqlal primero, y el Ejército de Liberación Nacional después. Hoy los nómadas viajan en todoterrenos, con la casa encima de la baca, pero siguen parando allí para sus negocios.

Luego cruzamos el río Draa, frontera natural que marca el comienzo del desierto. Un desierto pedregoso en el que de vez en cuando se deja ver una pequeña obra, una caseta, un camión. Lo único que muestra algo más de vida es el mar: una línea continua por el lado derecho que a veces se ensancha con pequeños golfos que se recortan entre los acantilados. Aparcadas en toda la línea de costa, de vez en cuando, pequeñas motos destartaladas: son de los pescadores que aprovechan la abundancia de esas aguas. Dicen que es lanzar la caña y algo pica seguro.

Y, además del mar, de vez en cuando un oasis. Como la laguna de Naila, más al interior. Es allí donde se supone que estaba situada en realidad Santa Cruz del Mar Pequeña, aquel emplazamiento español de tiempos de los Reyes Católicos en virtud del cual España se hizo con Ifni. Llegado el momento interesó más jugar con la ambigüedad y fundar la ciudad donde se fundó —un punto tácticamente más aprovechable—, pero las ruinas de una pequeña fortaleza dan pistas de que este es el verdadero lugar en el que situar aquella «primera bandera española que ondeó en África». Hoy, un hombre limpia pescado en una furgoneta camperizada para venderlo como snack a los esporádicos turistas. También hay barquitas que atraviesan la marisma entre dunas. Si las cogiésemos llegaríamos a un enclave costero que se llama Puerto Cansado. El lugar es bello. Me cuentan que en otras épocas del año lo tiñen de rosa bandadas de flamencos.

Los documentos históricos sobre los negocios de los españoles con el poder marroquí acerca de estos territorios son interesantes para lo que vendrá después. En dos tratados de finales del siglo XVIII, sendos sultanes reconocen a los reyes españoles Carlos III y Carlos IV que no les pueden conceder soberanía sobre esas tierras... porque no la tienen. Es territorio de las tribus tekna, nómadas que comerciaban en el Sáhara.

Que esa zona no controlada por el sultán llegase a ser parte de las *posesiones* españolas es fruto de un auténtico juego de trileros: cuando España y Francia acordaron los términos del tratado colonial de 1912, se estableció que la zona al sur del río Draa pasase a ser parte del protectorado español... a condición de que cuando ese régimen terminara, la zona se cediese a Marruecos. Visto y no visto: ¿en qué mano está la bolita, qué ha pasado aquí?

Cuando llegó ese momento —el de que Marruecos proclamase su independencia—, España se resistió durante un tiempo a aceptarla especialmente en Ifni —como hemos visto— y en toda esta inhóspita región de Cabo Juby. ¿La razón? Su proximidad al Sáhara, y el consiguiente temor de un contagio del anhelo independentista a esa otra colonia, que llevaba también otros ritmos. Sin embargo, los viejos tratados cumplieron su cometido y el Protectorado Sur fue la moneda de cambio del final de la guerra de Ifni. En los acuerdos de Angra de Cintra, fue este territorio el que se *devolvió* a Marruecos para evitar hacer lo propio con la ciudad de Sidi Ifni. Salvo por el pequeño detalle de que no había sido suyo nunca antes.

La principal ciudad —por no decir la única— de toda esa zona es Tarfaya, llamada por los españoles Villa Bens, apellido del capitán que llegó a tomar posesión de Cabo Juby en 1916. Debió de ser curiosa esa llegada, porque lo que se encontró sobre todo no fueron huellas de las tribus tekna, sino de los ingleses, que habían instalado distintos enclaves comerciales en esa zona en el siglo anterior. Como testimonio de un pequeño emporio en aquel enclave que ellos habían llamado Port Victoria sobrevive aún una construcción que le da a la silueta de Tarfaya un aire de cuento de piratas. Se trata de Casamar, un fortín-almacén situado sobre una isla a la que solo se puede llegar si la marea está baja.

Mirando ya al interior, si en Sidi Ifni resonaba por las calles como un eco la palabra *abandono*, lo de Tarfaya es otro nivel. La visión parece una escena de película apocalíptica. De la antigua capital del Protectorado Sur casi solo quedan ruinas comidas por la arena.

Son los restos del Fuerte de Tierra, la obra magna que emprendieron el tal Bens y sus hombres cuando llegaron. Todo un complejo de instalaciones civiles y militares, con cuarteles, barracones y otros edificios en torno a los cuales se fue construyendo, como en Sidi Ifni, el resto de la pequeña ciudad. Hoy están prácticamente derruidos, y la arena de la playa colindante avanza cada día un poco más cubriéndolos paulatinamente. Entre las dunas asoman esquinas de muro, arcos solitarios, torretas oxidadas, antiguas alambradas, casitas grises semihundidas. Los vestigios del antiguo cine: en lo que hoy son huecos se intuye el lugar donde hubo una pantalla, donde hubo un palco, donde hubo un ambigú. Todos llenos de arena. El sol cae a plomo, hace reflejos en enigmáticas estructuras de metal. Crecen no sé ni cómo árboles resecos y las flores violetas de las plantas crasas. Entre arena, arena, arena, arena, arena que se extiende y se mete por todas partes como diciendo: «Seguid con vuestros pequeños asuntos, que ya llegaré yo».

Y en medio de todo aquello, sobre la pared blanca de una de las pocas casas que siguen en pie entre los cascotes, reluce con la pintura bien renovada un mural de El Principito.

Tiene todo el sentido, vas a ver.

Aquel emplazamiento en medio de la nada tenía sobre todo una potencialidad interesante: ser escala de vuelos largos. Así lo vio Francia, a la que le pillaba especialmente bien como parada entre la metrópolis y las colonias africanas. La compañía Aeropostal (conocida también como Lignes Aériennes Latécoère) estableció por tanto una sede en Tarfaya, y a ella llegó en 1927 como jefe del puesto Antoine de Saint-Exupéry, que antes que escritor era aviador. Durante los dieciocho meses que pasó allí se dedicó a custodiar la pista de aterrizaje, a adentrarse en el desierto a rescatar pilotos cuyos aviones habían caído antes de llegar, a domesticar a un mono y a una gacela, y a escribir su primera novela: *Correo del sur*. Vivía en una caseta a los pies del fuerte español y a veces paseaba hasta Casamar. «¡Qué vida de fraile llevo en el rincón más perdido de toda África!», escribió en una carta a su madre.

Es por eso por lo que, aún hoy, lo que alberga la casa mejor conservada de Tarfaya es un museo en su memoria. Dentro hay atriles con ediciones antiguas de sus novelas, y en la pared murales que repasan en detalle su vida y su obra. Algunas fotos y documentos antiguos, también. Y, en medio de la sala, una escultura de colores brillantes del pequeño príncipe. Con su bufanda roja agitada por un viento imaginario, está de pie sobre un montón de cartas. A su lado descansa un zorro de orejas despiertas. Me acerco y veo que lo que pisa su zapatito marrón es un sello del protectorado francés.

Hay un libro de Saint-Exupéry al que vuelvo muy a menudo desde hace años. No es el del príncipe que hacía viajes interplanetarios, sino otro menos conocido que se titula *Tierra de los hombres*. Lo conocí con dieciocho años y se convirtió en una de las lecturas fundantes de mi concepción de los viajes y de cómo escribir sobre ellos. Como casi todo en este periplo, volver ahí es afrontar contradicciones. Saint-Exupéry era un aristócrata por más que se desclasase, y un trabajador de la maquinaria colonial que en muchos pasajes de sus obras revela la mirada de su tiempo: ni cuestiona la guerra de conquista ni se desprende del exotismo y sus idealizaciones. Aunque también le movía, en un humanismo no menos propio de su época, una denodada defensa de la capacidad de entendimiento entre diferentes. Todo el rato cruzaba las líneas enemigas y establecía conversaciones. Supongo que esa es una de las cosas que más me enamoraron de sus libros: la voluntad de conectar y de entender.

Por otro lado, le fascinaba el desierto. Muchos pasajes de *Tierra de los hombres* dan fe de ello. Le cautivaba la idea de llegar por primera vez a los lugares, de pisar un trocito de suelo que nadie había pisado antes. Cómo se veían las estrellas desde allí, cómo se escuchaba el silencio. Era consciente también —o eso quiero leer— de que la presencia de los suyos allí transformaba todo eso irreparablemente:

> Así es el desierto. Un Corán, que no es más que una regla de juego, transforma la arena en Imperio. En el confín de un Sáhara

> que parecería vacío se representa una obra secreta que remueve las pasiones de los hombres. La verdadera vida del desierto no está hecha de éxodos de tribus en busca de hierba para pastar, sino del juego que se sigue practicando. ¡Qué diferencia de materia entre la arena sometida y la otra! (...) Nos hemos alimentado de la magia de las arenas. Otros tal vez excavarán sus pozos de petróleo y se enriquecerán con sus mercancías. Pero habrán venido demasiado tarde. Porque los palmerales prohibidos o el polvo virgen de las conchas nos han entregado a nosotros su parte más preciosa.

Me pregunto bajo cuál de las dunas de la playa estará la que fue su casa, y recuerdo otra cita del libro. En un momento hacia la mitad de la historia, la voz narradora le pregunta a otro personaje qué es el desierto para él. «Un dios en permanente camino hacia ti», le responde.

Cuando me voy de esta ciudad sí que tengo arena hasta en el alma.

ESMARA

[líneas en el desierto]

[El mar volverá]

Como seguimos la trayectoria sin desviarnos, hacia abajo, hacia abajo bordeando la costa, lo primero que vi del Sáhara Occidental fue el mar.

Y eso me llevó inmediatamente al recuerdo de los campamentos de refugiados de Tinduf, donde había estado unos años antes.

En el Museo Nacional de la Resistencia en Bojador —una de las poblaciones que forman ese país sin país que son los campamentos en los que Argelia acoge a los y las refugiados saharauis desde hace casi cincuenta años—, una de las vitrinas más destacadas exhibe una vértebra y una mandíbula de tiburón. Enormes e insolentes entre otros restos arqueológicos, sorprenden a quienes visitan un museo en el que creían que solo les iban a hablar sobre el desierto.

Medio siglo basta y sobra para confundir a un pueblo con su exilio. Décadas de imágenes repetidas nos han llevado a identificar al Sáhara con el entorno de arena seca en el que se ve obligada a vivir su gente. Pero el Sáhara, como Tarfaya, como Ifni, tiene mar y ha vivido siempre mirándolo. Y ahora, recordándolo. Escribe el poeta Bahia Mahmud Awah: «La mar, esta / nuestra, con sus cuajadas espumas / negras, rojas, blancas / y verdes, / volverá a vernos, inevitablemente, / seguro volverá a vernos». Algunas familias guardan, entre las pertenencias que se llevaron al partir como quien atesora una vieja llave, cañas de pescar. Aunque siempre siempre siempre que hablan con extranjeros tengan que responder a la misma pregunta:

¿Cómo que mar? ¿No es el Sáhara un desierto?

Mientras traqueteábamos mapa abajo, viendo la cenefa azul a mi derecha como una compañera imperturbable del camino, pensaba en todo esto y me acordaba también de algo que había pasado el verano anterior, cuando mi amiga J. vino de visita a Madrid. J. es saharaui, ha nacido y crecido en los campamentos de refugiados. Nos conocimos hace unos años, trabajando juntas en un documental web sobre la memoria cruzada de nuestros países —cada una haciendo su parte, una vez más—. En ese proyecto también trabajaba I., otra amiga, y en su visita nos juntamos las tres. I. suele tener ideas curiosas para los planes, y aquella tarde calurosísima de agosto fue así: se le ocurrió que fuésemos a navegar un rato en las barquitas del Retiro.

Lo que pasó después bien podría ser el comienzo de un chiste: ¿qué hacen una asturiana, una vasca y una saharaui en una barca en un estanque? Pues os cuento: mientras la asturiana y la vasca son prácticamente incapaces de otra cosa que girar en círculos e intentar no zozobrar, la saharaui rema con gran destreza, mantiene el rumbo y se ríe a limpias carcajadas de sus amigas torpes.

Lo pensé aquella tarde de verano y lo pensé de nuevo esa otra tarde de largo viaje, mirando el Atlántico desde la carretera: que igual para navegar lo más necesario no son ni traineras ni piraguas, sino el sueño del mar.

[Camuflada]

Hay un tema con la primera persona del singular de los relatos de viajes: que muchas veces no es cierta. Quienes emprenden los grandes periplos —esos viajeros con una fantasía de *gesta* en la cabeza— a menudo emplean en su escritura un *yo* que nos hace imaginarles solos, resolviendo autosuficientes sus asuntos por el mundo. A menudo, sin embargo, si pudiésemos abrir el zoom, la escena sería muy distinta. Habría en ella otros personajes, silenciados en el cuentito de sus hazañas. Sus mujeres, novias o amantes, muchas veces, dándoles el apoyo logístico o emocional que hace posible la vida. Guías o *fixers* locales, porteadores, traductoras, mediadores sin los y las cuales no habrían accedido a casi nada de lo que cuentan.

En este libro, uso la primera persona del singular solo cuando es cierta. Hay pasajes en los que pasamos a un *nosotrxs* del que forman parte los muchos compañeros y compañeras del camino.

Pasar la frontera del Sáhara Occidental era algo que me preocupaba. Habiendo trabajado como periodista en Marruecos, y con mis posiciones al respecto fácilmente encontrables en un *googleo*, no era en absoluto descabellado que el intento saliera mal. Particularmente para llegar a El Aaiún, una ciudad donde los reporteros españoles no son especialmente bienvenidos. Prefería no ir sola y no había tampoco muchas compañías de las que pudiera tirar para un viaje con tantas aristas. Necesitaba algún truco para pasar medianamente desapercibida. Así que tiré de la opción que ningún viajero con ganas de relato heroico confesaría: un viaje en grupo. Desde Ifni hacia el sur, el camino transcurrió en un minibús siempre habitado por el parloteo de una decena de personas, bajo la organización de una pequeña agencia de viajes culturales e históricos a cuyos promotores y guías, S. y R., conocí casi por casualidad en un paseo por Sidi Ifni. Empezamos a hablar y un tiempo después me incorporé a uno de sus itinerarios.

En uno de los largos ratos de carretera, cuando nos dirigíamos a Esmara, S. nos contó la historia de Michel Vieuchange. Vieuchange fue un aventurero francés, el primer europeo que entró, en 1930, en las ruinas de esa ciudad de resonancias míticas, abandonada décadas antes. Lo hizo como yo: camuflado. Como cuenta en un libro publicado más tarde con el poco alentador —aunque ajustado a la verdad— título de *Ver Smara y morir*, hizo la ruta desde el sur de Marruecos, atravesando el desierto con una caravana de camellos, en un momento de beligerancia abierta de las tribus de la zona con los franceses. Su presencia allí habría sido probablemente mal leída, aunque no tenía otra vocación que la mitomanía de querer pisar una ciudad prohibida. Para conseguir llegar sin ser visto, optó por disfrazarse de mujer, cubriéndose así de la cabeza a los pies —qué extraña resonancia con la historia de nuestro otro viejo amigo, aquel general republicano que hizo lo mismo para escapar de Larache la noche del 17 de julio de 1936—.

Me faltó tiempo para descargarme el ebook. Vieuchange se convirtió en la lectura amuleto de mi propio viaje de incógnito. Pasé muchas horas de minibús en compañía de aquel hombre que intentó teñirse brazos y tobillos con permanganato para que no se vieran tan blancos si se llegaban a atisbar entre las telas, y que confesaba sus nervios al pasar por lugares donde los jefes locales tenían fama de hacer valer derecho de pernada al paso de las expediciones.

Y es que yo también pasaba nerviosilla por los controles, aunque mi preocupación no era para tanto: lo más que podía pasar era que, al mirarme el pasaporte, mi nombre saltase en algún sistema pensado para evitar fisgonas, y me pegasen la vuelta.

Pero, para que la discreción funcionase mejor, tampoco le había contado al grupo con el que viajaba qué estaba haciendo ahí. Así que esos se convirtieron, probablemente, en los doce días en los que más callada he estado en toda mi vida. Mi amigo más íntimo del viaje fue aquel explorador francés que acabó por morir de disentería poco después de terminar la expedición que le permitió pasar apenas tres horas en su ciudad soñada. «A la larga —me había dejado escrito en su carta a través del tiempo— se hace insufrible estar siempre disimulando, siempre vigilando mis gestos, mi ropa, mi velo, que mis talones y manos sobresalgan lo mínimo y jamás olvidar ciertas reglas».

No voy a sostener el relato de este viaje con una intriga espuria: te cuento desde ya que, como Vieuchange, yo también pasé prueba tras prueba y llegué a mi destino. En nuestro siglo, las pruebas son controles de policía. Y hay muchos, realmente muchos, a lo largo del camino hasta El Aaiún. Glorietas en mitad de la nada con una pequeña garita y un par de agentes. Siempre el mismo ritual: observar con tremenda parsimonia el montoncito de pasaportes, luego a nosotras, luego los pasaportes otra vez. Yo también hacía siempre lo mismo: poner mi mejor cara de turista e intentar parecer entretenida en la lectura de Vieuchange. Mientras, en realidad, miraba de reojo a la ventana de la casetilla en la que pasaban revista a la documentación.

En una de las ocasiones, cayendo ya la tarde y con ella la luz, a través de un ventanuco en cuyo alféizar había apoyado un vaso de té, vi al policía que examinaba los pasaportes. Tenía una linterna y los escrutaba dándoles vueltas. No miraba ningún ordenador, ningún teléfono móvil. No sé qué buscaba, pero desde luego no era lo que me preocupaba a mí. Echó un ratito en eso, y luego nos dejó pasar. Recordé unos versos de Abdellatif Laâbi —escritor marroquí con una larga trayectoria de disidencia—, en un poema en el que describe su angustia y consiguiente alivio cada vez que por alguna razón vuelve a tener que entrar en su país natal: «Venga, deja de montarte películas, / te repliegas / La inquisición de hoy lleva guantes / y utiliza rayos equis / Tiene otras preocupaciones».

Nunca sabré si toda mi operación de camuflaje era necesaria o si habría podido pasar perfectamente todos los controles sola y a cara descubierta, haciendo un viaje completamente normal. Puede que sí. O puede que me hubiesen tenido tan controlada que me hubiera sido imposible ver nada. No podré saberlo. Sea como sea, el caso es que lo hice así. Y eso acabó por ser, también, un viaje dentro del viaje.

[Tres casetas en la bahía]

La colonización en el Sáhara Occidental fue muy distinta a la que se había hecho en el protectorado de Marruecos. En el Sáhara Occidental, la colonización empezó con tres casetas en sendas bahías y siguió con un largo tiempo en el que aparentemente no pasó gran cosa.

Las bahías eran las de Río de Oro, Cintra y Cabo Blanco. Sobre ellas puso la bandera española en 1884 una expedición enviada a la zona por Antonio Cánovas, antiguo ministro de Isabel II —la reina empeñada en acabar la tarea que había dejado pendiente en África su tocaya la Católica— y entonces baluarte de su hijo, Alfonso XII. El propósito era adelantarse a otras potencias que pudieran tener intención de instalarse en esas costas enfrente de las islas Canarias. También les puso nombres nuevos: Villa Cisneros, Puerto Badía y Medina Gatell. Con esos gestos y un real decreto quedó establecido el dominio español en toda la zona.

El real decreto decía:

> Por Real orden de 26 de Diciembre último se declaró bajo el protectorado de España toda la costa de Africa occidental, comprendida entre los 37 grados de latitud Norte, cuyos importantes bancos de pesquería constituyen uno de los principales elementos de vida del pueblo canario, y donde se ha establecido últimamente la Sociedad española, titulada Compañía Mercantil Hispano-Africana (...)
>
> Lo primero que ocurre á este propósito es llevar á aquellas regiones la autoridad de España, representada por un Delegado del Poder Supremo que, con el título de Comisario Regio, asuma todas las facultades y atribuciones necesarias para sostener

> el orden y atender al Gobierno y protección de los establecimientos fundados (…)
>
> Pero la creación de dicho cargo no sería suficiente si no se acompañase del envío de las fuerzas de mar y tierra indispensables á hacer respetar su Autoridad de propios y extraños, levantando así el prestigio de España en la imaginación de aquellos naturales (…)

Es decir: lo decía todo muy claro.

Pero igual no a quien se lo tenía que decir.

La población de aquel espacio, una región de unos dos millones de kilómetros llamada Trab-al-Bidan («tierra de blancos», como contrapuesto a Trab-al-Sudan, «tierra de negros», que era la que se encontraba más al sur) estaba compuesta de tribus nómadas. Hablaban hasanía, una variante del árabe diferente al dariya de los marroquíes; y se dedicaban a la ganadería y al comercio ocasional. En general, vivían de manera autónoma, con un contacto solo esporádico con el sultanato marroquí y con las potencias europeas que iban apareciendo en el territorio. Con el uno y con las otras, la relación se limitó durante siglos al intercambio circunstancial en fortines costeros donde se comerciaba con armas, té, tabaco, textiles, esclavos o marfil, ignorando el interior del territorio, un desierto en el que solo se aventuraban los locales. En la costa saharaui se fueron estableciendo guarniciones militares que poco a poco irían creciendo, convirtiéndose en ciudades. Pero a ellas no llegaba mucha gente: escasos militares, algunos pescadores canarios que ya venían transitando esas costas desde antes, unos pocos albañiles y obreros. Se abrieron compañías de negocios como la salazón de pescado, que no obtenían muchos más beneficios que los necesarios para asegurar su propia supervivencia.

En líneas generales, los saharauis toleraban la presencia española. Al fin y al cabo, se estaban instalando en una zona no muy rica en pastos, tradicionalmente destinada solo a tribus menores. También sacaban cierto beneficio a un contacto más o menos esporádico con los recién llegados: a veces, a través del comercio; otras, a cuenta del bandidaje. Progresivamente, los nuevos pobladores fueron convenciendo a los cabezas de esas tribus para que se pusieran bajo la protección del rey de España. Se trataba de una competición con los franceses, que también estaban interesados en la zona, porque les habría permitido establecer un corredor entre sus colonias en África Occidental y las del Magreb. Eran estos tratos comerciales lo que iba decantando la primacía de unos colonizadores u otros en una lógica de mejor postor. En todo caso, el contacto se redujo prácticamente a eso hasta muchas décadas más tarde.

Es curioso pensar que en esas negociaciones tal vez había dos lógicas funcionando al mismo tiempo. «Ponerse bajo la protección del rey de España», mirado en sentido estricto, no tiene por qué suponer para el pensamiento algo muy distinto al tipo de lealtad que se establecía en las alianzas entre tribus, al acogerse al liderazgo de una que pareciese más fuerte o trajese las ventajas o las violencias que fueran. Lo que pasa es que la contraparte estaba jugando esa baza en un mercado más grande. Mientras la gente del desierto seguía haciendo su vida más o menos como de costumbre, en el Convenio de París escuadras y cartabones delimitaban el reparto del Sáhara Occidental sin contar con sus pobladores.

Las fronteras coloniales se acabaron de trazar en 1906, cuando en la Conferencia de Algeciras se delimitó el protectorado sobre Marruecos y se marcó, así, su frontera sur. Para entender los acontecimientos posteriores es importante señalar que los diversos tratados siempre atribuyeron estatutos jurídicos distintos a la región de Villa Bens (Cabo Juby, el Protectorado Sur) y la del Sáhara Occidental. Pero en un mismo papel. De esa decisión ajena vendrán muchas cosas luego.

Al final sí que eran casi casi líneas trazadas con tiza en el suelo, como en mi sueño.

[Gracias por el mapa]

Líneas por fuera para marcar los límites, y luego otras líneas más también por dentro. A medida que se construían casetas y factorías y puertos y pequeñas carreteras y lo que fuese, iba haciendo falta una cosa: mapas. De entre los oficios de lo colonial, la cartografía es uno de los más inadvertidos, pero también de los más imprescindibles. De las colonias africanas de España, el Sáhara, más desatendida en general, fue también la que más se tardó en mapear. No fue hasta 1943 —cuando el interés de la zona había aumentado por razones militares— cuando el Servicio Geográfico del Ejército español emprendió la aventura de intentar poner sobre un plano las características de ese desierto del que habían decidido apropiarse.

La tarea fue larga. Ese primer mapa científico del Sáhara Occidental no se terminó hasta 1949. Cuadrillas de expertos recorrieron treinta y cuatro mil kilómetros cuadrados a través de quinientos setenta y cinco itinerarios. Era necesario hacer ese reconocimiento directo del terreno porque el aislamiento internacional de España impedía adquirir aparatos topográficos o de fotografía aérea que ya existían y que podrían haber facilitado la tarea, pero también por las propias características del desierto. El polvo estropeaba las máquinas, impedía la visibilidad en largas distancias y dificultaba la orientación cuando las tormentas dejaban ocultos los puntos de referencia. La mayoría de esos recorridos topográficos se hicieron con la ayuda de saharauis, que acompañaron a las expediciones en sus marchas a pie o en camello, ayudándoles a orientarse… y a sobrevivir.

Las crónicas de aquellos viajes cuentan anécdotas curiosas. Por ejemplo, la de una de las técnicas que se utilizaban: la que llamaban «del silencio». Como las mediciones basadas en la vista no eran fiables, lo que hacían los cartógrafos era contar sus pasos. «Debía resultar curioso para cualquier posible espectador ver caminar por aquellos solitarios parajes a ocho hombres sin cambiar una sola palabra entre ellos —contaría décadas más tarde el topógrafo militar y capitán del Servicio Geográfico José Rodríguez Tamargo— porque toda su atención estaba concentrada en contar sus propios pasos, agotando las posibilidades de los diez dedos de su mano, para, de cien en cien, llegar a los mil y cambiar entonces una piedra de bolsillo».

Y de una técnica basada en el silencio, a otra basada en las palabras. A falta —evidentemente— de mapas, para trazar las rutas hacía falta alguien que las tuviera en la cabeza. En la sociedad saharaui —que como muchas otras culturas nómadas tiene una fuerte tradición oral—, las personas más adecuadas para ayudar en esto eran los poetas. Muchos de los cantos transmitidos de generación en generación tenían precisamente esa función. Las profusas descripciones de paisajes de esos textos nunca antes transcritos no eran ornamentales: eran guías para el camino. En sesiones de trabajo de campo o en reuniones de gabinete, algunos poetas colaboraron con los cartógrafos para consignar topónimos, trazar rutas y dibujar accidentes.

En los informes que escribieron al volver a casa, varios de los cartógrafos militares dejaron formulado por escrito su agradecimiento por esta colaboración.

[Ver Esmara y seguir]

Leer a Vieuchange es, una vez más, adoptar el punto de vista de quien llega, no de quien ve llegar. Como contrapunto a la historia del explorador francés que entraba disfrazado en la ciudad de Esmara estaría la de quienes no querían dejarle entrar. Que, por supuesto, tenían sus motivos.

No hay que caer en el error de pensar que porque las líneas de los colonizadores se trazasen de ese modo —con los nómadas haciendo su vida tranquilos mientras se establecían allí, negociando de vez en cuando o informados solo a medias del fin último de las misiones con las que colaboraban—, estos pueblos fuesen a aguantarlo todo durante mucho tiempo. A nadie le gusta ser ninguneado ni expoliado. Y menos las dos cosas al mismo tiempo.

Un nombre de resonancias parecidas a las que podrían tener en el norte de Marruecos los de Raisuni o Abdelkrim es el del jeque Ma el Ainin. Buscando su memoria entramos en Esmara, la ciudad que fundó. Es una historia previa a la llegada de los españoles. Mohamed el Mustafa (Ma el Ainin es un sobrenombre que significa «agua de los ojos») tampoco era saharaui, hablando con propiedad. Nació a mediados del siglo XIX en una numerosísima familia nómada que transitaba por los territorios de Argelia, Mauritania y el Sáhara Occidental; y acabó por convertirse en una figura intelectual, religiosa y diplomática casi mítica.

Para ir hacia Esmara, abandonamos la línea de mar que nos acompaña y avanzamos hacia el interior durante algunas horas. El que fue su palacio está un poco alejado de la entrada de la ciudad. Tiene gruesos muros de piedra con algunos detalles pintados en blanco. La puerta es verde, grande, y nos cuesta encontrar quien nos la abra. Cuando damos una vuelta en torno al edificio buscando algún guardés que pueda hacerlo, S., la guía, se lleva un gran disgusto: desde la última vez que estuvo aquí, lo que quedaba de la mezquita ha sido derruido. No nos queda sino imaginarla: otro resto invisible del lugar que hubo allí alguna vez y que nos ha venido describiendo entusiasmada todo el camino. Aunque parece que es una operación intencional: sobre un suelo arenoso rodeado de andamios yacen los restos de un montón de arcos que por lo visto hace poco estaban en pie.

Como a Vieuchange, más que la mezquita a mí me habría gustado especialmente que perviviera su mítica biblioteca, corazón de un proyecto que tenía vocación de centro espiritual y cultural. Aunque la tradición de la que venía era mayoritariamente oral, Ma el Ainin viajó mucho, estudió mucho y leyó y escribió mucho: sobre poesía, medicina, gramática, teología, leyes, sobre sus periplos y sus reflexiones. Cuando tenía ya sesenta y ocho años, empezó a pensar que la vida sedentaria podría no ser mala opción. Recaló en el lugar en el que se edificaría Esmara, una ciudadela amurallada en la que se instalaría con sus seguidores y sus numerosas esposas e hijos. Fue la presencia de juncos lo que le hizo saber que en el terreno había la suficiente agua como para que fuese el indicado. Eso es lo que significa el nombre de la ciudad, juncos, aunque hoy no quede ni uno.

Ma el Ainin tenía contacto tanto con franceses como con españoles, que andaban ya enredando por allí. Con los primeros guerreaba. Con los segundos —a los que no atribuía mucho peligro como enemigos— optaba más bien por negociar: había sido, por ejemplo, mediador en el rescate de unos cautivos españoles secuestrados por saharauis en una de las primeras expediciones. Con el sultán de Marruecos su relación también era de comercio y alianza. Muchos de los materiales con los que se construyó Esmara llegaban desde España y entraban por Tarfaya. Los albañiles y otros trabajadores eran en su mayoría saharauis.

La ciudad fue construida al modo de la zona, sin injerencias occidentales, como se deja ver aún hoy por sus paredes rosas y sus cúpulas en forma de huevo, así como por la enorme mezquita —esta sí se conserva— que ocupa el centro de su plano.

Esmara quedó a medio construir debido al continuo hostigamiento de las tropas francesas, contra cuya ocupación el jeque sí que ejercía una resistencia activa —de ahí que Vieuchange no fuera bienvenido en su deseo de visitarla—. Aunque, sobre el papel, la zona de Saguía el Hamra pertenecía a los españoles, estos todavía no se habían desplegado allí: esta era, de hecho, la única ciudad en muchos kilómetros a la redonda. En 1913, después de que Ma el Ainin y su gente huyeran, las tropas francesas entraron, destruyeron algunos edificios y se volvieron a ir.

Lo que quedaba de la que había nacido para ser una ciudad sagrada permaneció en el abandono más de veinte años. En 1934, una pequeña tropa española llegó a Esmara. Encontraron algunas ruinas, un palmeral casi muerto y a un descendiente del jeque. Levantaron un cuartel que sigue bordeando la carretera y comenzaron la reconstrucción.

[Turismo de posiciones]

—*¿Estaríamos ya en España?*

—*No, esto todavía sería protectorado francés.*

—*¿Pero esto era francés o era de los* moros*?*

Como cartógrafos desorientados de antaño, cuando salimos de Esmara mis compañeros de minibús intentaron entender dónde están los límites del territorio. Decía que ir en grupo fue un viaje dentro del viaje. Esto de repasar, un siglo más tarde, los lugares de la colonización es claramente algo que se puede hacer por una razón o por su contraria. Mientras traqueteamos por la carretera, cada cual da vuelo a sus ensoñaciones. Yo pienso en el futuro, en el día en que mis amigos saharauis podrán ver una puesta de sol sobre ese pedregal. Ellos, en el pasado: *qué emoción recordar a los tíos que lucharon aquí.*

Y las horas de viaje, ya lo sabes, son muchas. Dan para muchas conversaciones. Alguien cuenta orgulloso la historia de su abuelo, que fue guardia civil en Casas Viejas. Alguien dice que anoche estuvo investigando: *tengo una foto de Manuel Franco en Tarfaya, ahora la mando al grupo de Whats.* Alguien hace toda clase de preguntas, hasta si se pone crema solar o no. Alguien saca el tema de la inmigración en España: *Cualquier día uno de estos se presenta a las elecciones y tenemos un alcalde musulmán.* Otro alguien responde: *Si es que ves a las madres llevando a los niños al colegio y dices, joder, la reconquista.* S. explica doscientas veces el mapa y la cronología y siempre se lo vuelven a preguntar: *¿Pero entonces esto es protectorado o Sáhara?* Se comentan muchas teorías de la conspiración y se plantean algunas dudas razonables sobre el papel de Estados Unidos en toda esta historia. *Y una maniobra de Hasán II hubo también.* Se habla de aviones y de armas. Y de motos. Y de caravanas. Y de prisiones. Luego se pega un salto a la memoria de Belchite: *¿Pero allí quién ganó?* En las conversaciones siempre se usa un plural mayestático y los topónimos coloniales.

Para sorpresa de nadie, buena parte del grupo parece compartir cierta pasión por la historia militar. Mientras seguimos atravesando la región de Saguía el Hamra, hacemos parada tras parada visitando antiguas posiciones.

Claro que eso es, por otra parte, lo único que hay para visitar.

Las tropas españolas llegaron a la abandonada Esmara en 1934. Ese año —el mismo en el que se ocupó Ifni—, mientras los obreros se levantaban en Asturias y Lluís Companys proclamaba en Barcelona el Estado Catalán, las exiguas expediciones que seguían su lento avance en el Sáhara completaron la ocupación y fundaron también la ciudad de El Aaiún. Al contrario de lo ocurrido en el Rif, no hubo ni guerra ni ruido.

Durante la guerra civil española, el papel del Sáhara fue menor que el del protectorado marroquí, pero análogo. Aunque en un número mucho más reducido, también hubo saharauis en las *tropas moras*. Aunque, alejado como estaba de la península y con sus particulares características, este territorio cumplió sobre todo otro papel: el de ser una tierra de deportaciones, una prisión a cielo abierto donde se cumplían trabajos forzados. Con el estallido de la Segunda Guerra Mundial, la zona ganó importancia estratégica, y el interés por delimitar las *posesiones* españolas y las francesas se hizo cada vez mayor. El equivalente saharaui de los Regulares del protectorado fueron las Tropas Nómadas, un cuerpo especial formado también aquí por una mezcla de soldados metropolitanos e *indígenas* que patrullaban el territorio en Land Rovers y camellos.

Sobre el terreno, esto se traduce en un punteo de vestigios de cuarteles.

Paramos en uno de ellos especialmente bien conservado: el de Daora. En los barracones semiderruidos en forma de bóveda que lo conforma aún quedan azulejos en el suelo y en la pared. En lo que solía ser la cocina, S. nos dice que encendamos las linternas de los móviles. Sobre un encalado que se cae a pedazos hay unas pinturas de aire naif. Figuras geométricas y florales; la cara de una chica; un reloj sin manecillas; un personaje con melena y pipa que parece uno de los Beatles. En un muro largo de color turquesa se conserva casi entera una cenefa en la que se representan, pintados en rojo sobre cuadrados blancos, los doce signos del Zodiaco.

Dice S. que le han confirmado que los dibujos son obra de un soldado de reemplazo que fue destinado allí. Los haría para no morirse de aburrimiento, suponemos.

Porque alrededor de Daora, hasta donde se extiende la vista, no hay nada. Nada de nada.

—*Así que aquí es donde estaban los que venían a hacer la mili* —dice alguien mientras observamos esa nada desde una antigua garita.

Porque, efectivamente, fueron muchos los españoles a los que les tocó el Sáhara como destino del servicio militar hasta 1975. Los que recibían un número muy bajo en los sorteos de la caja de reclutas tenían poco para escoger y muchas papeletas para acabar allí. Jóvenes que acababan de cumplir dieciocho años se veían de pronto con catorce meses por delante a dos mil kilómetros de casa. Con razón siguen contando esas historias cada vez que tienen ocasión. Tuvo que ser sin duda la aventura más extraña de muchas de esas vidas.

—*Sí, a mirar piedras* —responde otro alguien.

El sol se pone mientras volvemos lentamente al minibús, que nos llevará hasta la posición siguiente.

Entre ellas, arena y arena y arena y arena y arena y arena y arena y arena.

—*Se me pone la piel de gallina pensando que estuvimos aquí* —se escucha decir a alguien más mientras el motor arranca.

[Tigres en el Sáhara]

Cuenta en un libro Pablo Ignacio de Dalmases —un periodista español que vivió durante muchos años en el Sáhara colonizado y se convirtió en uno de sus principales cronistas— que en los primeros textos sobre la nueva colonia había una presencia que se repetía con insistencia: tigres.

Lo que es extraño, porque en África no hay tigres.

Según explica, todo empieza con un texto de Emilio Bonelli, jefe de la expedición de 1884. Cuando describe el territorio que se han encontrado, enumera su fauna: ganado lanar, cabrío y vacuno, asnos y caballos, cebras y camellos, así como leones, gatos monteses, víboras, zorros, gacelas, hienas. Hasta ahí todo bien. Pero luego añade «además del leopardo, la pantera y el tigre, que raras veces llega a divisar el hombre».

¿Problema de traducción? ¿Mala vista? ¿Imaginación desbordada por las novedades?

El caso es que, a partir de ese texto fundante, quienes escribieron sobre el Sáhara en los años siguientes incorporaron a menudo a los tigres en sus descripciones y relatos. Unos copiaban a otros —apunta Dalmases— y el error se fue perpetuando.

Así con todo, supongo.

EL AAIÚN

[el Sáhara es de España, pero no es de España]

[Querida J.]

Hola, J., querida:

Mira, te hago este audio para pedirte perdón. Lo siento, de verdad siento muchísimo haber conocido tu tierra antes que tú. Es superinjusto, supertriste y me hace sentir muy mal. Pienso en ti todos los días en este viaje. No te mando ningún mensaje por si es un problema para cualquiera de las dos, pero créeme que te quiero mandar fotos de todo, todo el rato. Así que, bueno, te lo grabo ahora, y ya te lo mandaré.

Me habría encantado entrar en El Aaiún contigo. La primera visión de la ciudad es alucinante. Yo al menos no me la imaginaba así. Está rodeada de agua, J. Claro, por eso la pusieron ahí. Es un oasis, pero de los de verdad. Agua que brota no se sabe ni cómo en mitad del secarral. Cuando llegamos era de noche, así que no lo vimos hasta que ya casi lo estábamos atravesando. Pasamos por un puente parecido a tantos que hay en España, como por encima de un lago o de un río ancho. Al fondo se veían otros puentes y en la capa oscura de agua, reflejadas, las muchas muchas luces de la ciudad.

Enseguida estábamos dando vueltas por las calles y lo que vi también me sorprendió. Me pareció más moderna de lo que esperaba. No sé, tal vez creía que, con la ocupación marroquí y eso, estaría más desatendida, echada a perder. Pero qué va. Es al contrario. Tiene un centro con edificios altos, bancos, hoteles y restaurantes para la comunidad internacional. Claro, es que está aquello lleno de gente de los organismos de la ONU y de las empresas y demás.

Más allá de eso, no se parece a ningún lugar que yo haya visto antes. Bueno, a Esmara, claro, pero eso fue solo anteayer. Allí también pensé en ti. Es donde sigue viviendo parte de tu familia, los tíos y abuelos que me contaste que no conoces, ¿no? Lo siento, otra vez, de verdad. Me habría encantado visitarlos, llevarles algo o lo que fuera. Pero me daba miedo liarla y no llegar hasta El Aaiún. Sé que lo entiendes, pero perdón, joder, perdón de verdad. Qué mal.

Te decía que El Aaiún no se parece a nada que haya visto antes. Más allá del centro internacional, los barrios tienen un rollo muy distinto a todo lo que conozco. Hay muchos edificios bajos, de colores terrosos y rosados, y los tejados son pequeñas cúpulas claras, como cáscaras de huevo. Las calles son amplias y están bien cuidadas. Hay flores. Y fuentes. Las plazas son curiosas, con arcos de formas geométricas marcadas, o con soportales que hacen ondas, o con extraños tejadillos de madera, cosas así. Ya me dirás si es cierto, porque en países de más al sur del continente has estado tú, yo no, pero tengo la sensación de que tiene un aire como más africano y menos magrebí. No sé si me explico. ¿Tiene sentido?

Por la mañana fuimos a ver el oasis. Es bastante impresionante, la verdad. Como un milagro de verde y palmeras ahí en medio. Nos contaron que, cuando los españoles se instalaron aquí, una primera fuente de conflicto con los nómadas fue que usaban este sitio como lugar de recreo. Se ve que lo dejaban todo hecho un asco, y los nómadas, claro, lo necesitaban para sobrevivir. Flipa, siempre igual. La verdad es que ahora también está bastante lleno de basura, pero no sé decirte de quién es la culpa. Por allí dimos unas cuantas vueltas buscando el punto donde el padre de uno de los hombres del viaje se había hecho una foto cuando estaba haciendo la mili. Al final lo encontramos y se sacó una igual, en el mismo sitio. Estaba todo el mundo bastante emocionado.

Luego, mientras nos enseñaban la ciudad, me acordé de una conversación que tuvimos una vez. Me dijiste que sería un sueño pasear por una avenida donde todas las mujeres vistiesen melfa con normalidad. Pues sí, tía, es así, te fliparía. Bueno, así salvo por lo de la normalidad. Aquí normal no es nada. No es una ciudad por la que sea agradable pasear. Todo el rato ves que la gente está observando a la otra gente. Entiendo que debe de haber una cantidad tremenda de policías, pero va más allá de eso. Hay también algo como de sospecha entre la gente normal.

En el barrio de Jatarrambla, que es donde vivís vosotros —los saharauis de origen, quiero decir—, no pude pasar mucho rato. Este sí que se parece más a las ciudades de otros países del Magreb, es como una medina, todo apretujado y lleno de tiendas. Iba paseando tranquila, con las manos en los bolsillos, sin sacar ni una foto ni hablar con nadie ni nada. Me quedaba clarísimo que estaba rodeada de secretas por todas partes. Al final me pararon, una lechera por delante y otra por detrás. Y nada, me hicieron unas cuantas preguntas y me invitaron *amablemente* a regresar con mi grupo y a mi hotel. No lo hice, pero bueno, en todo el paseo ya no habló conmigo nadie. Yo no lo intenté tampoco, no fuera a causar problemas.

Ah, bueno, el grupo. Te vas a reír. Con esto de no querer cantearme mucho andando sola por ahí, la primera noche me fui con ellos y acabamos en un hotel internacional de esos. Buscábamos que tuviera cerveza, y tenía, tenía. Pero el caso es que acabamos sentados en una especie de jaima falsa, había también como unos muñecos de camello a tamaño real. No sé, amiga, muy raro. Bueno, está siendo muy raro todo el viaje, en realidad. Pero yo qué sé, supongo que más rara es la realidad.

Bueno, a la vuelta te llamo, ¿vale? Muchas ganas de verte y comentar.

Bueno, que un abrazo grande.

Que te quiero mucho, tía.

Venga, mua.

[Lo saben en China]

¿Sabéis dónde sí que saben mucho del Sáhara?

En China.

La culpa es de Sanmao, una escritora que con sus diarios de viaje por la colonia española se convirtió en superventas en su país a principios de los años setenta.

Pienso en ella mirando la cinta de fosfatos de Bucraa. Aún en activo —bajo la explotación de la marroquí Office Chérifien de Phosphates—, es una macroconstrucción que atraviesa el desierto como una cicatriz. De un metro de ancho y algo más de alto, es como un cajón infinitamente largo colocado sobre unas patas de ciempiés, que lleva el mineral desde los yacimientos, situados miles de kilómetros hacia el interior, hasta el puerto de El Aaiún. Su recorrido lo jalonan algunas pequeñas centrales transformadoras, protegidas por alambradas de espino.

El descubrimiento de los fosfatos supuso el giro de guion de la historia del Sáhara Occidental. En aquellas expediciones cartográficas y exploratorias del terreno que se hacían para acompañar de cierto conocimiento a los asentamientos militares, el geólogo español Manuel Alía Medina empezó a estudiar la posibilidad de que el subsuelo albergase este tipo de riqueza. Lo estudió, lo estudió, lo estudió y en 1949 llegó a la conclusión de que no era solo que sí que hubiera fosfatos: es que aquellos eran, de hecho, los yacimientos de ese mineral a cielo abierto más importantes del mundo. Solo un año más tarde ya estaba creada la empresa Adaro y comenzaban las excavaciones.

Casualidad o no, el 20 de octubre de ese año Franco visitaba el Sáhara Occidental por primera y última vez. Era el tiempo de los pantanos y las obras magnas, y este descubrimiento le daba al régimen una nueva pieza que jugar también en el gran tablero de la guerra fría. Los fosfatos son importantes sobre todo en la producción de fertilizantes, importantes en un momento en que «soberanía alimentaria» eran palabras mágicas para los países. Se redoblaron los esfuerzos de estudio, mapeado y sistematización del terreno, en los que empezaron a involucrarse empresas como CEPSA. Comenzaron así dos décadas y media de construcciones, inversiones y explotación del terreno, durante las cuales el territorio se convirtió no solo en una fuente de riqueza, sino también de mano de obra, cambiando sustancialmente su estatus y su realidad cotidiana.

En los años sesenta se crea la empresa nacional minera del Sáhara, llamada luego Fosfatos de Bucraa S. A., la entidad más lucrativa del territorio. Fue esta la que construyó esa cinta transportadora de más de cien kilómetros de largo, para la que España recibió un préstamo de cuatro millones y medio de dólares de dos bancos estadounidenses, destinados a la compra de material también a este país.

Esta empresa, coloquialmente llamada Fos Bucraa, fue también la que llevó al Sáhara a Sanmao. Más concretamente, llevó a su novio José, uno de esos jóvenes españoles que acudieron allí como mano de obra. Por lo que me acuerdo de ellos junto a la cinta es por este pasaje de los *Diarios del Sáhara* que escribió ella:

> Nos subimos al jeep de la empresa y seguimos la cinta transportadora, durante más de cincuenta kilómetros, desde el punto de explotación hasta llegar a un embarcadero muy largo, que era donde cargaban los barcos con el fósforo para exportarlo (...)
>
> —Es espectacular, ¿verdad? —me preguntó José mientras íbamos en el coche.
>
> —¿Y quién ha construido esta obra inmensa?
>
> —La empresa alemana ThyssenKrupp —me respondió un poco avergonzado.

—Ya decía yo que los españoles no eran capaces de construir algo tan fantástico.

Como los saharauis, José María Quero debió de tener que responder muchas veces a la pregunta de si el Sáhara tenía mar. Porque se fue a trabajar al desierto, pero era buzo. Como tenía una enorme capacidad para la apnea, después de hacer la mili en El Aaiún, Fos Bucraa lo contrató como parte del equipo de submarinistas que se encargaban de revisar las infraestructuras de extracción y hacer otras operaciones bajo el agua. Con él se fue la que en pocos meses sería su esposa, Echo Chen —Sanmao era el seudónimo literario de esta mujer cuyo nombre de nacimiento era Chen Ping, pero que en España se hacía llamar de esta otra manera—.

Sanmao soñaba con el desierto desde niña: lo había visto en reportajes de la *National Geographic* y lo había imaginado, ella también, a través de la escritura de Saint-Exupéry. Fue una carambola afortunada que se le pusiera delante la oportunidad de vivir allí cuando le salió ese trabajo al hijo —mucho más joven que ella— de la familia Quero, que la había acogido a su llegada a Madrid muchos años antes. Su historia de amor tenía efectivamente todos los componentes para una novela romántica leída por millones: él, que era un adolescente cuando la conoció, no se olvidó nunca de ella, y la conquistó cuando pudo, años más tarde, ofreciéndole el viaje exótico de sus sueños. En los relatos que su novia envía al *United Daily Express* de Taiwán, él es Hexi, una especie de *sex symbol* barbudo que no se entera de mucho. Pero que, aun así —o quizá por ello—, cautiva con su ternura y su arrojo a las lectoras que también ven en Sanmao un ejemplo de una libertad que a ellas les estaba vedada en un Taiwán que vivía bajo la ley marcial.

Y es que en los *Diarios* de Sanmao el tono es ese. Las crónicas que va publicando por entregas y que se convertirían más tarde en un libro que vendió más de diez millones de ejemplares en China son un relato costumbrista en el que se reflejan los asombros que le causa la vida saharaui, pero también la española. Los choques culturales con su marido y la familia de este buscaban en sus lectores una sonrisa parecida a la que podía causarles el retrato de sus vecinos de El Aaiún. Para ella, exótico era todo: también El Rastro o la manera de tratarla que tenían sus compañeras de la residencia de señoritas del madrileño barrio de la Concepción. Criada en una familia de clase alta, el retrato que dibuja del Sáhara es a veces condescendiente o despectivo, pero también una fuente deliciosa para imaginar la vida en aquel Sáhara que recorría en un Seat 127 que aprendió a conducir en la autoescuela de El Aaiún.

Hoy, el turismo chino es un valor en alza en la ciudad. Muchos llegan buscando sus huellas. Cerca de la estación hay un pequeño hotel que lleva su nombre; y en la que se supone que fue su casa, el contador eléctrico está marcado por decenas de ideogramas: las firmas que dejan quienes pasan por allí a rendirle homenaje.

El libro de Sanmao termina realmente mal. Para ser un superventas, es llamativa la dureza de su último capítulo. Nada que ver con el tono costumbrista, romántico y divertido del resto de los *Diarios*. En ese último texto —titulado «El llanto de los camellos»— se habla de guerrilleros muertos, de esposas aterradas, de traidores y disparos, del miedo de las últimas noches en las que el Sáhara Occidental fue colonia española, cuando se esperaba ya la llegada de la Marcha Verde. Acaba así:

> Yo estaba agachada sobre la arena lejos de ellos, temblando sin parar. Prácticamente no había luz y pronto no se les distinguiría en la oscuridad. De repente, el viento enmudeció y poco a poco dejé de ver lo que me rodeaba. Solo escuchaba los quejidos de los camellos que llegaban desde el matadero. Cada vez se oían

más y más fuerte. El ambiente se fue llenando poco a poco del eco descomunal del llanto de los camellos, que me envolvió como si fuera un trueno.

Todo esto en China lo saben.

Qué cosas.

[Igualita que Albacete]

El descubrimiento de los fosfatos iba a marcar la historia del Sáhara Occidental desde entonces en adelante, convirtiéndola, para empezar, en algo extemporánea. Mientras en la mayor parte de África los distintos países iban declarando la independencia, aquí en los años cincuenta y sesenta lo que ocurrió con la colonización es que se intensificó.

A la demanda creciente de trabajadores de las empresas de fosfatos se sumó una fuerte sequía que hizo que entre 1968 y 1973 muchas familias antes nómadas acudieran a las ciudades, desbordando las previsiones. Lo que había nacido como colonia militar pasó a ser una colonia de poblamiento. Se construyeron entonces, en torno a los núcleos urbanos, cinturones de casas y jaimas, barriadas que contrastaban con las viviendas que se estaban habilitando para quienes venían de la península. Si en 1967 la población de saharauis en El Aaiún era de seis mil personas, solo tres años después se había duplicado, alcanzando los trece mil.

Pero este movimiento se daba absolutamente a contratiempo. Desde la década de 1960, la mayor parte de los países del continente africano estaban más bien declarando su independencia. El 14 de diciembre de 1960, la ONU había promulgado su resolución 1514, una declaración sobre la concesión de la independencia a los países y pueblos colonizados que, básicamente, obligaba a las metrópolis a preparar su salida y facilitar la transición de sus colonias hacia la democracia. España respondió de la manera peculiar que ya sabemos: convirtiendo a Ifni, el Sáhara Occidental y Guinea Ecuatorial en las provincias cincuenta y dos, cincuenta y tres y cincuenta y cuatro del Estado español. Porque, siendo provincias, ¿por qué iba a haber que descolonizarlas? Magia potagia. «Tan españolas como Cuenca o Albacete», se solía decir.

La ONU debió de pensar algo así como «bueno, por favor, qué broma es esta»; e insistió. En el caso concreto del Sáhara Occidental, con la resolución 2072, promulgada en 1965, que es la primera que trata específicamente este caso. En ella se proclamaba el derecho del Sáhara a la autodeterminación y se pedía a la metrópolis que agilizase la descolonización. España siguió remoloneando: en los años siguientes, firmó acuerdos con once empresas, la mayoría estadounidenses, para la búsqueda y explotación de petróleo en el territorio. (Por suerte para los saharauis, no lo encontraron).

Por lo demás, igualita que Albacete o que Cuenca, El Aaiún lo sería, si acaso, en las apariencias. La capital de la provincia cincuenta y tres tenía todo lo necesario: cuarteles, bancos, una escuela de jesuitas, un parador. En el antiguo casino, que es hoy la depositaría, aún se guarda el registro de los bienes de España en el Sáhara, que en su mayoría hoy se alquilan para distintos usos. Nos lo cuenta un gracioso pero temeroso guía que bromea sobre que espera que no haya en el grupo ningún periodista infiltrado. Ups.

La iglesia católica es realmente grande. El cura no puede recibirnos porque está en Villa Cisneros (así se refiere él mismo a la ciudad que en los mapas actuales se llama Dajla): da misa de manera itinerante por todo el territorio. Así que nos llama por WhatsApp. Nos cuenta que en cada iglesia aún tiene una cincuentena de feligreses. «No es bueno que el hombre esté solo», afirma. Cuando el grupo empieza a entrar en temas espirituales, me entretengo mirando fotos antiguas que hay pegadas por la pared del templo. Me llaman la atención las de la Güera, una ciudad algo más al sur. Quedó abandonada después de 1975. Hoy está como Tarfaya, comida por la arena.

Pero más allá de propiedades e iglesias, tan igualita que Albacete y Cuenca la provincia cincuenta y tres tampoco era. En sus escasas ciudades lo que había era una sociedad construida por y para militares, fuertemente jerarquizada y excluyente. Contaba con muy pocos servicios, apenas unos básicos muy deficitarios de educación y sanidad. El comercio y la prostitución eran negocios florecientes en poblaciones que sí que contaban con bares, cabarés, casinos y cine. Leyes e instituciones apuntalaban un régimen administrativo que legitimaba las diferencias que establecía respecto a la península por el carácter nómada de la sociedad, la religión, el clima o la pobreza del suelo. Dentro de ese régimen, las personas que vivían allí también eran *unas más iguales que otras*: la distinción entre *nacionales* e *indígenas* era mucho más marcada que en el protectorado de Marruecos. Las propias ciudades eran espacios segmentados, con construcciones y servicios diferentes. Los salarios eran distintos, y el acceso a los servicios públicos también: menos de un 10 % de los estudiantes en colegios e institutos eran saharauis; y un 95 % de los pacientes de los hospitales eran europeos.

Quizá por todo eso, lo de la provincia no acababa de colar. Como la ONU seguía insistiendo con sus resoluciones y sus toques de atención, el franquismo colonial empezó a apuntalar una serie de estructuras que, en su plan, deberían haberle servido para controlar el proceso de independencia y dejar al nuevo país en manos de unas élites connivientes, como habían hecho otras potencias con sus antiguas colonias. Por lo que pudiera pasar.

Mientras, en Marruecos, en 1961 Hasán II había llegado al trono tras la muerte de su padre. Su reinado iba a ser una época oscura, sobre todo en la década de 1970, conocida como «los años de plomo». Las esperanzas que había traído la independencia se diluyeron en una realidad de construcción de nuevas élites y fuerte represión a toda disidencia, contexto en el que la cuestión del Sáhara se convirtió en el perfecto caballo de batalla para canalizar tensiones y legitimar toda clase de abusos de poder. En los años que siguieron a la retrocesión de Ifni, el nuevo rey intentó en varias ocasiones negociar con el régimen de Franco una posible adhesión del Sáhara, sin llegar a ningún acuerdo.

En 1968, por otra parte, Guinea Ecuatorial proclamó su independencia. El Sáhara ya era oficialmente lo único que quedaba del *imperio africano* de Franco.

Tic, tac.

[Concurso de casas y jaimas]

En mayo de 1974, en El Aaiún las mujeres se preparaban para un concurso. Abierto a todas las saharauis, lo que se iba a premiar era el estado de limpieza y belleza de sus viviendas. Había tres categorías: casa, barraca y jaima. El jurado eran integrantes de la Sección Femenina. Las imagino paseándose por los barrios de la colonia para hacerles la prueba del algodón a muebles y alfombras como en una precuela de esos *realities* de decoración que triunfan en Netflix.

Con las inversiones, el trabajo asalariado y la sedentarización llegaron al Sáhara Occidental más cosas, ocultas entre sus brillos. Lo primero que cambió fue el propio sistema social de los nómadas: las tribus guerreras —tradicionalmente más poderosas— se empobrecieron, frente al enriquecimiento de pastores, agricultores y pescadores, que ya no tenían que pagar tributos tribales y podían comerciar. Además, la relación con las autoridades comenzó a generar un estrato de notables que podían vivir de rentas bajo la protección del poder colonial. La estructura tradicional se convirtió, *de facto*, en una sociedad de clases.

Y, sobre todo, el asentamiento colectivo en pueblos y ciudades tuvo un impacto sobre los modos de vida: menos camellos, más Land Rovers. Aunque la «misión civilizadora» española no fuera catequizante, desde luego traía consigo un ideario: el del capitalismo. La colonización pasaba por llevar también a la población cierta demanda de bienes y servicios. En una entrevista realizada a principios de los años setenta a la delegada provincial de la Sección Femenina en el Sáhara Occidental, Concha Mateo, el periodista preguntó qué era lo más urgente por hacer con respecto a los habitantes nómadas del Sáhara. Su respuesta fue elocuente: «Crear necesidades en ellos para que sientan el deseo de satisfacerlas con su esfuerzo personal». El acceso al dinero implicaba un nuevo nicho de consumidores para la demanda metropolitana, retroalimentando además el discurso del progreso.

A veces se habla de esta etapa incluso como una segunda colonización.

Una que traía consigo lavadoras, televisiones y coches.

Por otro lado, con la transformación del Sáhara en provincia, el discurso colonial pasó a girar en torno a una idea clave: la de *españolizar*. Folklorizar los modos de vida no era algo exclusivo de las colonias: la estrategia franquista de la *regionalización* pasaba por desactivar el potencial subversivo de las particularidades locales metiéndolas en cajoncitos, lo que es una forma de dejarles solo un espacio muy concreto. Las jaimas, el té o los guisos con camello se incorporaron al repertorio de particularidades pintorescas igual que la muñeira, el cocido montañés o el traje de flamenca. Desde 1970, el documento oficial de los saharauis fue un DNI bilingüe en español y árabe. Muchos aún lo conservan.

En todo ese proceso, un papel especialmente importante lo tenían las mujeres. Echarles —echarnos— a la espalda la tarea de garantizar el orden y la cohesión social es un truco del patriarcado que va mucho más allá de los contextos coloniales, pero que se deja ver con especial nitidez en ellos. En un ensayo muy revelador sobre las políticas de género en el Sáhara Occidental, el investigador Enrique Bengochea Tirado plantea la relación indisoluble entre tres ideas: entrega, hogar e imperio. Efectivamente, todo va junto.

Al llegar al territorio, la administración colonial se encontró con un sistema de género que no encajaba en sus esquemas. La estructura familiar incluía formas de filiación matrilineales y aceptaba la posibilidad del divorcio, que además podía darse a iniciativa de las mujeres. Además, se daba un reparto de tareas laxo en el que los hombres hacían la guerra, sí, pero también cocinaban, limpiaban y se ocupaban de la crianza. De algún modo, las mujeres *mandaban*: dirigían la familia, y tenían un papel importante en la administración de bienes —que además podían heredar—. Hay antropólogos que relacionan esto con el hecho de que, en las sociedades nómadas, cuando los hombres están ausentes, las mujeres tienen plena responsabilidad del campamento. El caso es que los españoles del pacato régimen franquista que llegaron allí se encontraron con mujeres que entraban y salían a su antojo y, ¡aún peor!, recibían a quienes querían, hombres o mujeres, aun cuando estaban solas en sus casas. Casas que, por otro lado, a sus ojos no eran ni casas. Total: que sintieron la fuerte necesidad de meter en vereda todo aquello.

Para eso llegó, en 1964, la Sección Femenina. De su mano se crearon distintas instituciones destinadas a conducir a las mujeres saharauis a una socialización de género acorde a los valores del franquismo. Las más importantes fueron las *escuelas de hogar*, semiinternados para niñas y adolescentes, así como las cátedras ambulantes dirigidas a mujeres adultas, que extendían esta formación a los lugares más remotos. Algunas niñas llegaron a acudir a campamentos falangistas de verano en la península.

En todos esos espacios se les instruía en cuestiones como labores del hogar, corte y confección, decoración de la casa, cocina y dietética, economía doméstica, reparaciones caseras… Aparecía en forma de mandato un nuevo modo de hacer las cosas cotidianas en virtud del cual la manera en la que las habían hecho siempre pasaba a estar mal. Y esto no solo en lo práctico: también, o sobre todo, en lo profundo. A lo *My fair lady*, se trataba de instaurar en sus costumbres determinados hábitos de higiene y vestimenta, determinados modales, determinadas formas de relacionarse. Sus cuerpos se disciplinaban también para parecerse y comportarse como los *occidentales*: desde los uniformes escolares para las niñas hasta la elección de reinas de las fiestas como reconocimiento a la belleza. Pasando por la creación de grupos de coros y danzas en los que junto a los bailes de su tradición aprendían también a interpretar muñeiras o sardanas, caudieles extremeños o ysas canarias.

Dentro de todo ese operativo, lo doméstico era la punta de lanza. De ahí el concurso. Se instruía en una forma correcta de construir, disponer y habitar las casas. Entendidas, naturalmente, como casas de estilo occidental —algo que entraba en contradicción con las condiciones materiales, porque en el territorio había escasez de viviendas de mampostería, por lo que había que aceptar barracas y jaimas al menos transitoriamente—. Para un control más efectivo, la Sección realizaba visitas a estos hogares. Entraba hasta la cocina, literalmente: se enseñaba también a cocinar menús de estilo metropolitano con productos locales. Guisado de camello, plátanos con natillas, sopa de merluza, yemas de Ávila, sardinas fritas. Por el camino, desaparecían o quedaban relegadas costumbres como la tuiza, una forma de organización colectiva de los trabajos de las jaimas. La vida del hogar era el campo de batalla de otra guerra imperial.

Por otra parte, delimitar la casa como espacio de las mujeres era también decir qué lugares ya no eran suyos. En este nuevo mundo en el que el mercado y el salario se convirtieron en la manera de articular la supervivencia, a las mujeres solo se les reservaban algunas actividades, sobre todo de limpieza y cuidados, con empleos como servicio doméstico, puericultura u otros relacionados con el folklore, como artesanía y confección. El acceso al trabajo, aunque fuera en estos limitados términos, suponía además una forma de comportarse, unos horarios, unas prácticas adecuadas para el capitalismo. Y un acceso al dinero acorde al cambio fomentado de las formas de consumo, que, de nuevo, volvía a revertir en la creación de la necesidad de bienes asociados al hogar, como electrodomésticos.

A las mujeres saharauis de los años setenta, sus madres y abuelas les decían que se estaban volviendo muy sumisas. En su manía de trazar fronteras, la colonización también había traído un nuevo mapa de lo que era adecuado y lo que no para las mujeres.

La cara perversa de todo esto es fácil de ver. Pero, como siempre, los pliegues están llenos de matices. Este tipo de socialización era una máquina de arrasar modos de ser y de vivir, una apisonadora de posibilidades. Pero es cierto también que, para muchas mujeres, asistir a las escuelas de la Sección Femenina o a las actividades que organizaba ofrecía vías de fuga posibles para otros mandatos patriarcales presentes también en su sociedad de origen. Para algunas, este sistema significó aprender a leer o evitar el matrimonio a una edad temprana. Muchas lo recuerdan así y hablan aún hoy con cariño de las maestras que se encontraron en aquellos espacios. Y que a veces no eran, por otro lado, exactamente el modelo de mujer que el franquismo preconizaba: irse sola a dar clases en un desierto a miles de kilómetros de casa también era una manera de desplegar alas para algunas españolas. Algo había ahí de predicar con el contraejemplo. Las sororidades, las complicidades posibles que se dieran entre las paredes de esas escuelas no se dejan encasillar tan fácilmente.

Además, esos espacios legitimados por la autoridad daban a las mujeres saharauis un ámbito desde el que realizar reivindicaciones y un lenguaje con el que podían hacerse entender por la metrópolis en sus propios términos. De las reivindicaciones laborales en los talleres de confección pasaron a las demandas de mayor formación, y de ahí a la exigencia de poder votar en el referéndum de autodeterminación cuando se produjese. Paradójicamente, en los espacios de la Sección se dio también una socialización política que daría a muchas las herramientas y las ganas que les llevaron a unirse al movimiento nacionalista cuando apareció a comienzos de los años setenta.

En uno de sus últimos informes a Madrid antes de abandonar la colonia, Concha Mateo escribió:

Ellas tienen que ayudar a hacer su Sáhara mejor. Es curioso observar cómo ya empiezan a devolvernos nuestras propias palabras, repetidas tantas veces, para hacerles ver la importancia de la mujer en un pueblo.

[Las chicas de la estafeta]

Mientras todo eso pasaba, a los aeropuertos del Sáhara llegaba periódicamente un avión militar lleno de prostitutas. Lo cuenta en una de sus *Cartas desde Saguía al Hamra* Jesús F. Salafranca, un maestro destinado al Sáhara entre 1973 y 1975, que a su vuelta recogió y publicó las que había ido enviado en ese tiempo. En ellas contaba a su familia y amistades los descubrimientos y sorpresas de ese mundo al que había llegado. Y lo cierto es que cuando se encontró con el aterrizaje de aquel DC-3 del Ejército del Aire se asombró mucho.

Era un avión al que se conocía como «la estafeta»: iba y volvía desde las Palmas de Gran Canaria a Esmara, llevando y trayendo documentación y mercancías, además de servir a veces para el transporte de pasajeros. Un día que estaba Salafranca viendo los vuelos pasar desde la cafetería del aeropuerto de El Aaiún —un entretenimiento como otro cualquiera en aquel lugar en el que no pasaban muchas cosas—, la estafeta hizo una escala allí. Y mientras descargaba o repostaba o lo que quiera que estuviera haciendo, el pasaje hizo también su propia escala en el bar. Contaría Salafranca en su carta:

> De la estafeta salieron una veintena de mujeres de estilo exuberante y variopinto, es decir, profesionales del amor (...) Hablaban a voces, gesticulando mucho y enseñaban con generosidad los muslos y los pechos. Muy pintadas, enjoyadas y con vestidos vistosos. Tenían sed —casi todas pidieron cubalibres— y rechazaron con gritos, gestos procaces y risotadas a los que intentaron ligar con ellas repitiendo más o menos que estaban de descanso y que ya habían trabajado bastante en Smara.

El maestro, que algo tenía de explorador o de reportero, aceptó la invitación de una de aquellas mujeres —a las que identificó como canarias— a encontrarse con ella cuando pasara por Las Palmas. La siguiente vez que fue a la isla, se pasó por su sala de fiestas, y le pidió que le contara cómo funcionaba aquello. Ella, que tenía dieciséis años, se lo contó, y él a su vez lo resumió en su carta:

> Cada cierto tiempo un suboficial va a Las Palmas y «recluta» por los cabarets o casas de lenocinio a una veintena de fulanas, normalmente las más guapas y entre ese abanico de los 15 a los 30 años, que son transportadas gratis en la «estafeta» a Smara, donde son alojadas y alimentadas a costa de la Legión. Cuatro o cinco son destinadas a oficiales y suboficiales y el resto para la tropa. Están unos diez días y vuelven forradas con buenos billetes verdes, pues trabajan en plan intensivo. La Bandera de Smara cuenta con unos 1.200 hombres, no sé si todos las visitarían, pero a grosso modo unos 30 hombres por día dan un saldo de 300 clientes para cada mujer. El negocio es productivo y «todo el mundo contento además de limpio, silencioso y oficial», pues las «estafetas» solo transportan mercancías y personal militar. ¿Militarizarán a las churrianas mientras dura la expedición? ¿Y qué categoría les darán? Al parecer el único inconveniente —alguno tenía que haber— es que les dan poco tiempo entre parroquiano y parroquiano, los cuales forman largas colas que organiza la Policía Militar.

A primera vista puede parecer que instruir en férreos valores y costumbres a unas mujeres al mismo tiempo que se organiza el trabajo sexual que ejercen otras es contradictorio. Pero nada más lejos. Son, de hecho, las dos caras absolutamente coherentes de una misma operación.

«¿Qué más puedo contarte? —terminaba su carta el maestro curioso—. ¡Ah si! A la chica, que por cierto se llama Candelaria, le molestan los oídos cuando vuela en el DC-3».

[Una nación]

Abdelhay Uld Sid Emhamed era uno de los seis hombres que, una tarde de invierno, en una habitación en Esmara, dieron por nacido el primer movimiento de liberación saharaui. Es ciego y era el primo de Mohamed Basiri, uno de los primeros líderes nacionalistas y también uno de sus primeros mártires. O, desde otro punto de vista, uno de los últimos desaparecidos del franquismo.

Hace algunos años, entrevisté a Sid Emhamed en los campamentos de refugiados de Tinduf. Recordaba que, cuando Basiri empezó a hablar de la necesidad de emprender una lucha contra el colonialismo, él no estaba de acuerdo. «Le dije que nosotros no estábamos preparados para la independencia, que no había personas cultas para llevarlo a cabo». Contaba que Basiri le respondió que, si el plan era esperar a que el colonialismo español propiciara las condiciones para que esa cultura se diese, entonces sí que iban listos.

Y es que, a finales de los años 1960, aquello era un poco lo que mucha gente pensaba. Como en otras partes, la táctica de la administración colonial de cara a la más que inminente necesidad de abordar la descolonización pasaba por intentar hacerlo negociadamente, asegurando sus intereses para el futuro. El expolio y sus maniobras, sin embargo, no podían pasar inadvertidos para siempre.

En aquel mismo informe de 1974 en el que se daba cuenta de que sus chicas empezaban a darle la vuelta a los argumentos aprendidos, la directora de la Sección Femenina, Concha Mateo, también escribía: «Estoy sufriendo bastante, sobre todo porque la nueva situación no tiene salida digna y porque hasta para las nuevas autoridades hemos sido unos "colonialistas". Me duele hasta el alma». Pero llamar *colonialistas* a los colonialistas era algo que el resto del continente, y de buena parte del mundo, ya tenía bastante integrado, y también tenía que llegar al Sáhara en algún momento.

Pese a toda la retórica asimilacionista, o tal vez en diálogo con ella, los saharauis empezaron a reivindicar espacio para sus particularidades culturales, y también cierto margen de autogobierno. En 1967 la administración colonial respondió con la creación de la Yemáa, una Asamblea General que permitía a la población local cierta participación política. Se trataba de un órgano inspirado en las asambleas tribales en su funcionamiento y constitución, que ejercía una función consultiva y de intermediaria con la administración colonial; una suerte de Parlamento autonómico formado por notables saharauis, con representantes en las Cortes franquistas de Madrid. La idea era incorporar al sistema de gobierno a los notables más fieles a los intereses del régimen. Pero, con aire para articularse, las exigencias crecieron: los saharauis empezaron a demandar no solo igualdad con los pobladores españoles, sino incluso la eliminación del sistema tribal tradicional, en una suerte de conciencia democratizadora de nuevo cuño.

Poco a poco, el sentimiento difuso de pertenencia de las tribus nómadas fue dando paso a una idea cada vez más sólida de algo mayor: una nación. Como en muchas otras antiguas colonias, la paradoja está servida: la independencia se dará en los términos de la colonización, y hasta con sus rayas de tiza convertidas en propias. En el caso del Sáhara Occidental, el territorio reivindicado por el movimiento nacionalista era el mismo que había delimitado la metrópolis, hasta el punto de que el mapa oficial de la República Árabe Saharaui Democrática (RASD) todavía es el producido por el Servicio Geográfico del Ejército español en 1961.

Más informe de Concha Mateos —que de pronto lo veía todo clarísimo—:

> Ellos, que nunca han tenido concepto de nación, que han sido, y son, un conjunto de tribus en constante litigio, han aprendido de nosotros hasta ese concepto que ahora emplean bien manejado para, al final, no sé si dejarnos en el más absoluto de los ridículos.

La primera forma que tomó ese nacionalismo fue la de la Organización Avanzada para la Liberación de Saguía el Hamra y Río de Oro (OALS): así se llamaba la organización que fundan Basiri, su primo ciego y otros cuatro compañeros. Solo unos meses más tarde, la causa contaba con más de cinco mil integrantes. Sus afiliados eran sobre todo trabajadores de la construcción y algunos miembros saharauis de las Tropas Nómadas. Es el precedente de lo que sería luego el Frente Polisario, que sigue siendo hoy en día quien está al frente de la lucha saharaui y por tanto maneja también el poder en su Estado en el exilio. No solo la organización sigue siendo la misma: incluso las personas lo son. Brahim Gali, el actual presidente de la RASD, por ejemplo, era uno de aquellos seis hombres que se juntaron en un cuartito en Esmara una tarde de diciembre de 1969.

En España, en aquel momento, la situación no estaba precisamente tranquila. En agosto de 1968, ETA había realizado su primer atentado con una víctima mortal, el policía y torturador franquista Melitón Manzanas. Como consecuencia, se había decretado en Guipúzcoa el estado de excepción, una medida que en enero del año siguiente se extendería a todo el territorio nacional por primera vez desde la guerra civil. Las protestas y huelgas se habían intensificado, y la represión también. En ese contexto, la recién nacida OALS estaba prohibida, como cualquier organización política bajo la legislación franquista. Así que, cuando salió a la luz a través de una carta abierta al gobernador general en la que se planteaba una serie de demandas, la respuesta fue intentar localizar a los autores, a través de confidentes, y comenzar su seguimiento policial.

En una jaima de Tinduf, me dejaron fotografiar algunos de los informes entonces secretos que han ido pasando un poco menos secretamente de mano en mano desde entonces. Cuidadosamente archivado en una gran carpeta de anillas negras encontré, por ejemplo, uno de la Delegación de Gobierno sobre esta primera organización nacionalista. Exponía con detalle lo que se sabía de sus integrantes, sus modos de actuación y sus objetivos. Y, en la parte de recomendaciones, decía:

> (…) que el Gobierno no puede aceptar de ningún modo, la existencia de este partido y mucho menos, por tanto las condiciones que pretenda imponer. Por tanto, el unico camino viable es emprender las acciones necesarias para conseguir la desaparición de la organización. La consecución de este objetivo es francamente difícil, máxime que va a contender contra ideas.
>
> Las acciones que puede ejecutar el Gobierno pueden ser directas (mediante la fuerza) o indirectas, tendentes a desacreditar a la organización o a extinguirla por medios no oficiales.
>
> Una acción directa contra los componentes del partido, y en especial contra su cabeza visible (el llamado BASIR) no presenta una gran dificultad en la práctica (Detenciones, interrogatorios, sanciones, expulsiones, etc.) pero claramente se comprende que tal medida no sería rentable para nuestros intereses pues, normalmente, produciría un efecto contrario al deseado reforzando la posición del partido.

Por alguna razón, quien debiera hacerle caso a este consejo no lo hizo.

Cuando se va desde la ciudad de El Aaiún hasta el puerto, se pasa junto a una hilera de dunas que bordea la costa. Entre ellas se pueden ver las ruinas de los cuarteles en los que los soldaditos españoles que llegaban a hacer la mili pasaban sus tres meses de instrucción, sus novatadas y su jura de bandera. Se pueden imaginar los prostíbulos en los que trabajaban las mujeres de las que habla Salafranca. Y, según se dice, si se buscase se podría también encontrar, bajo esa arena, lo que quede de los restos del fundador de la OALS.

Desapareció la noche del 17 de junio de 1971, y de esa responsabilidad España nunca se ha hecho cargo.

El informe en el que los servicios secretos españoles recogieron lo que sabían sobre Mohamed Basiri no hace falta que me lo pase nadie en un archivador cuidadosamente guardado durante medio siglo. Está expuesto bien a la vista en una vitrina central del Museo Nacional de la Resistencia de los campamentos de refugiados —el mismo que guarda la mandíbula y la vértebra de tiburón que dan fe del mar al que volver—.

De ese documento, que es una ficha policial, sale la foto más conocida de este hombre cuyo nombre se ha vuelto mítico. Tiene media cara en sombra, mira a la cámara con el ceño fruncido y los ojos entrecerrados. Lleva barba, una bufanda oscura y una medallita al cuello. Sujeta con la mano derecha una tablilla que tiene escrito el número B-2875. En su historial se explica que había nacido en 1944 en Tan Tan, una ciudad un poquito al norte de Tarfaya, en esa zona de frontera entre el Protectorado Sur y el Sáhara que pasó a ser parte de Marruecos tras el tratado de retrocesión de Ifni. Había pasado el comienzo de su vida en Marrakech y Casablanca, y luego había vivido un tiempo en El Cairo y otro tiempo en Damasco, viajes de los que había vuelto con ideas panarabistas y revolucionarias. Había trabajado como periodista y también había estudiado Derecho. Se le atribuía ser «motor y fuerza» del nuevo partido. Había llegado al Sáhara apenas dos años antes. Según la policía, desde entonces «había vivido de los regalos de su tribu y de la venta de escapularios».

El informe está fechado el 27 de julio de 1970, y marca como fecha de su detención el 18 de ese mismo mes. Es el día después de uno de los acontecimientos marcantes del nacionalismo saharaui: la llamada «masacre de Zemla».

Ante el creciente runrún nacionalista, la administración colonial convocó ese día una manifestación de adhesión a España en la plaza de África de El Aaiún. ¿Nos suena? Con algo no muy distinto se había intentado ganar tiempo a la independencia en Tetuán allá por 1954. Con la diferencia de que en este caso sí existía un movimiento anticolonial beligerante. Este aprovechó la ocasión para convocar a su vez otra manifestación, en un lugar no muy lejano de Zemla, el barrio donde se encontraban los edificios oficiales.

Su convocatoria tuvo muchísimo más éxito que la oficialista. Los nacionalistas venidos desde distintos puntos del territorio fueron instalando en aquella explanada urbana sus jaimas, en un pequeño campamento que crecía según pasaban las horas. La organización liderada por Basiri exigió hablar con el gobernador —un general llamado José María Pérez de Lema, es necesario pronunciar los nombres cuyas responsabilidades siguen pendientes— para entregarle una carta de reivindicaciones. Pero este tenía las manos atadas por su propia legislación: en aquel momento, la mera conversación con el movimiento conculcaba la legislación de partidos políticos. Así que recogió su memorándum y pidió unos días para ganar tiempo.

Pero en la calle, la tensión crecía, por más que los notables saharauis afines al régimen colonial intentasen mediar. Horas más tarde, mientras en los actos oficiales se pronunciaban discursos de *hermandad* entre el pueblo español y el saharaui, la Administración enviaba a la Legión para disolver a tiros a los manifestantes acampados, causando un alto número de heridos y detenidos.

Nadie sabe con seguridad dónde estaba Mohamed Basiri en aquel momento, aunque distintos testimonios aseguran que se negó a huir de la ciudad y que fue detenido por las fuerzas de seguridad españolas en mitad de la noche. La ficha policial que se exhibe en el museo de Tinduf dice que el plan tras su detención era expulsarle del territorio. Quienes han estudiado a fondo este documento y los únicos otros dos que se tiene constancia de que existan sobre él sostienen que probablemente los tres sean falsos, y que se habrían creado *ad hoc* para ocupar el sitio de otros, probablemente destruidos para ocultar la verdad para siempre. Lo único claro es que nadie volvió a ver nunca a Basiri, que se convirtió así en el desaparecido más célebre de la historia saharaui.

Tenía razón aquel informe al que no se hizo caso. Una medida así, efectivamente, «produciría un efecto contrario al deseado reforzando la posición del partido». Los años siguientes lo iban a demostrar. Después de Zemla, los y las saharauis se fueron movilizando de manera cada vez más masiva, a través de encuentros clandestinos y octavillas que pedían mejoras sociales y la autonomía del Sáhara como paso previo para la independencia.

Como había hecho en su día en Marruecos, el franquismo colonial intentó reconducir esas pulsiones hacia estructuras que estuvieran bajo su control. Fortaleció la Yemáa e hizo promesas de conceder mayor autonomía al territorio. También tomó medidas culturales y simbólicas, como modificar el callejero para incluir nombres autóctonos, introducir el árabe en la enseñanza, o dar oficialidad a los militares saharauis, que antes nunca pasaban de suboficiales. La política informativa también cambió, hacia una mínima apertura. Desde 1974 dejó de aplicarse en la colonia la ley de secretos oficiales, y los medios de comunicación pasaron a orientarse hacia la población civil, con la intención de desprestigiar toda la información que llegaba de los países vecinos y hacer a cambio propaganda de la labor de España. Pero ya era un poco tarde para que nada de eso funcionase como quería la metrópolis.

El siguiente paso organizativo de los nacionalistas fue juntar a los grupos dispersos en las diversas zonas. Esto ocurrió en 1973, cuando, tras una reunión en Zuérate, al norte de Mauritania, se fundó el Frente Popular de Liberación de Saguía el Hamra y Río de Oro (el llamado Frente Polisario, el único nombre y acrónimo de un movimiento de liberación árabe que se forma en lengua española), con Brahim Gali como secretario general. La recién nacida organización apostaba por la lucha armada, y pasó a la acción apenas diez días después: a finales de mayo atacó el puesto español de Janguet Quesat.

En ese ataque consiguieron un pequeño botín, liberaron a dos saharauis detenidos, arrancaron la bandera rojigualda y escribieron en las paredes eslóganes en castellano y hasanía. Uno de los autores que más ha investigado el último tiempo de la colonización española en el Sáhara Occidental y el desarrollo del nacionalismo de sus habitantes, Tomás Bárbulo, destaca lo extraño de que, en la operación para capturar a sus autores, los Ejércitos de España y Marruecos cooperasen. Los dos países en principio mantenían posturas opuestas sobre el destino de la colonia. Pero su flexibilidad para cambiar unos principios por otros en caso de necesidad quizá comenzaba también a dejarse ver.

Aquello, en todo caso, era solo el comienzo. El Frente Polisario continuó creciendo bajo el liderazgo de un nuevo secretario general, El Uali Mustafa Sayed —un carismático pastor de cabras que acabaría por convertirse en otro de los grandes mártires del pueblo saharaui cuando muriese en combate en 1976—. En los meses siguientes se sucedieron manifestaciones, protestas y sabotajes en diversos puntos. Uno de esos ataques llegó a parar la cinta transportadora de fosfatos.

Para Bárbulo, entre 1973 y 1975 el Sáhara fue escenario de una guerra entre España y el Polisario, aunque nadie la llama así. Una guerra no guerra, pues, en la que los muertos del Ejército español fueron una decena y los saharauis, difíciles de precisar, dado que se suman a un número no menos incierto de desaparecidos.

En ese mismo periodo de tiempo también pasaron muchas otras cosas. 1974, en concreto, fue un año decisivo para el Sáhara Occidental. En julio, la Yemáa aprobó un estatuto de autonomía para el Sáhara. El documento había sido redactado en Madrid bajo el gobierno del nuevo presidente, Carlos Arias Navarro. Nunca llegó a ser promulgado.

Ese mismo año, la administración colonial también hizo algo que, en sentido estricto, estaba prohibido por la ley franquista: crear un partido. Todo tiene sus excepciones cuando uno está al mando. Se trataba del Partido de Unión Nacional Saharaui (PUNS), fomentado para que ejerciera de contrapeso al Frente Polisario y pudiera pilotar el relevo de élites al que aspiraba el régimen. A su frente se puso a Ijalihenna Uld Rachid. De él dice Bárbulo que era perfecto para los intereses del régimen: «Era joven y guapo como un galán latino, ambicioso, de carácter afable y probada inteligencia. Había estudiado Ingeniería Técnica Industrial con una beca del Estado (...) Estaba casado con una sevillana "de buena familia"». Sí que debía de ser un buen perfil, porque su carrera política no ha cesado desde entonces. Hoy en día vive en Marruecos y es el presidente del Consejo Real Consultivo para los Asuntos del Sáhara (ese que en los periódicos suele aparecer como CORCAS), creado por Mohamed VI.

Pero falta mucho para eso, en la historia que estamos contando. En aquel momento Ijalihenna se dedicaba a construir su partido, con propaganda y oficinas sufragadas por España y controladas desde la sombra por Luis Rodríguez de Viguri, secretario general de la Administración colonial. Se facilitaban, también, alicientes para los saharauis que se afiliasen: viviendas, aumentos de sueldo, hasta indultos para presos. España anunció un referéndum de autodeterminación que tendría lugar el primer semestre de 1975, para el que comenzó a preparar un censo de población entre las tribus.

Más cosas que pasaron en 1974: que la reacción de Marruecos precipitó los acontecimientos. Por un lado, el borrador del estatuto cayó en manos de Hasán II. Le sirvió para hacer un poco de propaganda a nivel internacional, ya que le permitía afirmar que la autodeterminación era una maniobra de España para mantener veladamente la colonización. Cosa que, por lo demás, era bastante cierta. Desde esa legitimación, Marruecos solicitó al Tribunal de la Haya un veredicto acerca de sus propios derechos de soberanía sobre el territorio y empezó a concentrar a su ejército en la frontera.

Presionado por dos recientes intentos de golpe de Estado, a Hasán II le resultaba útil distraer la atención hacia el Sáhara. Y sí, fue también en 1974 cuando creó el Frente de Liberación y Unidad, un movimiento ficticio de liberación con cuyos ataques a las tropas españolas no solo aumentó la tensión de los militares, sino que también la extendió a los civiles atentando en lugares como bares o cines. Sobre esto, el franquismo optó por guardar un completo silencio. Hasta los muertos se enterraban en secreto. Mientras, se comenzaba a trabajar en la creación, dentro del Sáhara, de un nuevo partido, promarroquí en este caso, lo que podría apuntar a que la decisión de pactar de ambos países ya estaba tomada. O, al menos, se contemplaba.

Ese mismo año, por cierto, el Banco Mundial calificó al territorio saharaui como el más rico de todo el Magreb y uno de los más ricos de África.

El tictac sonaba cada vez más fuerte.

[Depende de a dónde mires]

El 8 de marzo de 1974 muere —de un disparo español— el que el Frente Polisario considera el primer mártir de la guerra de liberación nacional. Se llama Bachir Lehlaui.

Esto es algo menos de una semana después de que muera en Barcelona Salvador Puig Antich, último preso político ejecutado a garrote vil por el franquismo.

[Cuando las barbas de tu vecino veas pelar]

El 25 de abril de 1974 estalla en Portugal la Revolución de los Claveles.

La encabezan los llamados retornados: militares que regresaban de perder las guerras coloniales en África.

Consigue su objetivo: hace caer la dictadura salazarista —hermana de la de Franco—.

[Y bien atado]

«El Sáhara es de España, pero no es de España». Esta rajoyiana frase la pronunció en las Cortes, en noviembre de 1975, el entonces ministro español de la Presidencia, Antonio Carro, y resume bien lo que estaba pasando en aquel agitado mes. En España, ya sabemos: Franco se moría y un revuelo anunciaba la pregunta de cómo de nuevo llegaría o no a ser el nuevo tiempo. Pero ese eco resonaba en el Sáhara como una onda expansiva de muy muy largo alcance.

Solo unos meses antes, el 12 de mayo ya de 1975, una misión de la ONU había visitado el Sáhara Occidental para «determinar el estado del territorio» de cara a la celebración del referéndum. Las autoridades pretendían que la delegación fuera recibida por el PUNS —aquel partido creado de manera instrumental para mantener más o menos tomadas las riendas del proceso de independencia— y que se llevase una imagen de concordia y acuerdo en el proceso, una medallita para su papel en la descolonización. Pero la jugada les volvió a salir mal. El Polisario ganó el pulso y las calles se llenaron de manifestaciones en su apoyo.

Las fotos de aquel día muestran a cientos de hombres y mujeres marchando bajo el sol, subidos a muros, a jeeps y a seiscientos. Visten derraas y melfas, gafas de sol y vaqueros de campana. Llevan banderas saharauis y pancartas escritas en castellano.

Otras fotos de ese día muestran tanques en las calles.

El fracaso de la estrategia española fue tal que, esa misma tarde el líder del PUNS, Ijalihenna Uld Rachid, escapó a Marruecos. Desde allí, se dirigió a sus compatriotas por la radio para defender las tesis marroquíes de anexión del territorio.

Su partido instrumental quedaba definitivamente muerto. La mayoría de sus miembros, en un efecto rebote, se incorporaron al Polisario.

Después de ese día, los hechos empezaron a sucederse de manera cada vez más acelerada. Como en una bola de nieve, el desenlace de la última colonia española se precipitó por un cúmulo de circunstancias que rompieron con la lógica de los procesos de casi todas las antiguas colonias. Vas a ver que en las próximas páginas los hechos se suceden como no ha ocurrido en todo este libro: en un día pasa lo que en años, en un párrafo pasa lo que en páginas. Así fueron aquellos meses para el Sáhara, aunque desde España esto resultase casi imperceptible.

Y es que, con Franco a punto de morir, su régimen atravesaba un momento realmente complicado, con multitud de problemas en el interior, pero también en el exterior, mientras trataban de dejar atado el futuro inmediato. Su imagen quedó definitivamente deteriorada tras los juicios sumarísimos contra miembros de ETA y del FRAP que concluyeron con once condenas a muerte, contra las que la opinión pública internacional se movilizó con vehemencia, aunque no pudo evitarlas por completo. El 27 de septiembre se produjeron los últimos cinco fusilamientos del franquismo, que despertaron una fuerte repulsa. Una mariposa mueve las alas en El Pardo y los efectos se sienten en El Aaiún: ese contexto será clave en esta historia.

De las últimas negociaciones, que tuvieron lugar a lo largo del otoño de 1975, todas las investigaciones dejan entrever un ir y venir de negociaciones y pactos en un permanente doble o triple juego. Mientras se mantenía en marcha el proceso de autodeterminación de cara a la ONU, se pactaba la cesión con Marruecos. Ni siquiera la Administración regional del territorio era plenamente consciente de los movimientos que se estaban realizando. Secretos y mentiras se cruzaban en todas las direcciones.

Entretanto, el Tribunal de La Haya respondió a la pregunta sobre la soberanía del Sáhara Occidental que había lanzado Hasán II: le dijo que nanay. La conclusión era que ni Marruecos ni Mauritania tenían ningún derecho sobre el territorio. El monarca alauí dijo que vale y luego le dio la vuelta por completo. En su siguiente discurso público, el 16 de octubre, anunció la Marcha Verde: «No nos queda más que recuperar nuestro Sáhara, cuyas puertas se nos han abierto».

El gabinete de Franco estaba dividido entre los partidarios de dejar el Sáhara en manos de Marruecos y quienes apostaban por plantar batalla. Para Carro era evidente que no se podía mandar a la gente a una guerra perdida de antemano. «El Sáhara es de España, pero no es de España». Igualita que Albacete, pero ya no tanto. El 17 de octubre, con Franco ya ausente, el Consejo de Ministros decidió entregar el territorio. Se activó la Operación Golondrina, un plan que llevaba diseñado desde hacía meses para el caso de evacuación urgente del territorio. Se le puso fecha: el vuelo se alzaría el 10 de noviembre.

En realidad, Hasán II no estaba interesado en que España se retirase tan pronto. Su intención era que dejara de negociar con el Polisario para hacerlo con él, pero con el objetivo de una retirada progresiva. España, sin embargo, no podía plantearse esos tiempos, inasumibles de cara a la ONU. Mientras, en el territorio, los comerciantes más avispados comenzaban a irse, los saharauis organizaban manifestaciones en sus barrios, y los militares se mantenían en el «no pasarán» sin saber que a esa actitud le quedaban cuatro días. El 28 de octubre, las autoridades decretaron, por primera vez en la historia de su presencia en el territorio, un toque de queda que aislaba a la población española de la nativa.

Noviembre empieza con una entrada en escena de Juan Carlos I —que había sido nombrado por Franco como su sucesor en 1969, en un acto en el que juró todas las leyes y principios de su régimen—. Visita el Sáhara el día 2, en un viaje sorpresa de cuatro horas que realiza contra la opinión del ministro de Asuntos Exteriores. En un desfile militar, promete a las tropas españolas y a los saharauis que no los va a dejar tirados. Les dice que «España no dará un paso atrás, cumplirá todos sus compromisos, respetará el derecho de los saharauis a ser libres». «No dudéis que vuestro comandante en jefe estará aquí, con todos vosotros, en cuanto suene el primer disparo», les dice también. Hay una foto de ese día que le muestra pasando revista a los legionarios, firmes a su paso con la camisa caqui abierta hasta medio pecho.

En otra se le ve subiendo al avión, a punto de irse, vestido con el uniforme militar. Es un robado mientras se está girando, parece que va a esbozar una sonrisa y levantar la mano para despedirse.

Ojalá lo hiciera, porque, hasta hoy, no ha vuelto nunca.

Lo siguiente que entra en escena son trescientas cincuenta mil personas que avanzan desde Marruecos hacia el Sáhara con aire festivo y el discurso de recuperar un territorio perdido, mientras veinticinco mil militares marroquíes cruzan la frontera y acampan en territorio aún español. Es 6 de noviembre y ha comenzado la Marcha Verde.

Los servicios de Inteligencia del Ejército español informan a Franco, ya muy enfermo, de que EE. UU. está apoyando ese plan (que, según se ha revelado *a posteriori*, contaba además con financiación de Arabia Saudí). Aunque el Consejo de Seguridad de la ONU condenó la marcha, otros países como Francia también dieron su beneplácito a la anexión del territorio: en el contexto de la guerra fría, les preocupaba que el Polisario se aliase con una Argelia en la órbita de Moscú. Juan Carlos de Borbón había presidido un Consejo de Ministros donde se abordó como agenda prioritaria la crisis del Sáhara, pero no había informado de que ya había enviado a Washington a un hombre de su confianza, Manuel Prado y Colón de Carvajal —sigamos poniendo nombres a este proceso oscuro— para obtener la cobertura del secretario de Estado de EE. UU., Henry Kissinger. Este aceptó actuar como mediador ante Hasán II para la negociación de un pacto secreto para la cesión del territorio.

En realidad, la diplomacia española continuaba su doble juego: el embajador en la ONU seguía negociando una retirada que dejaría un contingente de legionarios como cascos azules para garantizar el referéndum; al tiempo que el ministro de la Presidencia pactaba en Agadir la entrega del territorio a Marruecos. Muchos autores hablan de la confusión del momento. Bárbulo, por ejemplo, recoge la conversación en la que el general Francisco Javier Perote se dirige al gobernador general del Sáhara, Federico Gómez Salazar, diciendo: «Mi general, yo ya no sé quién es el enemigo. Hasta julio era el Polisario. Pero después del intercambio de prisioneros con ellos y del comunicado de sus líderes en París respaldando la postura española, se convirtieron en nuestros amigos. El nuevo enemigo fue entonces Marruecos (...) Pero en octubre, tras el anuncio de la Marcha Verde, se nos dijo que los guerrilleros saharauis volvían a ser nuestros enemigos». Este le respondió, parece ser: «Perote, ¿no crees que a mí me pasa igual que a ti?».

Entre el 12 y el 14 de noviembre, la cosa se aclara: se firman los Acuerdos de Madrid, en los que España cede la administración del territorio a Marruecos y Mauritania, sin contar con el Frente Polisario.

Es Juan Carlos de Borbón quien da, a distancia, la orden de repliegue

Aún hoy, cuando se conversa con quienes vivieron aquellos días desde el Ejército español —militares profesionales o jóvenes a los que justo les tocó esa mili algo alborotada—, los recuerdan con palabras como *frustración, decepción, abandono, engaño.*

En lo económico, se trata de unos acuerdos bastante ruinosos. Incluían ciertas compensaciones económicas a España por las inversiones realizadas en fosfatos, pesca y otros negocios, pero pocas ventajas más. Al menos, aparentemente. Quizá su sentido se entienda mejor si se remarca que el ministro firmante de los acuerdos, Fernando Álvarez de Miranda, fue vicepresidente de Fos Bucraa hasta 1988.

El 18 la ley de descolonización del Sáhara se discutió en las Cortes españolas, con cien diputados ausentes —entre ellos los saharauis—. Fue en esa sesión en la que Carro soltó su frase antecesora de los trabalenguas rajoyianos. En general, en su discurso intentó plantear que, en realidad, el Sáhara nunca había sido una provincia española, y que desde 1970 se llevaba tratando como un «territorio no autónomo» sobre el que se actuaba como mera potencia administradora. Donde dije *digo*, digo *ahí os quedáis*. Ante el inminente cambio de gobierno, el ministro de la Presidencia también dijo que sería conveniente no traspasar el problema a la Corona. Según él, «había que dejar de lado la nostalgia y añoranza por otros tiempos». Ahora que ya sabemos que la transición estaría poblada de pactos de silencio, otras lecturas posibles parecen fosforescer sobre esas palabras.

El Sáhara fue uno de los precios a pagar por la *tranquilidad* que venía.

La ley que marcó el final del tiempo español en el Sáhara Occidental se publicó en el Boletín Oficial del Estado el mismo día de la muerte de Franco, el 20 de noviembre de 1975. Constaba de un solo artículo:

> Se autoriza al Gobierno para que realice los actos y adopte las medidas que sean precisas para llevar a cabo la descolonización del territorio no autónomo del Sáhara, salvaguardando los intereses españoles.

El resto de la página lo ocupaba un decreto sobre la regulación del mercado de aceites de semillas oleaginosas.

Dos días después, Juan Carlos I de Borbón fue proclamado rey de España.

En el batiburrillo de los acontecimientos que tenían lugar en aquel fin de año que era el fin de cuarenta años, la manera en la que se gestionó el final de la colonización en el Sáhara Occidental —y con ello de la historia colonial española del siglo XX— fue un poco como cuando van a llegar visitas a casa y se guarda el desorden a toda prisa en un armario. Quizá da el pego durante un rato, pero luego hay que estar siempre teniendo mucho mucho cuidado, cada vez que se abre esa puerta. Porque se sabe que, en realidad, no hay nada que esté bien colocado ahí. Y que se nos va a caer encima.

[Jilgueros]

En las ciudades del Sáhara ocupado por Marruecos, la Marcha Verde está presente por doquier. Hay calles que llevan su nombre y grandes murales en los que se dibuja a una multitud que avanza. A menudo en ella destacan mujeres y niños con ropas de colores vivos y expresiones alegres. Gente cantando aparece también a veces, y Coranes en alto. Y banderas, muchas banderas. No solo pasa en las ciudades del Sáhara: en ciudades marroquíes también se ven esas pinturas. Profesionales o de aficionados, a veces hasta hechas por escolares. También hay fotos con esas mismas representaciones masivas, heroicas: se cuelgan en lugares oficiales y en ocasiones también en negocios privados, junto a la prescriptiva foto del rey.

En general, casi medio siglo más tarde, se sigue manteniendo el relato de que fue una marcha fundamentalmente civil, fundamentalmente pacífica. El hecho de que España, que era quien tenía en principio el papel de defender el territorio con las armas, no lo hiciera, desde luego ayudó a esa imagen. En la alocución al pueblo con la que llamó a emprenderla, Hasán II dijo:

> Si nos encontramos con elementos extranjeros, que no sean españoles, no renunciaremos a nuestro derecho de defensa sin detener por ello nuestra marcha, ya que se tratará de repeler una agresión, lo que nos colocará en una situación de legítima defensa. Por el contrario si nos encontramos con los españoles les saludaremos y proseguiremos nuestro camino. Si desean abrir fuego sobre trescientas cincuenta mil personas, que asuman entonces la responsabilidad.

También dio comienzo a un proceso de reclutamiento para ser parte de ese escudo humano, con oficinas por todo el país. En ese tipo de contextos, bajo la palabra *voluntariedad* suelen latir corrientes subterráneas.

En 2022 el escritor Mohamed El Morabet, nacido en Marruecos en 1983, publicó una novela que se titula *El invierno de los jilgueros*. Su protagonista, o más bien el personaje en torno al cual se articula la trama, es Musa, un joven de Alhucemas que tiene dieciocho años en 1975 y es reclutado en esa campaña. Aunque el autor elige que no sea para ese contingente de civiles, sino para las filas militares que iban detrás: otras veinticinco mil personas que aseguraban que el dispositivo funcionase, y que debían defenderlo, llegado el caso. Ni él quiere ir, ni su madre quiere que vaya, ni parece que nadie entienda muy bien de qué va nada, más allá de algo que ocurre en el desierto, y que tiene que ver con *los españoles*.

En una escena, el hermano pequeño de Musa, que es la voz narradora, está viendo las noticias en la tele:

> Y ahí estaba, el desierto de verdad. Sin animales, sin persecuciones, sin «beep beep», sin música de fondo. Una muchedumbre alzaba los brazos mientras caminaba. No se les oía. Todos sostenían el mismo retrato en una mano y, en la otra, lo que parecía un Corán. Los bigotes eran iguales, los peinados, también (...) La conmoción del locutor se agravaba a medida que pasaban las escenas. Eran dieciocho escenas filmadas desde varios ángulos y puestas en bucle. La gente marchaba rumbo a no se sabía dónde. Jóvenes famélicos agitaban banderas con furia. Los ancianos se agachaban para besar la arena seca del suelo. Las mujeres se tapaban media boca para soltar gritos de júbilo (...) Tanques enfilados. Una alambrada ridícula que custodiaban soldados con cigarrillos en la boca y el pecho descubierto. Algunos llevaban gafas de sol. El locutor enfatizaba

palabras que yo no entendía: campo de minas, territorio de nadie, frontera.

La voz narradora no logra encontrar a su hermano entre esos rostros por mucho que escudriñe la pantalla. Y casi tampoco lo encuentra cuando regresa —porque, sí, regresa—: la novela es, entre otras cosas, la historia de una vida que nunca se recuperó de aquel episodio, fuente para visiones recurrentes en pesadillas y brotes de locura mucho tiempo después.

En otro pasaje, mucho más adelante en la novela, hay un flashback a un momento de Musa en el desierto:

> El calor golpea de frente. Sale de la tienda donde ha pasado los últimos tres días. Tiene ganas de mear. El pelo cortado a trasquilones le pica. Huele a rancio, mezcla de sudor y desidia. El hedor que exhala su piel le repugna. El sol quema la lona verdusca de la tienda. Musa se rasca los pelillos del bigote. Anoche durmió fatal. Se revolvió durante horas en el suelo sobre una esterilla sucia, la almohada incómoda, la manta corta. Lleva cuatro días sin cambiarse de calcetines. Se aleja de las tiendas. Camina hastiado. Se gira para ver si alguien lo sigue. Ve una tabaiba a lo lejos. La alcanza, se baja la cremallera del pantalón. Mea, traza con el chorrito un pequeño círculo. La mancha se evapora al minuto. La observa, abstraído. La arena es una esponja, chupa todo, dice para sus adentros.

Al leer esta escena, se me vienen a la mente otras.

Aquellas en las que Ramón J. Sender, José Díaz Fernández o Arturo Barea imaginaban —mismo universo de miseria y de hastío— cómo habrían sido los días de los soldaditos españoles en los campamentos de las guerras coloniales del Rif.

[La marcha ocre]

Sí, en las ciudades del Sáhara ocupado por Marruecos, la Marcha Verde está presente por doquier. Y luego hay otra marcha que no está presente en absoluto. O no de manera explícita, porque mientras recorremos las inmensas explanadas pedregosas —kilómetros y kilómetros de arena hacia donde sea que mires— es imposible no imaginarla.

Tal vez la podríamos llamar la marcha ocre.

La irrupción de los colonos marroquíes en el territorio del Sáhara tiene un correlato: el éxodo de las decenas de miles de saharauis que salieron huyendo. Es como una imagen paralela, un reflejo perverso. De nuevo civiles. De nuevo mujeres, niños y ancianos. Pero no sonríen. Llevan a cuestas lo que han podido salvar de sus pertenencias, maletas ajadas, hatillos. Otros van con lo puesto. Algunas familias viajan enteras; otras no han tenido jamás ocasión de reencontrarse. Van en pie o en coches. Viejas fotos sepia muestran largas hileras de gente que huye —la escena repetida de tantos exilios— y el tiempo refuerza en la imagen ese color ocre, ocre, ocre del paisaje y la calima. Muchos años más tarde, el poeta Bahia Mahmud Awah escribiría:

> Ni yo ni ninguno de mis amigos de colegio imaginábamos que aquella convulsa y confusa noche de otoño fuera el preludio de tan largo exilio. En esa misma madrugada los combates se recrudecían en torno a la ciudad y el eco de sus montañas nos traía cada vez más cerca los atronadores estampidos de las bombas que caían sobre el pueblo. Las casas quedaron a oscuras, abandonadas y con puertas abiertas de par en par. Solo se escuchaban

los maullidos de gatos y perros que lloraban la ausencia de sus dueños, no sabían por qué se marchaban sin ellos.

No se conocen con exactitud las cifras de ese éxodo, pero las investigaciones estiman que aproximadamente la mitad de la población se fue. Eso son algo más de treinta y cinco mil personas. En un principio, no sabían siquiera hacia dónde iban; tampoco eran necesariamente militantes del nacionalismo. Solo escapaban de una situación incierta, del caos y de la violencia.

Durante esa huida —que pronto tomó como destino el sur de Argelia, que había autorizado que se instalasen allí campamentos de refugiados—, Marruecos bombardeó a la población en éxodo con napalm y fósforo blanco, armas prohibidas por los tratados internacionales. Uno de los bombardeos más graves fue el de Um Draiga, el 18 de febrero de 1976, en el que se calcula que murieron entre cien y doscientas personas. El total durante todos aquellos días de éxodo se estima entre dos mil y tres mil. A los vivos les quedó claro que el regreso no era posible.

En ese momento, el territorio seguía, *de facto*, bajo soberanía española, dado que no será hasta el 28 de febrero de 1976 cuando se arríe la bandera española y se ice la marroquí.

Por su parte, el Frente Polisario intentó aprovechar el vacío jurídico para adelantarse a Marruecos. El 27 de febrero el Consejo Nacional Saharaui —autoconstituido tras la disolución de la Yemáa— declaró la RASD, la República Árabe Saharaui Democrática. En una noche sin luna, a la luz de los faros de los Land Rovers, en la pequeña localidad de Bir Lehlu, su bandera se izó como nacional justo unas horas antes del intercambio en El Aaiún de la española por la marroquí. Aunque este gesto no tuviera más efecto que el simbólico, el simbólico tiene su peso: la nación se constituye en el exilio y quienes están en camino se convierten de una sola vez en saharauis y en exiliados, habitantes desde entonces de un país sin país.

En ese mismo acto, el Polisario también declaró la guerra a Marruecos y Mauritania, que iba a durar hasta 1991. Esto quiere decir que, durante toda la transición española, las personas de su antigua colonia estaban viviendo un *mientras tanto* de violencia y expolio sobre el que no se hizo prácticamente nada que no fuera desdecirse de todo lo dicho y callar respecto al resto.

Ocre, ocre, ocre. El mar queda atrás y, si se piensa en la distancia que media con Argelia, lo único claro es que queda mucho, mucho, mucho camino. Atravesando la hamada, el desierto de piedras que para los beduinos era el peor lugar imaginable: ese al que Dios envía a quienes están malditos.

[Un cuaderno en blanco]

Tengo muy claro cuál fue el sitio que más me impresionó de todo El Aaiún. Nos llevó un amigo de S. que también se llama S. Estaba en una extraña plaza rosa porticada, cuidada y limpia. Bajo una suerte de tejadillos blancos se alineaban en todo su contorno una serie de puertas de madera con tachuelas de bronce y pesados llamadores. Delante de algunas había sillas de plástico negras, con o sin hombres sentados en ellas pasando el rato. Delante de la suya no. La abrió parsimoniosamente y ante nosotros apareció la que había sido la tienda de su padre.

La tienda se conserva exactamente igual que estaba en 1975: es un espacio de tiempo detenido. Cuando la Marcha Verde entró en la ciudad, su padre, que había abierto ese negocio en 1961, decidió no volver a abrirlo al público nunca más. Estar allí dentro, cuenta, le recordaba a tiempos felices, fuese como fuese el mundo afuera. Lo mismo le ocurre a S., que la heredó a su muerte, en 2014. Por eso él también la mantiene igual que estaba. Bueno, solo con un cambio muy pequeño: en el antiguo mostrador ha instalado una mesa de trabajo. Cuando tiene tiempo, se sienta allí a escribir sus memorias. Así, su padre le acompaña en la tarea. Y los tiempos felices también.

La tienda está repleta de objetos. En estanterías blancas muy ordenadas se disponen camisas dobladas dentro de cajas planas de cartón cubiertas con un plástico para dejar ver los estampados: hojas de arce, cuadros rojos y verdes de leñador, pequeños fractales celestes. Sobre el mostrador-escritorio hay unas figuritas de Tío Pepe, un peluche de un conejo amarillo, una tele de culo gordo cubierta con un tapete azul eléctrico. Detrás, un puzle de un barco descansa sobre un expositor de pantalones de pata de elefante de muchos colores. También se muestran un abriguito con cuello de falso pelo y varios bolsos: uno imita piel de serpiente, otro es morado y otro tiene dibujos de pavos reales. Luego están las vitrinas. Esas son para la música y las películas. Varios vinilos de Antonio Molina, *Las cosas de Pepe da Rosa*, Rocío Jurado con chupa de cuero y la melena roja cardada al viento, María Jiménez en una especie de caftán blanco, un homenaje a Pepe Moragas. Uno de Kenny Rogers también. En siete pulgadas, muchos ejemplares de un *Todo Éxitos Discomoda* que dice estar hecho por la Fábrica Venezolana de Discos. En VHS, varios capítulos de la serie *Desafíos de la vida* de la BBC. Un Clipper naranja solo en su bandeja, varios bolis Bolín 514 de distintos colores, un par de packs de maquinillas para hombre Gillette.

En el medio siglo que ha pasado desde el éxodo, más de cuatrocientos mil colonos marroquíes se han instalado en el territorio. Es una forma de diluir la identidad de la población y alterar el resultado de un posible referéndum, que por lo demás sigue sin producirse. De los saharauis que se quedaron, hay quienes están de acuerdo con este nuevo orden de cosas: en general son ellos quienes tienen posiciones de poder en el territorio ocupado, en una lógica no muy distinta por parte de Marruecos a la que ejercían los poderes coloniales cuando establecían sus pactos con élites locales. Por supuesto, también hay quienes se oponen a la situación: activistas cuyas luchas son reprimidas con dureza. No hay mucho espacio ni en el relato ni en las ciudades para las posiciones intermedias.

En este tiempo también se ha borrado, a menudo de manera intencionada, buena parte de la memoria española de la ciudad. Esta operación se revela en muchos ámbitos, desde la persecución al idioma o el cambio de la toponimia, hasta la destrucción física de patrimonio arquitectónico e incluso arqueológico. Reductos como la tienda de S. son un pequeño milagro. Que el legado español se vaya disolviendo es importante para Marruecos porque da testimonio de la diferencia histórica entre ambos países. Pero probablemente también porque esas huellas son bastante capaces de despertar en los y las españolas ciertos ecos de memoria que tal vez solo están dormidos.

Antes de que nos vayamos, S. nos regala a cada uno de los integrantes del grupo uno de los objetos de los que más ejemplares le quedan aún, dispersos por toda la tienda. Es un cuaderno. De esos de renglones dobles marcaditos en gris con una línea roja en el margen, como los que usaban nuestros padres en la escuela para aprender caligrafía. Es igualito a los de la marca Centauro, aunque no tiene logo: quizá fuera una imitación que se fabricaba allí. El mío es del pack de los de color terroso. Lo dice así en grande en la portada: CUADERNO. Debajo tiene un espacio para poner el nombre. Por detrás, un horario para las clases y la tabla de multiplicar.

No he podido escribir nada en él.

Sería solo tapar todo lo que ya cuenta.

CAMPAMENTOS DE REFUGIADOS DE TINDUF

[pendiente de descolonización]

Este viaje no termina en El Aaiún. Termina en otro lugar al que, de hecho, no se puede llegar en un mismo viaje: los campamentos de refugiados saharauis de Tinduf, en el sur de Argelia. Allí es donde creció y vive mi amiga J., como otras ciento setenta y cinco mil personas desde aquellas primeras que llegaron huyendo en 1975. Y es que todo el acelere y precipitación de acontecimientos que caracterizaron al último par de años de presencia española en el Sáhara mutó radicalmente tras la muerte de Franco, convirtiéndose en un llamativo ralentí. El tiempo para los y las saharauis fue de entonces en adelante de una pesada lentitud.

La frontera entre Marruecos y Argelia está cerrada desde 1994, por eso digo que no se podría haber ido en un mismo viaje. Si miramos un mapa, Tinduf está más o menos a la altura de la frontera entre Marruecos y el Sáhara, un poco hacia el interior. Los campamentos, que conforman cinco poblaciones, empiezan ahí y bajan hasta lo que sería aproximadamente la altura de El Aaiún. Recordemos que eso eran muchas horas de coche. Alrededor todo es desierto. Desde ahí hacia el sur, bordeando la frontera argelina con el Sáhara Occidental está lo que se llaman los territorios liberados: la parte que los saharauis han ido ganando a Marruecos en diferentes momentos. Es una franja irregular, de distintas anchuras, que en el lado oeste está limitada por un muro.

Ese es el llamado Muro de la Vergüenza, que Marruecos empezó a construir en 1980, abarcando en años sucesivos zonas cada vez más amplias de territorio. Terminado en abril de 1987, mide dos mil setecientos veinte kilómetros: es el segundo muro más largo del mundo después de la Muralla China. Protege con más de cien mil soldados la frontera —y también los yacimientos de fosfatos de Bucraa, El Aaiún y Esmara—. Visto desde la distancia prudencial que requiere el campo sembrado de minas antipersona que refuerza su seguridad, casi se mimetiza con las piedras de la hamada.

A Tinduf se llega generalmente en avión. Se aterriza en un aeropuerto militar y se recorre —necesariamente en convoy— el camino que llega hasta los campamentos. En ese lugar, todo el tiempo es un tiempo de excepción.

La primera vez que viajé allí, no podía parar de pensar en cómo pudieron esas personas que llegaban de un éxodo de miles de kilómetros construir un mundo entero en mitad de la nada. Lo hicieron sobre todo las mujeres: los hombres se habían quedado por el camino, haciendo la guerra. Lo primero que existió allí fueron jaimas que a menudo montaron con las únicas telas que tenían a mano: las melfas que vestían. Cuando empezó a llegar la ayuda internacional, también fueron ellas las encargadas de organizarse para repartirla, y de ir creando y gestionando todas las estructuras necesarias para sostener la vida en aquel páramo en el que las temperaturas superan los cincuenta grados en verano.

A medida que llegaba más población y también algunos recursos, se fueron distribuyendo en las cinco wilayas —divisiones administrativas— que siguen existiendo. A cada uno de estos núcleos de población se le puso el nombre de una ciudad del territorio dejado atrás, como en un calco del mapa o un consuelo para la memoria: El Aaiún, Auserd, Esmara, Bojador y Dajla. Casi medio siglo después, para muchas personas esos nombres ya significan más el campamento que la ciudad originaria. Para todos los que tienen menos de cincuenta años, son de hecho el único referente conocido de esas palabras que han podido pisar.

Cuentan que a quienes llegaban más devastados por los bombardeos del camino se los instaló en Dajla, el campamento más lejano a Tinduf, porque allí no se oye tanto el ruido de los aviones.

Aunque hablemos de campamentos, no hay que imaginar un complejo de tiendas o de estructuras improvisadas. Hoy ya son poblaciones establecidas, aunque durante mucho tiempo la RASD —administradora oficial de estos enclaves— intentase evitar al máximo las construcciones de hormigón, con la intuición fundada de que cuanto más se olvide la condición de provisionalidad del asentamiento, más se debilitará el anhelo de abandonarlo que sigue sirviendo de gasolina a la lucha nacionalista.

Pero hay casas, en las casas a veces hay grifos, en los grifos a veces hay agua. Hay enchufes, en los enchufes a veces hay luz, a veces hay móviles cargando, a veces hay PlayStations que se llevan de regalo de vuelta los niños que vienen a pasar en España sus *vacaciones en paz* —así se sigue llamando el programa de acogida temporal que lleva en marcha desde 1976—. Hay calles, en las calles hay tiendas, en las tiendas hay productos básicos y a veces algunos otros, carísimos, de importación. Hay escasez de compresas y de tampones.

Las familias viven juntas y alojan a los visitantes en el salón donde duerme todo el mundo. Si vas en invierno, hace muchísimo frío cuando te quitas de encima una manta —de esas pesadas de estampados marrones que había en las casas de las abuelas— para salir a hacer pis a la casetita que está al otro lado del patio. Haciendo gala de la proverbial hospitalidad que se atribuye a este pueblo, las mujeres te ofrecen quesitos y dulces. Los hombres hacen té. Muchos son taciturnos, pasan largas horas mirando a la nada —una ocupación por lo demás frecuente para todos y todas en un lugar donde no hay mucho que hacer—. Cuando lo piensas dos veces, te das cuenta de que, salvo alguna rara excepción, todos esos hombres han vivido la guerra.

En cuanto a los niños y niñas, cuando visité un colegio me encontré con que, para mostrarnos a las visitas su dominio del castellano, conjugaron tres verbos: luchar, defender… y esperar.

Y es que a eso, a la espera, es a lo que los saharauis quedaron condenados desde 1975. Tras el abandono, en España se pasó página deprisa. En marzo de 1978 se celebró una sesión informativa específica de la Comisión de Asuntos Exteriores del Congreso de los Diputados en la que comparecieron los principales cargos civiles y militares implicados. Nadie de más arriba: ningún ministro, tampoco el jefe del Alto Estado Mayor, ni mucho menos el que era presidente del Gobierno en el momento de la salida de España del Sáhara Occidental, Carlos Arias Navarro. En sus intervenciones se revelaron tensiones y discrepancias entre los niveles de información manejados, entre los distintos relatos y versiones de los hechos. En todo caso, la sesión no tuvo continuidad, ni tampoco consecuencias. Quedó como un momento casi testimonial que en ningún caso llevó a una asunción de responsabilidades ni a una reparación. Una crónica de aquel día describía el vacío del hemiciclo: «Escasa asistencia de diputados en la primera sesión informativa del Sáhara, en la que la prensa constituía el grupo mayoritario».

En su discurso, Antonio Carro —que tras la dictadura se recolocó y seguía activo en la política como diputado en las Cortes— dejó claro que la situación era, a sus ojos, un mal menor frente al bien para España, y sentó las bases del silencio que iba a venir:

> No quiere esto decir que todo haya sido satisfactorio. Es preocupante el porvenir de la población saharaui, su destino y hasta su integridad. Es preocupante la comunidad internacional y la manifiesta incapacidad de que ha dado muestras. Es preocupante el propio proceso descolonizador del Sáhara, que aún no se puede considerar acabado. Pero lo que ya no es preocupante —afortunadamente ha dejado de serlo para siempre— es que

la descolonización del Sáhara produzca en España efectos catastróficos (que pudo producir), ni siquiera efectos relevantes.

A medida que avanza la transición, en España empiezan a definirse los elementos de una relación algo esquizofrénica con el asunto. Por un lado, todo el espectro político acepta, por una razón o por su contraria, que el modo en el que se dio el final de la colonización fue un error. La izquierda se alinea con el Sáhara como posición anticolonial y modo de distanciarse del franquismo; la derecha e incluso la extrema derecha hacen lo mismo, pero en virtud del concepto imperial de España; y también los nacionalismos periféricos están ahí, por razones obvias. Pero al mismo tiempo se acepta también, por omisión, que no haya reparaciones y que las responsabilidades se diluyan en un silencio que se prolonga durante ya casi medio siglo.

Hay una escena que muestra de manera reveladora cuál era el estatus que esta España que andaba inmersa en construir su democracia atribuía a cada una de sus antiguas colonias. Llego a su pista a través de un artículo de Sara Santamaría Colmenero, investigadora que ha estudiado la ideología de la reconciliación y el discurso colonial en el caso de Guinea Ecuatorial. Se trata de algo que ocurre en el funeral de Adolfo Suárez, el presidente icónico de la transición. En su análisis, esta investigadora se fija en los problemas protocolarios que causaron darle al dictador ecuatoguineano Teodoro Obiang vela en ese entierro. La presencia de Obiang ponía en riesgo el relato del momento, pero, al mismo tiempo, prohibirle asistir habría supuesto enfadar al gobierno de un país demasiado rico en petróleo como para enemistarse con él. Para el tema que nos ocupa, resulta necesario ampliar la foto. En ese funeral también estaba Abdelilah Benkirane, el primer ministro marroquí del momento, perteneciente al Partido de la Justicia y el Desarrollo, de carácter islamista moderado. En su caso, los medios de comunicación y las autoridades celebraron la presencia como síntoma de las buenas relaciones que unían a ambos países. En cuanto a la tercera excolonia, el Sáhara Occidental, el hecho de que no estuviera presente en absoluto no es ni siquiera parte de ningún relato. Uniendo los tres puntos tenemos una buena foto fija de lo (pos) colonial en los relatos oficiales de la transición española.

Desde entonces, los sucesivos gobiernos han optado siempre por el pragmatismo de la alianza con Marruecos, dándoles a los saharauis decepción tras decepción. Las más grandes han sido siempre las del PSOE: desde la traición de Felipe González, que dejó rápido atrás las promesas que les había hecho cuando visitó los campamentos en 1976, hasta la de Pedro Sánchez, que en 2022 cambió sorpresivamente la postura oficial de España para alinearse con la postura marroquí de la autonomía —es decir, de la integración del Sáhara en Marruecos en condiciones supuestamente preferentes—. Mientras, la sociedad civil española mantiene el hilo de una solidaridad que comenzó ya en 1977, cuando un grupo de intelectuales con el escritor Manuel Vázquez Montalbán a la cabeza creó la primera Asociación de Amigos del Pueblo Saharaui para coordinar campañas de ayuda.

Para la RASD, mantener viva la memoria del hecho colonial es una herramienta política. La defensa de la independencia del Sáhara Occidental se apoya en su estatus irresuelto como colonia. Así que, paradójicamente, la estrategia del Polisario pasa por reivindicar su relación con España como pueblo colonizado. En realidad, toda la situación tiene algo de anacrónica. La lucha saharaui se sigue articulando en la forma de un frente de liberación al estilo de hace medio siglo, con sus mismas lógicas, prácticas y retóricas. La urgencia innegable de la situación por resolver hace que a menudo desde muchas posiciones se haga la vista gorda con cosas que serían quizá más discutidas en otros contextos. Por ejemplo, la existencia, tanto tiempo más tarde, de un partido único. Que lleva, dado el contexto, a una postura única también: la propuesta marroquí de autonomía no es aceptable para los saharauis, porque supondría aceptar la ocupación, renunciar a la legitimidad de las demandas nacionalistas. Y las alternativas no existen.

En todo caso, la defensa del derecho de autodeterminación del Sáhara Occidental no es una opinión: está respaldada por la legalidad internacional. La resolución 690 del 29 de abril de 1991 de la ONU determina que el Sáhara Occidental es, a día de hoy, un territorio pendiente de descolonización, y establece que la situación debe aclararse mediante un referéndum. Esto corrobora su propio mandato pendiente desde la época colonial. No hay contradicción tampoco con el derecho español: es lo mismo que dice un auto de la Audiencia Nacional de 2014 —dictado bajo la presidencia del actual ministro del Interior, Fernando Grande-Marlaska—: «España *de iure*, aunque no *de facto*, sigue siendo la Potencia Administradora del territorio». Eso, según la ONU, implica una serie de obligaciones: «entre ellas, dar protección, incluso jurisdiccional, a sus ciudadanos contra todo abuso», según recoge también el auto.

Es decir, que con su omisión España está de hecho incumpliendo la ley.

Lo seguirá haciendo hasta que se lleve a cabo ese referéndum que se mandató cuando sus tropas y sus funcionarios aún estaban en el territorio, y que sigue sin llegar. Su historia va dando vaivenes. En 1981, Marruecos acepta que se celebre. De nuevo, el spoiler es que no va a pasar. Es el año en que España vuelve a temblar con el intento de golpe de Estado del 23F. Al siguiente es cuando llega al Gobierno Felipe González, que en 1983 firma con Marruecos un acuerdo de pesca en aguas saharauis.

La siguiente vez en la que parece que el referéndum tal vez sea posible es en 1992, ese año de abundancia para España que es también el de la llegada de la primera patera con un pasaje de multitudes. Tras el alto el fuego entre Marruecos y el Frente

Polisario, la MINURSO (Misión de las Naciones Unidas para la Organización de un Referéndum en el Sáhara Occidental) se despliega en el territorio, y se fija la fecha de 26 de enero de 1992 para la celebración del referéndum. ¿Hace falta repetir el spoiler?

En los colegios de Tinduf, los niños repasan sus conjugaciones: *Yo espero, tú esperas, él espera.*

En 2002, la Asesoría Jurídica de Naciones Unidas, por petición del Consejo de Seguridad, dictamina de nuevo que Marruecos no es una Potencia Administradora del territorio del Sáhara Occidental, que los Acuerdos de Madrid de 1975 no transfirieron ninguna soberanía a sus firmantes y que la condición de territorio no autónomo del Sáhara Occidental no se ve afectada por esos acuerdos. Esta declaración no tiene ninguna consecuencia. En esos años se suceden las propuestas de acuerdo a la RASD y Marruecos por parte de la ONU (los sucesivos planes Baker), pero ninguna fructifica. En España gobierna José María Aznar. En 2007 tienen lugar en Nueva York las negociaciones de Manhasset: tres rondas de conversaciones en las que el Gobierno marroquí y el Frente Polisario negocian de manera directa por primera vez, en presencia de Argelia y Mauritania. España no tiene ninguna implicación. José Luis Rodríguez Zapatero lleva tres años en el Gobierno.

Hasta esas fechas, puedo considerar que yo era demasiado joven para entender toda esta madeja. Para mi generación —o para mi generación política, por así decir—, el Sáhara Occidental vuelve a hacerse presente en 2010. Ese otoño, en Gdeim Izik, a las afueras de El Aaiún —el ocupado, no el de Tinduf—, una protesta saharaui contra las malas condiciones de vida bajo la ocupación marroquí se convierte en el que será llamado «campamento de la dignidad». En su desmantelamiento hubo una veintena de muertos y cientos de heridos y desaparecidos, y diecinueve activistas detenidos siguen cumpliendo penas de prisión.

Se dice que fue la primera de las revueltas que sacudieron en 2011 distintas ciudades de la orilla sur del Mediterráneo; y de las protestas ciudadanas que se dieron después en algunos países europeos y en EE. UU. Campamentos como aquel pronto llegaron a plazas de todo el mundo. A Sol, por ejemplo, cuando en el 15M el centro de Madrid también aprendió lo que era improvisar una jaima, sin saber para cuánto tiempo.

La situación de la población saharaui se cronifica y se agrava según pasan los años. Para quienes siguen viviendo en los campamentos, la realidad tiene poco que ofrecer, más aún cuando se compara con lo que los y las saharauis pueden conocer cuando pasan temporadas fuera, estudiando en España o en países africanos o latinoamericanos. Los regresos son duros, marcados por choques de costumbres y de expectativas. Pero la lucha nacional sigue siendo la prioridad política del Polisario, que teme que la convicción popular se debilite a medida que pasa el tiempo. En esa situación, las generaciones más jóvenes a menudo se sienten atrapadas: volver a los campamentos o permanecer en ellos puede resultar frustrante, pero no hacerlo se entiende como un modo de debilitar a *la causa*. Causa que es al mismo tiempo clave de su identidad, una deuda con sus mayores, una convicción cierta. Muchos no ven más salida que volver a la guerra, y así lo expresan, y así lo llevan a cabo también cuando la ocasión parece exigirlo, como ocurrió de nuevo a finales de 2020.

Pero, mientras, los días se suceden también con sus pequeños anhelos y sus pequeñas batallas. Mientras la descolonización sigue pendiente, muchas otras cosas lo están también. En un tema como este, una chica como yo se identifica con las suyas. En un libro titulado *Devenir seiba*, una poeta que firma como tfarrah, nacida en 1991, explica:

> *Seiba* es la palabra que se usa en *hassanía* para desprestigiar a las mujeres que ejercen la soberanía sobre sus cuerpos y su sexualidad

> fuera de lo establecido por el orden patriarcal. En tiempos precoloniales cuando en nuestros territorios no estábamos configurados bajo jerarquías de estados nación coloniales se conocía a estos territorios como *Ard Seiba* (territorio de *Seiba*). Su raíz en árabe coránico significa alguien que va donde quiere (…)

Todo el libro es una exploración de las derivas posibles para ese ir donde se quiere, pese a la superposición de sistemas cuyas normas no lo ponen fácil. Habla de la familia, de la sexualidad, de los secretos y silencios que cubren todo lo que no se ajusta a lo esperado. Casi al final, en una coplilla, tfarrah anuda todo eso a la vieja historia no resuelta:

> Tengo algo que no me deja ser,
> que no me deja respirar,
> creo que es la colonia
> que me tiene atragantá.

Pienso en algo que me decía en otra ocasión otra amiga: «A veces una también necesita una jaima propia».

En nuestra última tarde en los campamentos, J. nos sube a un cerro. Desde allí tomamos refrescos y miramos al horizonte: se ve todo el campamento de Bojador. Sus reflejos son como de mar, aunque el mar esté lejos. Se oyen algunos balidos de cabra y gritos de niños. Va cayendo la noche y empieza a refrescar.

En este libro se ha dicho mucho sobre la necesidad de hablar con los fantasmas.

Pero más importante aún es hablar con la gente que está viva, esperando a que escuchemos.

MADRID

[coda]

[La calle]

Regresar es una parte del viaje. Hay que encajar lo que se trae de nuevo en la vieja realidad y, con eso, a veces, los lugares de origen también cambian.

Escribir es a veces un viaje, y a veces un regreso. Requiere ese decantado de la memoria y del cuerpo que da lugar a su vez a formas nuevas de la mirada. Nos vamos muy lejos para poder ver mejor lo que tenemos cerca.

Cuando volví de mi residencia de escritura en Tetuán, tenía una cosa clara: si quería avanzar con este libro, iba a necesitar un espacio de trabajo dedicado a él. La mesa pequeña del piso pequeño de alquiler en el que vivo está demasiado habitada por las prisas y las constricciones de las tareas cotidianas, esas con las que pago las facturas. Justo cuando andaba fantaseando con esto, vi en el Instagram de mi amiga C., que es ilustradora, que había quedado una plaza libre en el taller que comparte con media docena de artistas. Me dije que por qué no y le escribí un mensaje para ver si podía pasar a verlo.

Abrí Google Maps. El taller estaba en el barrio de… Tetuán.

Para bien o para mal, a mi pensamiento le cuesta escapar de los símbolos. Unos días más tarde ya estaba trasladando en sucesivos viajes a los estantes de ese taller la bibliografía de este trabajo y los paneles en los que tenía ordenados los pósits que me traje del otro Tetuán.

Así que ahora, cuando pongo fin a la jornada-laboral-normal que me toque cada día, cojo el metro: línea 1, la azul claro, la primera que se abrió en Madrid. Fue en 1919, el año en el que se reanudaron las operaciones militares en el Rif. En esa línea voy desde las inmediaciones de Lavapiés hasta este otro barrio del norte que voy conociendo poco a poco. Son dos de las zonas de la ciudad con más población marroquí, en cuyas calles se suceden las carnicerías Alhambra, los bazares Palmera, las peluquerías Nur. Si voy con la oreja atenta, en ambos encuentro ocasiones de entrenar un poco mi dariya, igual que en Tetuán-Tetuán a veces cazaba al vuelo un *mochero* o un *pocadillo*.

A la salida misma del metro de Tetuán-Madrid hay una pajarería que teóricamente vende animales domésticos, pero tiene el escaparate lleno de parafernalia con la bandera de España. La preconstitucional, en algunos casos. El barrio ya es sobre todo latino: me gusta especialmente la costumbre que tienen los hombres dominicanos de sacar mesitas a la acera cuando cae la tarde en los meses de calor y sentarse en ellas a jugar al ajedrez. Aunque hay gente de todas partes: se sabe por los carteles de capoeira y de clases de percusión africana, y por ese 24 h que vende vapeadores, licores y también cachimbas.

No hay juego de confusión aquí: Tetuán-Madrid se llama así por Tetuán-Tetuán. El hito histórico con el que engancha la historia remota de su nacimiento es el regreso de las tropas victoriosas que venían de la primera de las guerras del Rif, en 1860. Se cuenta que instalaron su campamento provisional allí, en la Dehesa de Amaniel, de la que hoy solo sobrevive una parte, la Dehesa de la Villa. Situada entonces fuera de la ciudad, la zona era buen punto de partida para un desfile triunfal.

Luego los militares se fueron, y quedaron quienes ya estaban allí antes: trabajadores que llegaban a Madrid y no podían permitirse vivir en el centro —igual que muchos de sus vecinos de hoy—. Pero cuando el arrabal que iban construyendo allí creció y necesitó un nombre, le pusieron uno que recordaba a aquel momento en el que el lugar fue importante: Tetuán de las Victorias. Además de en la memoria, lo militar siguió presente también en el barrio por el cuartel de caballería de la Remonta, que en 1932 protagonizó una sublevación contra la República, lo que le valió el *honor* de convertirse en un espacio de conmemoración durante el franquismo. En 1982, el cuartel se derribó, y en su lugar se construyó una plaza de soportales y ladrillo donde aquel recuerdo permanece solo bajo la forma de un mural medio abstracto y de los caballitos de madera que trotan sin niños encima en un parque infantil por el que pasean sobre todo los ancianos del centro de día que tiene en una esquina.

A ambos lados de la calle Bravo Murillo, que funciona como eje del barrio, la altura de las casas se reduce, haciendo aún más fácil ir descendiendo también hacia otro tiempo. Algunas están construidas en estilo neomudéjar, ese que hace figuritas con ladrillos estrechos y mete de vez en cuando un arco de herradura en las fachadas y las torres. Se puso de moda a finales del siglo XIX y principios del XX: ya sabes, cuando España reivindicaba su parte *mora* como ficha de apuesta en el tablero colonial. Los mudéjares eran, vale la pena recordarlo, los musulmanes que vivían en reinos cristianos en la época medieval.

Ahí en medio, entre esas viviendas populares que en este siglo más que nada auguran una pronta llegada de la gentrificación, los grandes volúmenes cuadrados de la iglesia se antojan aún más enormes de lo que ya son. Su advocación sigue siendo la misma que se le dio cuando se reconstruyó en 1939 —tras haber sido destruido durante la guerra el edificio original, abierto al culto en 1934—: es la parroquia de Nuestra Señora de las Victorias, patrona del barrio. La misma, sí, a la que pintó Bertuchi flotando sobre Tetuán (Tetuán-Tetuán) como si fuera el Estrecho.

Un domingo me pasé por la misa de una. Asistía una cincuentena de personas: cuatro o cinco señoras con abrigo de piel y peinado de peluquería, un par de padres con hijos o hijos con padres y, por lo demás, una equilibrada mezcla de lo que parecían vecinas del barrio de toda la vida (de edad avanzada) y vecinas más recientes, en su mayoría de origen latinoamericano (que bajaban la media de años, aunque tampoco muchísimo). Resulta que ese día era el primero en el que se encontraban con el templo en obras: una parte del techo se estaba viniendo abajo, así que mientras se resolvía el problema, solo se podría acceder a la parte de delante, cerca del altar. En el ratito de avisos que va después de la homilía, una de las fieles habituales —sector mujeres con abrigo— hizo un llamamiento al resto para que no se dejasen llevar por la tentación de la comodidad yéndose a otra parroquia en esas semanas: «... que las que tenemos una edad sabemos que esta lleva aquí ochenta años y de ella salieron todas las demás del barrio; así que le debemos nuestro apoyo en un momento difícil. Por Jesús, y sobre todo por su madre, Nuestra Señora de las Victorias». Señaló al altar del lado derecho. Todos los ojos de aquella congregación diversa se posaron sobre la imagen de la virgen: con la mano en la que no tiene al niño sujeta un estandarte de la bandera de España con la palabra «TETUÁN» escrita bajo el emblema mariano y una corona.

Grande se hace también, aunque más encajonada en una calle estrecha, la mezquita central de Madrid, que está a su vez a pocas calles de allí. Muy cerca, en realidad. Las verjas granates que la cierran no ocultan del todo los azulejos y celosías que decoran su patio interior. Inaugurada en 1988, fue la primera de la ciudad en época contemporánea. Un guardés abre y cierra la puerta diez minutos antes y después de las cinco oraciones del día.

La calle en la que está la mezquita se llama Anastasio Herrero. Busco en Google a Anastasio. A grandes rasgos, fue un comerciante, un empresario. Acabó yéndose de indiano a Costa Rica. Uno de los edificios más importantes de su legado en San José es el llamado... Castillo del Moro. Una vivienda imponente que se construyó para vivir allí en 1930. En estilo neomudéjar.

Hablando de nombres, llevo casi veinte años en Madrid, pero solo hace poco, paseando por el barrio pensando en estas cosas, reparé en la pertinencia cartográfica del nombre de la parada de metro que va después de la de Tetuán: Estrecho. Desde luego hay que irse y volver para abrir los ojos.

Busqué también en Google la siguiente, ya que estaba: Alvarado es el apellido de un conquistador que participó de la colonización de Cuba, de algunas zonas de México y de buena parte de Centroamérica.

De ese hilo podríamos seguir tirando hasta cansarnos. Fue lo que hizo el artista visual Rogelio López Cuenca en *Los bárbaros. Lugares de memoria del colonialismo español en Madrid*, una exposición de 2016 que recuerdo como un pequeño golpe de conciencia. Su mapeo de la ciudad es un modo magnífico de recordar que *colonialidad* significa no solo lo que se hace en los lugares colonizados, sino también lo que se cuela, imperceptible a menudo para la mirada del privilegio, en la cotidianeidad de la metrópolis. Cuántas veces tomo cañas bajo la estatua de Cascorro, héroe de la guerra de Cuba; o cerca de Legazpi, conquistador de Filipinas. Todo así: de la calle Martínez Campos al metro de O'Donnell, pasando por Núñez de Balboa o por Vara de Rey.

Trabajé varios años en el Congreso antes de saber que los leones que le custodian la puerta están hechos con bronce fundido de cañones marroquíes tras la batalla de Wad Ras.

Hay que ir viendo más cosas, cada vez más cosas.

Otro día llego al taller, C. está dibujando. Se quita los cascos y me interpela: «Tú que sabes de esto, estoy haciendo una historieta sobre el Madrid islámico, ¿te puedo hacer una pregunta?». La pregunta: qué era, en una ciudad árabe, una *mudaina*. Es un diminutivo, explico, viene de *medina*, *ciudad*. Una pequeña ciudad, una ciudadita, una ciudadela. Buscamos juntas un mapa para entender qué era la *mudaina*, *al mudaina*, en esta ciudad en concreto. Cuando lo encontramos entendemos que, al construir la catedral, se cristianizó el nombre del barrio que había allí antes. Por eso la patrona de esta capital es Almudena.

Hay que ir viendo más cosas, cada vez más cosas. Viajar, volver.

Abrir capas de sentido en lo que nos rodea cada día, porque sigue estando todo ahí.

[El periódico]

Mayo de 2022. Sala La Riviera, Madrid. Concierto de Califato 3/4. Vestido con una abaya blanca, kufiya a la cabeza, Manuel Chaparro, el cantante, entra en escena derrapando y despliega una bandera saharaui. El público estalla en aplausos. Un rato más tarde, sobre la pared se proyecta, con un *glitch* verde neón, una foto de Blas Infante, padre del andalucismo. La que le hicieron cuando visitó, en 1924, la tumba del rey poeta Al Motamid en Agmat, cerca de Marrakech. «Mi madre está to el día rezando / Ella es cristiana, mora y judía / Mi madre está to el día rezando / Su nombre es "Andalucía"», dice la canción. La sala baila.

Next.

Es unos días después cuando llego a Marruecos en mi primer regreso pospandemia. Se acaba de abrir su frontera norte. O sea, nuestra frontera sur, esa que España tiene en otro continente: la linde de Ceuta con Fnideq y la de Melilla con Beni Ensar.

Se abre, pero poco: las personas con pasaporte Schengen sí podemos pasar a Marruecos. Pero el camino inverso solo se puede hacer con un visado especial, ligado a la condición de trabajador transfronterizo. Estos salvoconductos se dan con cuentagotas.

Unos días después, y más días, y más días, y más días, cientos de personas, sobre todo mujeres, se manifiestan delante de los puestos fronterizos. En su mayoría son porteadoras o empleadas de hogar.

Next.

24 de junio de 2022. Cientos de personas intentan saltar la valla de Melilla. En torno a cuarenta mueren. Los números son

inciertos. Más cosas también. Hay vídeos que muestran a agentes de la policía marroquí apalizando a migrantes que ya están en suelo español. Es decir: también ellos han cruzado la frontera. Eso es otro tipo de ilegalidad, pero se juzga mucho más despacio.

Next.

29 de junio de 2022. Muere María Rosa de Madariaga, una de las pocas historiadoras que ha estudiado en profundidad el colonialismo español en el norte de África. Son muy pocos los medios que se hacen eco.

5 de julio de 2022. Quien trae ahora al caso a Blas Infante es el partido de ultraderecha Vox, en el contexto de las elecciones andaluzas. En un tuit, se refieren a él como «lunático islamófilo»; en otro, uno de sus portavoces reivindica a cambio a Fernando III el Santo como padre de Andalucía. Es Juan Ignacio Zoido, exalcalde de Sevilla por el PP, quien sale en defensa de Infante en la red social.

Next.

16 de agosto de 2022. «Una joya dispara la sospecha: ¿noviazgo entre la princesa Leonor y el príncipe de Marruecos?». Así titula un pseudomedio una noticia que tiene como único fundamento del presunto romance «un misterioso collar con la palabra "amor" escrita en árabe» que luce la infanta en el cuello en un posado oficial.

Next.

4 de octubre de 2022. Se aprueba en el Congreso de los Diputados una nueva ley de Memoria Histórica, entre celebraciones, críticas y polémicas. No contiene ni una sola mención al colonialismo de España en Marruecos, el Sáhara Occidental o Guinea Ecuatorial.

Next.

12 de octubre de 2022. Día de la Hispanidad. El rey Mohamed VI de Marruecos envía un mensaje de felicitación a los reyes de España con motivo de la fiesta nacional. En él expresa

su «satisfacción por el nivel privilegiado de las relaciones de amistad y fructífera cooperación que une a ambos reinos».

Ese mismo día, el Gobierno reactiva el proyecto de unir España y Marruecos mediante un túnel ferroviario submarino a través del Estrecho, una conexión que ambos países llevan estudiando más de cuatro décadas.

Next.

También ese mismo día, el boletín de noticias de un diario de izquierdas recoge que se ha descubierto que, en los años 1930, las autoridades de Mallorca exigían un certificado de «pureza de sangre» a las mujeres que se quisieran casar. «Deseando demostrar que pertenezco a la raza Aria y no Hebraica, suplico a V. S. que se sirva expedirme un certificado en el que conste dicho concepto»: dice la nota que no hay constancia de expedientes similares en ninguna otra parte de España.

Next.

Unos días después, un escrito del Gobierno de Marruecos dirigido al Alto Comisionado de Derechos Humanos de la ONU reivindica que Marruecos no tiene fronteras terrestres con España. Compara a Melilla con Palestina: «es un presidio ocupado».

Unos días después, la exministra socialista de Asuntos Exteriores María Antonia Trujillo apoya entre líneas la reivindicación: «Ceuta y Melilla son vestigios del pasado que interfieren en la independencia económica y política de Marruecos y en las buenas relaciones entre los dos países». Nadie la apoya. Nadie la desmiente.

Next.

24 de octubre de 2022. En virtud de la nueva ley de Memoria Histórica, se sacan de la basílica de la Macarena de Sevilla los restos del teniente general golpista Gonzalo Queipo de Llano. Bajo sus órdenes se asesinó a más de cuarenta y cinco mil personas. Muchas de ellas fueron fusiladas en la muralla árabe que da a esa basílica, a pocos metros de la lápida bajo la que está

enterrado. Otra de las cosas que hizo en ese mismo año de 1936 fue establecer un puente aéreo entre Sevilla y la ciudad marroquí de Tetuán.

Next.

8 de noviembre de 2022. El alcalde de Madrid, José Luis Martínez Almeida, homenajea a otro golpista, José Millán-Astray. Es en la inauguración de un monumento a la Legión. El monumento, de seis metros de alto, representa a un legionario armado con una bayoneta. En una verja cercana alguien ha colgado una foto en la que el general se abraza a Franco. Está tomada en 1926 en un cuartel del Rif. «Honor y gloria a nuestros héroes».

Next.

30 de noviembre de 2022. El ministro del Interior, Fernando Grande-Marlaska, comparece ante el Pleno del Congreso para dar explicaciones sobre lo ocurrido en Melilla unos meses atrás. No las da. «Ningún hecho trágico ocurrió en España», afirma. Ping-pong para el otro lado.

Next.

6 de diciembre de 2022. España y Marruecos se disputan el paso a cuartos de final en el mundial de fútbol de Qatar. Las emociones arden. Me llega al WhatsApp un meme español llamando a la reconquista. Me llega al WhatsApp un meme marroquí llamando a una nueva Marcha Verde. Durante la mañana, «Leña al moro» es *trending topic* en Twitter. Marruecos gana, España pierde. Twitter se calla, con el rabo entre las piernas. Las calles marroquíes se llenan de gente que sale a celebrar.

Al día siguiente, alguien ha dejado un jabalí muerto ante la puerta de una mezquita en un pueblo de Vitoria.

Unos días después, Marruecos se enfrenta a Francia en semifinales. Se suceden crónicas que explotan la idea de aficionados franceses de origen marroquí con el corazón partido. Francia gana, Marruecos pierde. En las celebraciones hay un muerto y más de 250 detenidos en distintas ciudades francesas.

Next.

1 de enero de 2023. El año amanece con una *performance* anticolonial en Madrid: durante la noche, un grupo de activistas y artistas ha ensartado una réplica de la cabeza de Franco sobre la bayoneta de la estatua del legionario en Madrid.

Next.

Unos días después, se anuncian las fechas de la Reunión de Alto Nivel (RAN) entre España y Marruecos, pospuesta varias veces en el último par de años por colisiones diplomáticas.

Unos días después, el Gobierno español se desmarca cuando le preguntan por la situación del periodista Ignacio Cembrero, al que el régimen de Mohamed VI llevó ante los tribunales después de que denunciara haber sido espiado a través del sistema Pegasus.

Unos días después, se anuncia la apertura de un centro del Instituto Cervantes en El Aaiún, capital del Sáhara Occidental.

Next.

Unos días después, se celebra finalmente la RAN. El rey Mohamed VI está en Marruecos y no participa.

Next.

9 de junio de 2023. Ante un adelanto electoral inesperado, y tras considerable ajetreo interno y mediático, la izquierda española decide concurrir unida en una coalición bajo el nombre de Sumar. Se anuncia que el número tres de las listas por Madrid es la joven activista saharaui Tesh Sidi.

Unos días después, se anuncia también que el número dos es Agustín Santos Maraver, en su día jefe de gabinete del ministro socialista de Asuntos Exteriores Miguel Ángel Moratinos. Durante el desempeño de este cargo, saltó a la opinión pública durante las negociaciones con la activista Aminetu Haidar durante su huelga de hambre. Fue el encargado de transmitirle la solución que le ofrecía el Gobierno español: un asilo o una nacionalidad que, en la práctica, podían impedirle volver a pisar el Sáhara.

Unos días después, se produce ya un primer desajuste entre las muy distintas declaraciones que Tesh Sidi y Agustín Santos dan a los medios de comunicación.

Next.

En ese mismo tiempo agitado, el Partido Popular firma su primer acuerdo de la temporada con el partido ultraderechista Vox para gobernar la Comunidad Valenciana. En el documento, entre muchas otras cosas, dicen que garantizarán la «libertad de memoria».

El mismo día, el Foro por la Memoria tuitea: «Denunciamos que las autoridades marroquíes están destrozando el cementerio de Bouarfa, donde reposan los restos de republicanos españoles». Una foto muestra las tumbas ultrajadas.

Next.

Esos mismos días, muchos medios españoles especulan acerca de la sucesión del rey Mohamed VI de Marruecos, al ser cada vez más evidente su mal estado de salud. «Marruecos, a las puertas de la inestabilidad», alarman algunos titulares.

Se dice que, en caso de retirarse anticipadamente abdicando en su hijo, Mohamed VI podría instalarse en alguno de los palacios del norte, cercanos a Ceuta y Melilla.

Next.

Unos días después, un avión de Salvamento Marítimo que sobrevuela el Atlántico en busca de una patera a la deriva mantiene una discusión con su contacto en tierra. El piloto insiste en que la zona en la que se encuentra es española. Desde la central le aclaran que es zona marroquí, y le dan instrucciones de que se retire y sea un operativo marroquí el que se encargue. En realidad, las aguas están frente a Dajla, en el Sáhara Occidental. El avión que está junto a la patera vuelve a su base. El operativo marroquí, que está en tierra, tarda doce horas en llegar. En ese tiempo, dos personas mueren ahogadas.

Next.

Unos días después, la flota pesquera española se retira de Marruecos. Esto no tiene que ver con la noticia anterior nada más que en la mirada impasible del mar. Con lo que sí tiene que ver es con el hecho de que, en 2021, el Tribunal de Justicia de la UE anuló el acuerdo pesquero entre Europa y Marruecos por no tener en cuenta la situación de *impasse* del Sáhara Occidental.

Next.

A principios de julio, poco antes de que dé comienzo la campaña electoral, un edificio del centro de Madrid aparece cubierto por una lona publicitaria. La ha puesto Desokupa, una empresa que se dedica a expulsar a inquilinos de sus casas y que está vinculada a la extrema derecha. Sobre una imagen del todavía presidente Pedro Sánchez, el cartel dice: «Tú a Marruecos; Desokupa la Moncloa».

Next.

Pasan las elecciones. No arrojan un resultado que deje claro el futuro: nadie va por ahora a la Moncloa. Siguen las negociaciones y las noticias. Unos días después, Pedro Sánchez se va de vacaciones. A Marruecos.

Next.

A principios de agosto, se filtran a medios de comunicación unos mensajes de WhatsApp entre distintos cargos del Gobierno y la exvicepresidenta de Ceuta, procesada por un posible delito de prevaricación por la devolución ilegal de cincuenta y cinco menores a Marruecos en agosto de 2021. Los mensajes apuntan a que la vicepresidencia de Carmen Calvo y el Ministerio del Interior de Fernando Grande-Marlaska podrían haber participado en una operación que habría violado la ley de Extranjería. Los textos dicen cosas como «doblarle la mano a la Fiscalía» o «inventarse un procedimiento».

Es agosto.

No pasa nada.

Next.

Unos días después, una noticia dice: «La calima que llega a Canarias transporta restos radiactivos de pruebas nucleares francesas de los años sesenta, según un estudio. Varios investigadores han localizado cesio y berilio en el polvo en suspensión que atravesó Europa en 2021».

Next.

17 de agosto. Sesión de investidura del Parlamento. Tesh Sidi jura su cargo: «Por la descolonización de los territorios y por una política donde primen los derechos humanos; sí, prometo». Es la primera vez que una persona saharaui es diputada en España.

La primera vez en democracia, quiero decir.

Next.

También juran su cargo de diputados Fernando Grande-Marlaska y Carmen Calvo.

Next.

Unos días después, la empresa pública —dependiente del Ministerio de Transportes— que se ocupa desde hace cuatro décadas del asunto del túnel del Estrecho anuncia que lo ve «más cerca que nunca» y pide «colaboración público-privada». En las cuentas de 2022 ya no menciona el «bloqueo» de las relaciones con Marruecos como impedimento al proyecto, como había hecho en 2021. Es un proyecto que se lleva estudiando desde 1981 con la sociedad marroquí que es su homóloga.

Next.

8 de septiembre de 2023. Un fuerte terremoto con epicentro cerca de Marrakech sacude Marruecos causando daños devastadores. Las cifras de muertos crecen hora tras hora hasta alcanzar casi los tres mil en los días siguientes. Ciudades enteras se desmoronan.

Dicen los expertos que el seísmo fue causado por la continua y sostenida colisión de la placa tectónica europea y la africana.

Mientras la población se vuelca con las víctimas y de todas partes del mundo llega apoyo en forma de donaciones para paliar los efectos de la catástrofe, a nivel oficial el Gobierno marroquí solo acepta la asistencia humanitaria de cuatro países: Reino Unido, Emiratos Árabes, Catar y España.

Next.

4 de octubre de 2023. La FIFA anuncia que el Mundial de 2030 será organizado por la candidatura tripartita presentada por Marruecos, España y Portugal.

Next.

Unos días después, Jorge Vilda, exentrenador de la selección española femenina de fútbol —destituido por su actitud tras el escándalo de Luis Rubiales, acusado de agresión sexual y coacciones a Jenni Hermoso, pero también por las continuas quejas de las jugadoras por su gestión— es nombrado entrenador... de la selección marroquí femenina de fútbol.

Next.

Sigue el otoño. No se forma Gobierno. Se suceden las negociaciones. Tras un intento fallido de investidura por parte del candidato de la derecha, Pedro Sánchez comienza sus movimientos. En el pacto de gobierno que el PSOE firma con Sumar para asegurar su apoyo no se menciona al Sáhara Occidental.

En los mismos días, la guerra se recrudece en Gaza tras un cruento ataque de Hamás sobre Israel y una reacción de este país contra la población civil que puede calificarse de genocidio. Pedro Sánchez aboga por el reconocimiento del Estado palestino.

Next.

El primer viaje de Pedro Sánchez como presidente de España no es a Marruecos. Tampoco lo había hecho en la anterior legislatura. Rompe así una tradición instaurada por Felipe González en 1982.

Su primer viaje es a Israel y Palestina.

Next.

Unos días después, la coalición Sumar, socia de gobierno del PSOE, presenta en el Congreso de los Diputados una proposición de ley para otorgar la nacionalidad a los saharauis nacidos bajo la administración española, es decir, antes de 1976.

Unos días después, el ministro socialista de Asuntos Exteriores, José Manuel Albares, hace su primer viaje de la nueva legislatura: este sí que es a Marruecos.

Unos días después, el Gobierno deniega a la activista saharaui Aminetu Haidar el permiso de residencia en España que tenía por razones humanitarias desde hace dieciséis años.

Aminetu Haidar nació en 1966.

Next.

A comienzos de 2024, en las primeras comparecencias del Gobierno ante el Congreso de la nueva legislatura, el nuevo ministro de Cultura, Ernest Urtasun, también de Sumar, apunta que una de las líneas de trabajo de su mandato será la «descolonización» de los museos nacionales.

Se produce un revuelo en los partidos y los medios de la derecha. La consigna es: «España no tuvo colonias».

O según la portavoz de Vox en la cámara: «España nunca tuvo colonias, tuvo virreinatos y provincias del Imperio español».

Next.

Unos días después, el Tribunal Supremo dictamina que la devolución de menores a Marruecos en 2021 fue ilegal y ratifica la condena al Gobierno por estos hechos.

Unos días después, el ministro Marlaska insiste en una intervención en la Comisión de Interior en que la devolución se hizo «en interés de los expulsados» y con «convencimiento pleno» de que la operación era legal.

Next.

A principios de febrero, un informe publica que los narcotraficantes marroquíes han decidido boicotear a los de Israel. Mientras dure la guerra, no les venderán más hachís. Lo publica en hebreo un portal de noticias, y pronto se hace viral. «El narco tiene más conciencia que el presidente de mi país», dice la gente en Twitter.

Unos días más tarde, en medio de un temporal, una narcolancha —tripulada por españoles— embiste a una zodiac de la Guardia Civil cerca de Barbate, en Cádiz. Dos agentes mueren. Se abre un fuerte debate sobre las condiciones de trabajo de quienes persiguen el tráfico de droga en el Estrecho.

Next.

Unos días después, la presidenta de la Comunidad de Madrid, Isabel Díaz Ayuso, recomienda en su Instagram un restaurante. Un restaurante marroquí. En la foto está sentada en un comedor de estilo tradicional, decorado con azulejos. Tiene delante una tetera y lo poco que queda de un plato de dulces, sobre una mesa dorada con repujados. Los comentarios de la publicación se le llenan de odio por parte de sus propios seguidores. «Seguro que no hay restaurantes españoles a donde ir, ¿verdad? Vaya tela». «A Marruecos ni AGUA».

Next.

Unas semanas después, Pedro Sánchez viaja, ahora sí, a Marruecos. Aunque cabe la duda, finalmente Mohamed VI accede a recibirle. En la conversación y en las posteriores comparecencias ante la prensa, Sánchez reafirmó el compromiso español con la postura expresada hace dos años: la iniciativa marroquí de autonomía como solución a la cuestión del Sáhara Occidental. «A su llegada al Palacio Real, el presidente del Gobierno español pasó revista a un destacamento de la Guardia Real que cerendía los honores, antes de ser invitado a la tradicional ceremonia de ofrenda de leche y dátiles», dice el comunicado del gabinete del rey.

Next.

Unos días después, se publica el informe anual sobre Derechos Humanos y Democracia en el Mundo, que elabora el Parlamento Europeo. Se revela que la diplomacia marroquí ha estado presionando a los diputados y diputadas para conseguir que se rehaga una enmienda planteada por el grupo The Left a iniciativa de Izquierda Unida, que pedía que «se prestase especial atención a la situación de los derechos humanos en los territorios ocupados ilegalmente, incluidos los casos de ocupación prolongada, como Palestina y el Sáhara Occidental». Consigue el apoyo del grupo socialista europeo, que pide que la enmienda se vote por partes. La segunda parte son seis palabras: «como Palestina y el Sáhara Occidental». Esa parte se rechaza. El informe no menciona esos nombres.

Unos días después, Óscar Puente, ministro socialista de Transportes, tuitea: «hoy salgo para Marruecos, un país que prevé cuarenta y cinco mil millones de euros en infraestructuras para los próximos años, y a los que optarán nuestras empresas. Hay que luchar para estar bien posicionados».

Next.

Unos días después, Reporteros Sin Fronteras España tuitea: «Ante el inicio de la presidencia marroquí del Consejo de Derechos Humanos de la ONU, RSF insta a las autoridades marroquíes a liberar a periodistas encarcelados y cumplir con las normas internacionales de libertad de prensa».

Next.

(…)

Estas son algunas cosas que ocurren durante los meses en los que estoy escribiendo este libro.

Las raíces de todas ellas se enlazan bajo tierra, como las de un árbol viejo de siglos.

[La estantería]

Todo libro es una conversación. Este, a ratos lo es explícitamente. Los libros que me fui llevando de Lavapiés a Tetuán en varios viajes con una mochila grande para que me acompañasen en mi nuevo espacio de trabajo son imprescindibles en el camino hasta aquí. En algunos casos son descubrimientos recientes; otros llevan ya mucho tiempo conmigo. No son todos los que podrían ser, pero son los que necesitaba tener cerca, como yinns protectores.

Quienes compartieron este viaje conmigo, en el texto aparecen nombrados y nombradas solo con sus iniciales por respeto y por prudencia, por cuidar su intimidad y en algunos casos incluso su seguridad. Pero algunas iniciales corresponden a personas que tienen a su vez posiciones públicas y obras publicadas sobre estos asuntos. De ellas se puede y se debe desvelar los nombres.

La A. del tercer capítulo —el de Larache—, mi amiga de los cementerios, es Andrea Villar del Valle. Para cuando este libro se publique estará a punto de terminar su tesis, en la que trabaja sobre las representaciones del protectorado de Marruecos en la literatura española contemporánea. Piensa también desde el activismo de la memoria y desde los enfoques poscoloniales. Hace tiempo que casi todo lo que hacemos en estos campos está en conversación.

En el siguiente capítulo hay otros dos A. El primero es el artista visual Amine Naima, cuyo trabajo a partir de los motivos de la geometría tradicional rifeña es un modo de poner cuerpo a todas estas palabras. Como con la I. del primer capítulo tetuaní y del último, que es Imane Laaribi, coincidimos en la residencia para artistas Green Olive Arts de Tetuán durante el otoño de 2022.

El segundo A. de Tetuán II es el poeta y profesor Abderrahman El Fathi, alegre y generoso hispanista y gran defensor de la lengua española en Marruecos, autor de libros como *Volver a Tetuán* e impulsor de la Ruta Cervantes en esa ciudad. N. es su sobrina Nisrin Ibn Larbi, también poeta. En cuanto a Y., su nombre es Yassine Mech-Hidan, y su novela *Desafiando al Maktub* finalmente sí que logró cruzar el Estrecho.

En el Tánger del quinto capítulo, Y. es Yasmina D. Aidi, impulsora del pódcast *La Guardia Mora*, profesora de estudios culturales en EE. UU. En su tesis estudió los imaginarios del cannabis en el Estrecho, un tema que aquí no cabía, pero que sin duda también se entrelaza con toda esta historia.

G., que entra en escena en Ifni, podría aparecer en realidad en cualquiera de las ciudades y en cualquiera de los capítulos. Es Gonzalo Fernández Parrilla, el director de la tesis en la que empecé las investigaciones que están en la base de este trabajo. Todo este camino es con él. Sus trabajos vienen al caso para aprender más sobre la historia de Marruecos, sobre el discurso colonial o sobre la literatura árabe. Pero después del periplo que hemos hecho en estas páginas, una próxima escala evidente podría ser *Al sur de Tánger*, un libro que recoge sus viajes marroquíes y muchísimas pistas sobre la cultura de este país.

En los capítulos saharauis, J. es Jadiya Ali. Trabajamos juntas en un proyecto anterior, el documental web *Provincia 53*. Yo lo dirigía y ella era la coordinadora local en los campamentos de refugiados. Mi mapa de allí está trazado de su mano. El resultado de ese trabajo se puede ver online en provincia53.com. En parte, es la base de mucho de lo contado aquí sobre el Sáhara Occidental, y por eso mismo lo complementa: en sus entrevistas y otros materiales se pueden poner caras, voces y escenarios a este relato.

Con nosotras en la barquita del Retiro estaba una I. Es Isabel Cadenas Cañón, escritora y documentalista sonora. Fui parte de su equipo en el pódcast *De eso no se habla*, que fue una de las experiencias en las que más he aprendido sobre cómo pensar la memoria, y también sobre cómo contar historias. Uno de los episodios de la primera temporada, por cierto, es un diario sonoro que hizo con nosotras Jadiya. Se titula así, «Jadiya». De Isabel también me acompaña muchísimo su libro *Poética de la ausencia. Formas subversivas de la memoria en la cultura visual contemporánea.*

En esos mismos capítulos, S. es Sonia Gámez, que junto con Rafa Ruiz fundó y gestiona una agencia de viajes que organiza circuitos históricos en Marruecos. Su capacidad para que esos viajes sean no solo en el espacio sino en el tiempo fue el *ábrete, sésamo* que me permitió ver lo que había detrás de muchas puertas en Ifni y en el Sáhara Occidental. Además, es historiadora, arqueóloga y cineasta documental; sabe muchísimo sobre prácticas religiosas populares marroquíes y cuenta cosas interesantísimas en el blog de la agencia.

Al poco de volver, Sonia me contó que el otro S. del capítulo de El Aaiún, Sidibrahim Abilil, ya ha terminado de escribir sus memorias, esas en las que trabajaba en la tiendecita de su padre. Las ha publicado con el título de *Voces silenciadas. Un secuestro en el Sáhara*.

Aquí mismo, en la coda madrileña, C. es la ilustradora Carla Berrocal, mi vecina de mesa de trabajo en el Taller Bonus. La historieta que dibujaba aquel día iba sobre Fátima de Madrid, una astrónoma andalusí del siglo X, y se publicó en la revista *M21*. Dice que quiere seguir trabajando sobre el Madrid islámico. Ojalá sea así: seguro que nos ayudaría a ver más de esas cosas que hay que ver.

Hay dos iniciales más por resolver. La A. que encuentra cosas en cajas y proporciona grandes frases para la reflexión es Alba González Sanz. La F. que miraba las dunitas de los goznes de las puertas de un ministerio el día de la calima es Fran P. Lorenzo. Alba y Fran han sido la compañía constante e incansable del proceso de este libro, desde las reflexiones previas a que la idea tomase forma hasta la lectura y el comentario de cada capítulo que iba terminando. Ocurre además que ambos son magníficos, magníficas escritoras. Qué suerte la mía.

Hay, además, otras personas que no aparecen como personajes porque no ha ocurrido que fuesen compañía física en estas andanzas, pero sí lo son en el viaje permanente del pensar.

Cuando me pregunto qué hace una chica como yo en unos temas como estos, siempre se me viene a la mente la primera compañera con la que me encontré que trabajaba en ellos desde unas coordenadas parecidas a las mías. Se trata de Itzea Goikolea Amiano. Mi mirada a la guerra de Tetuán bebe de la que ella articuló en su tesis, que se publicará como libro este mismo año. Se titulará *The Origins of Spanish Colonialism in Morocco, 1859-62: A Global Feminist Microhistory*. Guerras aparte, piensa de manera muy sugerente en dos líneas que también fueron claves para mí en este proceso: la de cómo adaptar a un contexto como el nuestro las teorías poscoloniales; y la del papel que podemos darle a la ficción especulativa a la hora de pensar la historia.

Una lectura imprescindible para mí fue *Al Ándalus en Marruecos. El verdadero legado del colonialismo español en el Marruecos contemporáneo*, de Eric Calderwood. Es el libro del que salen las dos estampas que sirven de hilo al capítulo «La baraka de Franco». Igual que la historia de Joaquín Costa y la Atlántida en «De qué hablamos cuando hablamos de africanismo» sale de *Cuando África comenzaba en los Pirineos. Una historia del paradigma africanista español*, de Carlos Cañete, mi guía de cabecera para ese asunto. Otros dos libros que me abrieron los ojos —como platos, de hecho— son *Testigos coloniales: españoles en Marruecos (1860-1956)*, de Manuela Marín, y *Desorientaciones. El colonialismo español en África y la* performance *de identidad*, de Susan Martín Márquez.

Josep Lluís Mateo Dieste completa el rinconcito de referencias básicas de la estantería: todo su trabajo me parece crucial para pensar el colonialismo español en Marruecos en términos interseccionales. *La «Hermandad» hispano-marroquí. Política y religión bajo el Protectorado español en Marruecos (1912-1956)* y *«Moros vienen». Historia y política de un estereotipo* son especialmente pertinentes aquí. *Recordando a las tatas. Mujeres domésticas y esclavitud en Tetuán (siglos XIX-XX)* también. *A mi querido Abdelaziz... de tu Conchita. Cartas entre españolas y marroquíes durante el Marruecos colonial* lo escribió con Nieves Muriel, que es además una estupenda poeta e investigadora feminista.

De algún modo, en *Arena en los ojos* hay un *in memoriam* implícito a un antiguo profesor, Pedro Sorela, con quien empecé a pensar, en mi primer año de carrera, sobre la escritura de viajes. Pasar por Tarfaya fue de algún modo visitarle: fue él quien me invitó a leer *Tierra de los hombres* por primera vez. Para saber más sobre Antoine de Saint-Exupéry y lo que hizo en Cabo Juby y en su vida en general está la biografía *Aviones de papel*, escrita por Montse Morata, otra antigua alumna de Pedro. No puedo pensar en ella sin acordarme también de una tercera compañera de ese aprendizaje: Juliana Rivera, que con *La invención del viaje. La historia de los relatos que cuentan el mundo* me ayudó también mucho a pensar sobre los meandros de este tipo de escritura.

Este libro no pretende descubrir nuevos hechos, revelar datos inéditos. Su labor no ha sido de archivo. Existen inmensas, rigurosas, esclarecedoras investigaciones sobre cada una de las pistas que se lanzan aquí. Mi tarea ha sido de mirada, de relación, de palabra, de actualización. Para ir más al fondo en los hechos, otra sección de la estantería.

La historia colonial de Marruecos la estudié sobre todo a través de los libros de María Rosa de Madariaga. Los que más vienen al caso aquí son *Los moros que trajo Franco. La intervención de tropas coloniales en la guerra*; *En el barranco del lobo. Las guerras de Marruecos*; *Abd el-Krim El Jatabi. La lucha por la independencia* y *Marruecos, ese gran desconocido. Breve historia del Protectorado español*. Por otro lado, *¿Somos* *como moros en la niebla?*, de Joseba Sarrionandia, me proporcionó una mirada muy diferente sobre esos mismos hechos, y en particular sobre las historias de resistencia del Rif.

Desde el punto de vista de la memoria histórica, fue como llegar a un manantial encontrar por fin algo en la línea que buscaba en *Camino hacia la tierra olvidada. Guerra civil y represión en el Protectorado español de Marruecos, 1936-1945*, de Félix Ramos Toscano y Pedro Feria Vázquez, y en *Marruecos y la recuperación de la memoria histórica. Las fosas comunes en el Protectorado*, de Ignacio Alcaraz Cánovas. Para abordar los meandros de la historia de los soldados marroquíes del Ejército español es interesante el documental *Los perdedores*, de Driss Deiback; igual que *Arrhash*, de Tarik El Idrissi y Javier Rada, aporta luz sobre la cuestión del uso de armas químicas en el Rif.

En cuanto la literatura, entre las muchas novelas que se han escrito en los últimos años dentro del llamado «boom de la memoria», en 2021 el escritor nacido en Marruecos y residente en Cataluña Youssef El Maimouni publicó la primera en castellano que cuenta la guerra civil desde el punto de vista de un integrante de las *tropas moras*. Se llama *Cuando los montes caminen* y es importante leerla.

Sobre Tánger, su historia en el tiempo colonial, la historia de los españoles allí, el frente de la guerra civil en la ciudad y otros temas similares, mi referencia ha sido Bernabé López García. El episodio nazi se me apareció como relevante en todo esto leyendo *El imperio que nunca existió. La aventura colonial discutida en Hendaya*, de Gustau Nerín y Alfred Bosch. Para comprender Ifni me fue de mucha ayuda el libro *Ifni. La guerra que silenció Franco*, de Gastón Segura Valero.

En cuanto a la historia del Sáhara Occidental, la referencia obligada es *La historia prohibida del Sáhara Español*, de Tomás Bárbulo, una de las primeras crónicas en profundidad sobre este tema, y también una de sus lecturas más completas y valientes.

Huracán en el Sáhara, de Pablo-Ignacio de Dalmases es muy interesante por ser el relato de alguien que vivió los hechos en primera persona, como jefe de la delegación de RTVE en el Sáhara en 1975. *El desierto imaginado. África Occidental Española en la literatura* es otro libro suyo interesante en lo que respecta al discurso y las representaciones.

Aunque tengo que decir que como llegué yo a todo esto no fue por los historiadores, sino por los poetas. No solo ayudaron en su día a trazar los mapas: también ahora hacen una labor crucial para cuidar de la memoria y mantener vivo su país sin tierra. Los y las que escriben en castellano se reconocen colectivamente en la llamada Generación de la Amistad. Para descubrirla existen varias antologías: recomiendo buscar la que lleva el título de *Antología de la nueva poesía saharaui*, cuyos editores son Pablo San Martín y Ben Bollig. En cuanto a obras individuales, para aproximarse a todo esto encajan especialmente *Ritos de jaima*, de Limam Boisha, una exploración antropológica de la tradición saharaui, y *La maestra que me enseñó en una tabla de madera*, las memorias de Bahia Mahmud Awah.

Mi visión de este tema también hizo un clic imprescindible con *La Sección Femenina en la provincia de Sáhara. Entrega, hogar e imperio*, de Enrique Bengochea Tirado, que me amplió la perspectiva y me ayudó enormemente a encajar el enfoque de género. *Sáhara Occidental: memoria, cultura, historias* es un monográfico coordinado por el Departamento de Antropología de la UAM, muy útil para pensar desde el punto de vista decolonial. Este mismo grupo de trabajo también realizó el documental *Legna: habla el verso saharaui*, un tesoro de recogida de memoria oral.

De todo lo ocurrido después de la Marcha Verde, mucho de lo que se sabe se lo debemos a las investigaciones de Hegoa, en la Universidad del País Vasco. En su página web hay publicados muchos materiales interesantes en relación a las personas desaparecidas durante el éxodo y en los territorios ocupados.

El primer volumen de *El oasis de la memoria*, los mapas de fosas y el informe *Los otros vuelos de la muerte. Bombardeos de población civil en el Sáhara Occidental* tienen todo que ver con algunas de las historias narradas aquí.

En este libro no se habla de Guinea Ecuatorial, otra historia colonial que es fundamental hilar con la que ocupa estas páginas. Yo no sé lo suficiente de ella como para abordarla, porque es además muy distinta a la de Marruecos y el Sáhara Occidental. Además, no he viajado nunca allí, y este es un libro de viajes. Más allá de los estudios e investigaciones que se puedan encontrar sobre el tema, hay tres obras que también me acompañaron en la tarea de pensar este libro: el cómic *Diez mil elefantes*, de Pere Ortín y Nzé Esono Ebalé; y los documentales *El escritor de un país sin librerías*, de Marc Serena, y *Anunciaron tormenta*, de Javier Fernández Vázquez.

Damos ahora un salto de lo más concreto a lo más abstracto. Si hay ganas de seguir añadiendo herramientas a la caja de costura para un deshilado, el estante que ofrezco es el de las obras que han ido desarrollando diversos autores y autoras en las últimas décadas dentro del marco de los estudios poscoloniales. Entre mis referencias principales como telón de fondo de lo pensado aquí están algunos clásicos de esta disciplina, como *Orientalismo*, de Edward Said; *Piel negra, máscaras blancas*, de Frantz Fanon; *¿Puede hablar el subalterno?*, de Gayatri Spivak; *El imperio contraescribe*, de Bill Ashcroft, Gareth Griffiths y Helen Tiffin o *Provincializing Europe. Postcolonial Thought and Historical Difference*, de Dipesh Chakrabarty. De igual modo, es imprescindible destacar dos de las muy escasas obras de teoría poscolonial escritas desde España: *Imperios de papel*, de María José Vega y *Los estudios post-coloniales. Una introducción crítica*, de Sidi M. Omar —que es, por cierto, saharaui—. Si tras leer este libro sales con ganas de entrar en alguno de estos otros para seguir pensando en esa clave, sonreiré.

Hay dos ensayos especialísimos que han estado sobre mi mesa durante todo el tiempo de escritura de *Arena en los ojos*. Son *14 de abril*, de Paco Cerdà, y *Las ciudades de papel*, de Dominique Fortier. Cada vez que perdía —porque esto pasa— la fe en que nada nos hace entender las cosas mejor que el chispazo poético y la belleza, volvía a sus páginas y la recuperaba. De igual modo, *En el fondo la forma*, una pequeña conversación entre Leila Guerriero y Ander Izagirre, me dio ánimo y también pistas en los días de caminar perdida por Tetuán. Apunté en pósits varias citas suyas que miré muy a menudo en este par de años.

Y hablando de citas, hay dos más que también me han acompañado como amuletos metodológicos durante buena parte del camino. Una es de Álex Chico, de su libro *Un final para Benjamin Walter*. Dice: «Quien solo haga el inventario de sus hallazgos sin poder señalar en qué lugar del suelo actual conserva sus recuerdos se perderá lo mejor. Por eso, los auténticos recuerdos no deberán exponerse en forma de relato, sino señalando con exactitud el lugar en que el investigador logró atraparlos». Otra es del diario de escritura que comparte al final de su poemario *Hospital del aire* mi querido amigo Ernesto García López. Dice: «Y al final me digo que resultó ser un libro no sobre el lenguaje o la historia, sino sobre fantasmas, solo sobre fantasmas».

Y luego está la otra, la que efectivamente abre este libro. Dos versos de Adrienne Rich: «Vine a ver el daño causado / y los tesoros que perduran». Fue también la que aparecía en la primera página de mi tesis, y la que he tenido pegada frente a todas mis mesas de trabajo en los últimos años, como una brújula.

El daño causado es la *herida colonial*: esa marca estructural, simbólica e identitaria que deja una larga historia de violencia y expolio en la que una parte del mundo se impuso a otra. Y también el entramado de silencios y tergiversaciones que hace que, en nuestro país, las secuelas de ese hecho puedan seguir vivas. Los tesoros que perduran son las calles, los libros, los cuadros, los vínculos, los viajes, las familias, los encuentros que se dan pese a todo. Como las flores en las cunetas, en un movimiento paradójico, brotan precisamente a causa de la aridez del terreno, las lluvias torrenciales y las pisadas que aplastan la semilla.

Igual que florece la mirada cuando se logra apartar, así sea por un momento, la arena que necesariamente sigue y seguirá trayendo consigo la calima.

[Mañana]

Cierro el ordenador, coloco de vuelta los libros en los estantes. Salgo del estudio, cierro suavemente la puerta. Bajo la reja, echo los dos candados. Camino hacia el metro.

Es lunes, 4 de marzo de 2024.

Esta historia en ningún caso termina aquí.